Omni-personal Luxus

„As one of the leaders in hard luxury retail, Bucherer has been working on its digital transformation and new ways of engaging with the customers which has been further accelerated with the COVID-19 situation. Omni-personal luxury is perfectly timed, providing essential insights on how to unlock the untapped value of exclusive personalized experience at scale as part of omni-channel scenarios. If you are involved in luxury business, this book is a must read!"

—Guido Zumbühl, *CEO of Bucherer*

„Covid has accelerated the preexisting structural shifts that were emerging, therefore this would be a first post-COVID view to give an outlook on how to manage the ongoing disruption in luxury. Personalisation has become a buzzword and the book acts as thought-leadership, addressing a broad audience of universities, associations, and professionals."

—François Delage, *Former CEO of DeBeers Jewellery, Paris, France*

Rebecca Schmitt · Arnaud Rossi ·
Albert Bensoussan

Omni-personal Luxus

Wie Sie Ihr Luxusgeschäft für das digitale Zeitalter fit machen

Springer Gabler

Rebecca Schmitt
München, Deutschland

Arnaud Rossi
Genf, Schweiz

Albert Bensoussan
Paris, France

ISBN 978-3-031-44578-1 ISBN 978-3-031-44579-8 (eBook)
https://doi.org/10.1007/978-3-031-44579-8

Die Deutsche Nationalbibliothek verzeichnet diese Publikation in der Deutschen Nationalbibliografie; detaillierte bibliografische Daten sind im Internet über http://dnb.d-nb.de abrufbar.

Dieses Buch ist eine Übersetzung des Originals in Englisch Omni-personal Luxury von Schmitt, Rebecca, publiziert durch Springer Nature Switzerland AG im Jahr 2022. Die Übersetzung erfolgte mit Hilfe von künstlicher Intelligenz (maschinelle Übersetzung). Eine anschließende Überarbeitung im Satzbetrieb erfolgte vor allem in inhaltlicher Hinsicht, so dass sich das Buch stilistisch anders lesen wird als eine herkömmliche Übersetzung. Springer Nature arbeitet kontinuierlich an der Weiterentwicklung von Werkzeugen für die Produktion von Büchern und an den damit verbundenen Technologien zur Unterstützung der Autoren.

Planung/Lektorat: Liz Barlow
Springer Gabler ist ein Imprint der eingetragenen Gesellschaft Springer Nature Switzerland AG und ist ein Teil von Springer Nature.
Die Anschrift der Gesellschaft ist: Gewerbestrasse 11, 6330 Cham, Switzerland

Das Papier dieses Produkts ist recyclebar.

Vorwort

Liebe Leser,

Geschrieben von passionierten Autoren für die Luxusbranche, ist dieses Buch eine Reflexion basierend auf unseren Erfahrungen in Top-Management-Positionen und der Beratung der führenden Unternehmen in der Luxusindustrie, kombiniert mit unseren gemeinsamen Ansichten über die bevorstehenden Herausforderungen und Chancen.

Den Blickwinkel erweitern

‚Omni-personal Luxus' ist bewusst keine akademische oder wissenschaftliche Übung. Wir haben den Markt sorgfältig nach den neuesten globalen Herausforderungen und Trends untersucht. Genauer gesagt, haben wir Wissen als Teil unseres Berufslebens gesammelt und es mit einer Reihe von C-Level-Executives, IT- und Digital-Experten sowie mit einer Reihe von Technologieunternehmen diskutiert, um einen breiten Blick auf die Markttrends der Luxusindustrie zu kompilieren. Wir glauben, dass Erfolg auf Zusammenarbeit und Wissen basiert, weshalb wir uns entschieden haben, unsere Erkenntnisse, Beispiele und Referenzen zu teilen, um die Augen der Neugierigen zu öffnen und gleichzeitig nützliche Informationen für die Wissenden zu zentralisieren.

Die Wellen des Wandels

In den letzten 20 Jahren hat die Welt die Auswirkungen der Digitalisierung erlebt, die in allen Branchen mit unterschiedlichen Geschwindigkeiten stattfindet und durch neue Akteure beschleunigt wird, die den Markt global und/oder lokal verändern. Der Aufstieg dieser neuen Geschäftsmodelle durch ‚Online', sei es beim Bestellen, Liefern oder Crowdsourcing/-funding, oder beim Transfer von ‚Kaufen' in ‚Mieten', ‚Leasen' oder ‚Abonnieren', war disruptiv für die Akteure. Die Codes hinter dem, was ein Unternehmen erfolgreich macht oder wie Unternehmen ihre Kunden ansprechen sollten, haben sich wie nie zuvor geändert. Die Grenzen zwischen traditionellen und technologischen Unternehmen verschwimmen (sind nicht alle Unternehmen heutzutage digital?), und das Ergebnis ist, dass die Säulen unserer Wirtschaft von gestern nicht die von heute sind und sicherlich nicht die von morgen sein werden. Warum sollte es für die Luxusindustrie anders sein?

2020, das Jahr in dem wir in eine neue Realität aufbrechen

Neben der massiven digitalen Transformation, die in allen Branchen und Märkten stattfindet, hat das Luxusschiff seinen Kurs beibehalten, indem es auf jahrhundertealte emotionale Codes und Know-how setzte, das im Erfolg des generierten Geschäfts verankert sind. In den letzten zehn Jahren haben wir eine Reihe von Online-Initiativen erlebt, aber der Verkauf online, ob es sich um B2B oder B2C handelte, war nicht die Hauptstrategie. Die meisten Unternehmen investierten in die Erweiterung der Reichweite von Fachmessen für ihr B2B-Geschäft oder in die Entwicklung ihres eigenen Einzelhandelsnetzwerks für diejenigen, die überzeugt waren, dass der Besitz der Beziehung zum Kunden der beste Weg war, um Wachstum zu generieren und es hat funktioniert!

Obwohl die Luxusführer ihre digitale Transformation begonnen hatten, hat COVID-19 eine ‚digitale Notwendigkeit' geschaffen und hat ‚die Kirche wieder ins Dorf' gebracht, wie wir auf Französisch sagen. Die Online-Präsenz und das Online-Kundenengagement waren die Retter in der Not, um die Beziehung zu den Kunden aufrechtzuerhalten und den Verkauf (mit Online-Verkäufen) zu kompensieren, während die Geschäfte geschlossen waren oder die Menschen nicht reisen konnten. Wenn man einen Schritt zurücktritt, ist dies nur eine Beschleunigung einer unvermeidlichen Evolution angesichts der Veränderungen, die wir in anderen Branchen gesehen haben, der Erwartungen der asiatischen Kunden (strategisches Wachstumsgebiet) und schließlich der Erwartungen der neuen Generationen gerecht zu werden.

Wachstum und Erfolg dieser neuen Realität werden auf einer Vielzahl von Zutaten basieren, einschließlich relevanter persönlicher Bindung über Kanäle (online und offline), kontinuierlichem Kundenlebenszyklusmanagement, Interaktion mit den neuen Generationen dort, wo diese ihre Zeit verbringen (z.B. Gaming, virtuelle Realität, soziale Netzwerke) und dem Aufbau von branchenübergreifenden Erfahrungen und zugleich nachhaltig handelt. Die größte Chance wird darin bestehen, diese Kanäle zu orchestrieren und die relevantesten Erfahrungen für jeden einzelnen Kunden zu schaffen. Das nennen wir ‚Omni-personal Luxus'.

Wir hoffen, Sie genießen diese Reise mit uns.

Geneva, Schweiz

Arnaud Rossi

Über dieses Buch

Liebe Markenmanager, IT- und Digitalbeauftragte, Innovations- und Erfahrungsexperten, Agenturen und neugierige Leser, wir begrüßen Sie! Dieses Buch ist für Sie gemacht.

Omni-Personal geht über Omni-Channel hinaus. Während Omni-Channel eine konsistente und nahtlose Erfahrung über alle Kanäle hinweg bedeutet, geht es bei Omni-Personal um relevante und individuelle Erfahrungen. Es geht um den skalierbaren Aufbau von Beziehungen zwischen einer Marke und ihren Kunden. ‚Omni-personal luxury' addressiert ein Publikum, das an der Zukunft des Luxus interessiert ist. Es bietet tiefe Einblicke für Branchenexperten und diejenigen, die ein besseres Verständnis der notwendigen Schritte hin zu einer Omni-Personal-Kundenbeziehung erlangen möchten, die durch Kundenorientierung, Innovation, neue Geschäftsmodelle und Kundenerfahrungsdesign ermöglicht wird.

In sieben Kapiteln, die nach einer klaren Struktur aufgebaut sind, werden Ihre wesentlichen Fragen beantwortet, wer, warum, wie, was und wann Omni-Personal im Luxus am wichtigsten ist. Sie finden die grundlegenden Schlüsselaspekte am Anfang jedes Kapitels, einschließlich der führenden Praktiken und vertiefenden Einblicke. Wir haben dieses Buch mit Luxus- und Premiummarken im Fokus geschrieben. Zur Veranschaulichung konzentrieren wir uns hauptsächlich, aber nicht ausschließlich, auf Anwendungsfälle und Beispiele aus dem Schmuck- und Uhrensegment, das auch als Hard Luxury bezeichnet wird.

Zu Beginn dieses Buches, in **Kap.** 1, untersuchen wir die Makrotrends und Marktdynamiken. Dies wird uns ein Verständnis dafür geben, wie sich die neuen Kundenerwartungen auf die Omni-Personal Transformation und die Zukunft des Luxus auswirken.

Kapitel 2 beschreibt, wie der Luxus im Laufe seiner Geschichte seinen eigenen Regeln gefolgt ist. Luxus spielt eine besondere Rolle in Kultur und Gesellschaft. Der Luxus von heute hat viele Gesichter: von Königen und Status-getriebenen Logo-Sammlern bis hin zu prächtigem Bling-Bling und minimalistischem und zeitlosem Understatement. Luxus ist ein dynamisches Konzept, aber man kann es sich zu Nutze machen, selbst in einer Welt kontinuierlicher Innovation und Fortschritt. In jüngster Zeit haben wir begonnen, Hardware abzuwerten und Software zu verehren, genauso wie wir das Materielle abwerten und Erlebnisse verehren. Dies beinhaltet nicht nur In-Store-, sondern auch Online-Erlebnisse: Erlebnisse generell.

Kapitel 3 erklärt, dass viele Luxusmarken die digitale Welt vorsichtig betreten haben, um kulturelles Erbe und Markenwert zu schützen. Markenwebsites, Shopping-Clubs und Second-Hand-Plattformen sind ein Ausgangspunkt geworden, um eine ambivalente Beziehung zum Internet zu überwinden. In der Zwischenzeit machen Social Media den Aufbau von Omni-Personal-Beziehungen obligatorisch und geben den Kunden eine eigene Stimme.

In **Kap.** 4, denken wir kundenorientiert und bringen omni-personal zu potenziellen Kundensegmenten. Einerseits impliziert dies, die Bedürfnisse der Millennials und die geographischen Kontexte der asiatischen Wachstumsmärkte, insbesondere China, zu identifizieren. Andererseits führen diese Bedürfnisse zum Aufkommen neuer Konsumverhaltensweisen.

In **Kap.** 5, leiten wir ein neues omni-personal Modell ab, um die Transformation entlang der Kundenreise zu untersuchen. Hier finden Sie auch omni-personale Anwendungsfälle und Erkenntnisse, die durch Erfahrung und Interviews mit Branchenführern gewonnen wurden.

In **Kap.** 6, beschreiben wir, wie die omni-personal Strategie in die Geschäftseinheitenstrategie eingebettet wird, zusammen mit ihren technischen, strukturellen und organisatorischen Implikationen. Wir skizzieren drei Ansätze, um die omni-personale Transformation zu starten: vertikale Integration, modulare Marktplätze und E-Handelsplattformen und das vollständige Ökosystem. Zur Vervollständigung des Bildes bietet eine Matrix einen Überblick über die Marktreichweite und Kontrolle, die mit jedem Ansatz verbunden sind.

Abschließend, ziehen Sie keine Schlussfolgerungen, ohne nach den nächsten Schritten zu fragen! In **Kap.** 7, betonen wir, dass die omni-personal Transformation mit der Bewertung der omni-personalen Reife einer

Organisation durch die verschiedenen Kanäle und Kontaktpunkte innerhalb der Customer Journey beginnt. Dies beinhaltet fünf Schritte von der Definition der Ist- und Zielkundenerfahrung bis zur Erstellung einer omnipersonalen Transformations-Roadmap. Digitale Reife ist zu einem kritischen Faktor für Luxusmarken und Konglomerate geworden. Dies ist heute der Fall und wird in der omni-personalen Welt von morgen besonders wichtig sein.

Luxus im Allgemeinen und Schmuck und Uhren im Besonderen stehen derzeit vor einer Phase der Disruption: Quarzuhren gestern, Smartwatches heute und nachhaltige Edelmetalle und Steine morgen. Heute zeigen unsere Mobiltelefone der Welt Zeit und Status an. Folglich haben sich die Wünsche der Kunden schnell zu Bedürfnissen entwickelt, die weit über das physische Produkt hinausgehen. Wird Luxus, wie wir ihn heute kennen, auch der Luxus von morgen sein? Wie können wir zukünftige Zielgruppen anziehen? Brauchen wir einen radikalen Wandel, um zu verhindern, dass der Luxusmarkt einen Kodak-Moment erlebt? Tatsächlich erobern wir nicht den Berg, sondern in Wahrheit uns selbst. In diesem Sinne freuen wir uns, Sie auf diese spannende Reise in die Zukunft des Luxus mitzunehmen. Lassen Sie sich inspirieren und herausfordern! Viel Spaß beim Lesen und fangen Sie an zu handeln!

Danksagung

Wir möchten denjenigen danken, die uns die Energie und das konstruktive Feedback gegeben haben, um dieses Buch zu realisieren.

Zuerst möchten wir dem brillanten Team von Palgrave Macmillan danken – insbesondere Liz Barlow und Srishti Gupta.

Darüber hinaus möchten wir allen unseren Interviewpartnern danken, nämlich Cyrille Vigneron, François-Henry Bennahmias, Georges Kern, Antonio Carriero und Kristian Tear. Wir danken Olivier Emery und François Delage für ihr wertvolles Review.

Wir schulden allen Luxusmarken und Unternehmen, die uns freundlicherweise die Erlaubnis gegeben haben, ihre Bilder und Screenshots zu drucken, einen großen Dank, nämlich De Beers, Breitling, Oris, Forevermark, Courbet, Maison 203 und Henri Foucaud von Hapticmedia.

Unser Dank gilt auch unseren Kollegen:

- Koen Deryckere, Christina Raab, Paddy Ananthanarayanan, Marco Huwiler, Lea Klipfel, Arnaud Dolignon, Tobias Nagel, Nico Michler und Bastian Rossberg, die uns während des Schreibens und des administrativen Prozesses unterstützt haben, um dieses Buch Wirklichkeit werden zu lassen.
- Laurent Thoumine, Maria Mazzone und Andrea Ruzzi für ihre Unterstützung und das Teilen ihrer Vision.
- Francesco De Maria, Domenico Vecchione, Petra Seipp, Steffen Bärenfänger und Dr. Felix Wummer für ihren Input in ihren jeweiligen Fachgebieten.

Darüber hinaus schätzen wir das Beta-Lesen von Pierre Sabot, Max Waddell, Francesca Italiano sehr.

Schließlich danken wir unseren Familien für ihre Liebe, Toleranz und Ratschläge.

Markus Böttcher, Irmgard, Peter und Claude Schmitt – ihr wart unerlässlich, um diesen Traum Wirklichkeit werden zu lassen.

Danke Mickaelle, Naomi und Gabriel Bensoussan sowie der erweiterten Bensoussan-Familie für eure Liebe, Unterstützung und Geduld.

Danke Plume, Eva und Mila für eure Liebe und Unterstützung und dafür, wer ihr seid…… 1+1=4 ;o)

Ihr alle habt dazu beigetragen, dass *Omni-personal Luxury* möglich wurde.

Inhaltsverzeichnis

1 **Einführung: Die Zukunft des Luxus** 1

2 **Die Branche ist besonders** 17

3 **Schritte in Richtung Digital** 37

4 **Kundenorientierung ist der Schlüssel** 57

5 **Digitale Transformation der Omni-personal Customer Journey** 69

6 **Wie man Omni-personal wird** 159

7 **Konklusion: Beginnen Sie Ihre Omni-personal Reise** 181

Bibliographie 183

Über die Autoren

Rebecca Schmitt ist Digital Transformation Manager bei einer globalen Beratungsfirma und berät verschiedene Luxus Unternehmen mit Schwerpunkt auf Kundenerfahrung, E-Commerce, CRM und digitale Transformation. Sie lebt in München, Deutschland. Nach ihrem Studium in Deutschland und Frankreich mit Schwerpunkt auf dem Premium- und Luxussegment, begann sie ihre Karriere bei Amazon und arbeitete als unabhängige digitale Beraterin, bevor sie in die Unternehmenswelt zurückkehrte. In den letzten Jahren hat sie verschiedene Luxuskunden in Europa und Asien unterstützt.

Arnaud Rossi bringt mehr als 20 Jahre internationale Beratungserfahrung in großen und komplexen Transformationsprogrammen wie Globale Omni-Channel/E-Commerce/CRM-Implementierung, ERP-Implementierung, Betriebsmodelltransformation und Implementierung von Shared Service Organisationen mit. Seit 2002 arbeitet er mit globalen Unternehmen im Konsumgüter-, Einzelhandels- und Luxussektor zusammen und leitet nun die Praxis für Konsumgüter und Luxus in der Schweiz, Deutschland, Österreich und Russland für eine globale Beratungsfirma.

Albert Bensoussan hat in seiner langen Führungskarriere für alle führenden Luxuskonzerne (Richemont, LVMH, Kering) gearbeitet. Heute ist er Vizevorsitzender von Bang & Olufsen und unabhängiger Berater für Luxusmarken und Finanzinvestoren, die den Luxussektor ins Visier nehmen. In seiner letzten Position war er CEO für die Luxury Watches & Jewelry Division bei der Kering Group. Davor hatte er verschiedene Führungspositionen bei LVMH und Richemont, wie zum Beispiel die globale Verantwortung als Direktor für das Uhren- und Schmuckgeschäft von Louis

Vuitton, den Vertriebs- und Marketingdirektor für die gesamte LVMH Watch & Jewelry Division, den Präsidenten bei Givenchy Couture in Japan, den Direktor der Lederwaren-, Modeaccessoires- und Brillenabteilung bei Givenchy Couture in Frankreich und fungierte als Direktor für Uhren & Schmuck bei Cartier.

Abkürzungsverzeichnis

AR	Augmented Reality
ASMR	Autonomous Sensory Meridian Response
B2B	Business-to-Business
B2C	Business-to-Customer
C2C	Customer-to-Customer
CDJ	Customer Decision Journey Model
CDP	Customer Data Platform
CGI	Computer-Generated Images
CIO	Chief Information Officer
CNC	Computerised Numerical Control
CPQ	Configure, Price, Quote
CRM	Customer Relationship Management
CRO	Chief Relationship Officer
CSS	Cascading Style Sheet
D2C	Direct-to-Customer
DAM	Digital Asset Management
DMLS	Direct Metal Laser Sintering
DMP	Data Management Platform
ERP	Enterprise Resource Planning
FDM	Fused Deposition Modelling
FHH	Fondation de la Haute Horlogerie
Fondazione Altagamma	The Italian Luxury Goods Manufacturers' Industry Foundation
GDPR	General Data Privacy Regulation
Gen Y	Generation Y
Gen Z	Generation Z
GIA	Gemological Institute of America

GPS	Global Positioning System
HENRY	High Earners Not Rich Yet
HTML	Hyper-Text Markup Language
KOL	Key Opinion Leader
KPI	Key Performance Indicator
LOHAS	Lifestyle of Health and Sustainability
M&A	Mergers and Acquisitions
MDM	Master Data Management
MR	Mixed Reality
MVP	Minimal Valuable Product
NFC	Near-Field Communication
NIR	Near Infrared
NLP	Natural Language Processing
NPS	Net Promoter Score
OMS	Order Management System
PaaS	Platform as a Service
PIM	Product Information Management
POS	Point of Sale
QR	Quick Response
RFID	Radio-Frequency Identification
ROI	Return on Investment
SaaS	Software as a Service
SLA	Stereolithography
STISS	Swiss Technology inside Smart Sapphire
UTM	Urchin Tracking Module
VIP	Very Important Person
VR	Virtual Reality
YNAP	Yoox Net-a-Porter

Abbildungsverzeichnis

Abb. 1.1	Für viele Menschen ist das Mobiltelefon zum Bildschirm Nummer eins geworden. (Bild: Ipopba – stock.adobe.com)	6
Abb. 1.2	Kontaktpunkte müssen digital werden, um das Kundenerlebnis zu intensivieren	13
Abb. 1.3	Omni-Channel-Daten als Grundlage der Kundenerfahrung	16
Abb. 2.1	Maslows Bedürfnispyramide. (Adaptiert von Maslow, 1943)	31
Abb. 3.1	Luxus und E-Commerce - Entwicklung in drei Phasen, ohne chinesische Plattformen (siehe Abschn. 3.2.2)	39
Abb. 3.2	Die digitale Plattformlandschaft in China	50
Abb. 5.1	Das AIDA-Funnelmodell (Lewis, 1898)	71
Abb. 5.2	Das CDJ-Customer Decision Journey-Modell (McKinsey, 2009)	71
Abb. 5.3	Das Omni-personal Customer Journey Modell	72
Abb. 5.4	Computererzeugtes Bild, Oris SA, Watch inside a Watch, 2019. (Mit Genehmigung von Oris SA gedruckt)	79
Abb. 5.5	Pop-up-Events faszinieren mit Innovation und kreativen Erlebnissen (Bild: Fxquadro – stock.adobe.com)	86
Abb. 5.6	Spiele und spielerische Erfahrungen erfreuen sich wachsender Beliebtheit, insbesondere bei jüngeren Generationen (Bild: Gorodenkoff – stock.adobe.com)	91
Abb. 5.7	Virtuelle Showcase-Plattform, Accenture, 2021. (Gedruckt mit Genehmigung von Accenture)	98
Abb. 5.8	Visuelles Suchwerkzeug, Forevermark, 2021. (Gedruckt mit Erlaubnis von Forevermark)	103
Abb. 5.9	Terminbuchungstool, Courbet, 2021. (Mit Erlaubnis von Courbet gedruckt)	105

Abb. 5.10 Virtuelle Anprobeanwendungen zeigen ein großes Potenzial, um die digitale Verkaufszeremonie interaktiver zu gestalten (Bild: Andrey Popov – stock.adobe.com) 106
Abb. 5.11 Übersicht über Verkaufsszenarien 113
Abb. 5.12 Online Produktfinder, Courbet, 2021. (Gedruckt mit Erlaubnis von Courbet und Hapticmedia) 117
Abb. 5.13 3D-gedruckter Schmuck, Maison 203, 2021. (Gedruckt mit Erlaubnis von Maison 203) 119
Abb. 5.14 Nahtlose Omni-Channel-Erfahrungen entlang von Kanälen und Kontaktpunkten 123
Abb. 5.15 Rückverfolgbarkeit 129
Abb. 5.16 Ten/ten Kollektion, De Beers Group, 2021. (Mit Genehmigung der De Beers Group gedruckt) 135
Abb. 5.17 Der Net Promoter Score erfasst die Empfehlungswahrscheinlichkeit der Kunden auf einer Skala von 1 bis 10 (Bild: Olivier Le Moal – stock.adobe.com) 143
Abb. 5.18 Digitaler Uhrenpass, Breitling, 2021. (Mit Erlaubnis von Breitling gedruckt) 146
Abb. 5.19 Iterativer Prozess zur Vertiefung von Einzelbeziehungen 149
Abb. 5.20 Illustratives Set von gängigen On-Site- und In-Store-KPIs entlang der Customer Journey 151
Abb. 5.21 Das Potenzial der In-Store-Kundenüberwachung freisetzen 153
Abb. 6.1 Die Schlüsselelemente einer Geschäftseinheitsstrategie 160
Abb. 6.2 Die omni-personal Strategie 162
Abb. 6.3 Die omni-personal und Geschäftseinheitenstrategien beeinflussen sich gegenseitig 163
Abb. 6.4 Die beabsichtigte Marktreichweite und Kontrolle definieren den Ansatz 179

1

Einführung: Die Zukunft des Luxus

Schlüsselaspekte

- Die persönliche Beziehung steht im Mittelpunkt der Luxus-Strategie.
- Die Geschäfts-Transformation befasst sich mit neuen Kundenbedürfnissen.
- Kunden erwarten die Verfügbarkeit von Waren und Dienstleistungen, wann und wo immer sie wollen.
- Die COVID-19-Krise gibt einen Ausblick auf die Zukunft.
- Luxus muss das Potenzial des neuen Einzelhandels auf eine markenkonsistente und kundenrelevante Weise ausschöpfen.
- Das zukünftige Marktwachstum im Luxusbereich wird voraussichtlich von China und dem E-Commerce angetrieben.

Der persönliche Luxusmarkt (d. h., Uhren, Schmuck, Lederwaren, Kleidung, Duft- und Hautpflegeprodukte) stieg von 77 Mrd. € im Jahr 1995 auf 281 Mrd. € im Jahr 2019.[1] Nach dem Ausbruch von COVID-19 schrumpfte der Markt jedoch im Jahr 2020 um 20 bis 35 Prozent, soll aber bis 2025 auf 330 bis 370 Mrd. € zurückkehren.[2] Diese Schätzung berücksichtigt

[1] Sherman L (2020) Die nächste Welle des Luxus-E-Commerce. In: The business of fashion. https://www.businessoffashion.com/education/courses/case-study-luxury-ecommerce-online-retail, S. 2. Zugriff am 30. April 2020.

[2] Bain und Company (2020) Bain-Altagamma 2020 weltweiter Luxusmarktmonitor. In: The Diamond Loupe. https://www.thediamondloupe.com/sites/awdcnewswall/files/attachments/Bain-Altagamma%20Luxury%20Study%2019th%20Edition.pdf. Zugriff am 18. November 2020.

R. Schmitt et al., *Omni-personal Luxus*, https://doi.org/10.1007/978-3-031-44579-8_1

bereits die Korrektur aufgrund der COVID-19-Krise. Traditionell war das Wachstumspotenzial im Luxus hauptsächlich auf geographische Expansion und Marken- oder Sortimentserweiterung zurückzuführen. Im Gegensatz dazu wird das prognostizierte Wachstum bis 2025 dominant vom chinesischen Markt, der wachsenden Relevanz des Online-Vertriebskanals und der Bereitschaft der Marken, sich entlang der Kundenbedürfnisse zu transformieren, angetrieben.

Einmal angenommen Sie denken an sich selbst: Wie viele Gegenstände besitzen Sie? Heute hat der durchschnittliche europäische Bürger etwa 10.000 Gegenstände. Im Vergleich dazu betrug die durchschnittliche Anzahl der Besitztümer vor nur 100 Jahren 180 Gegenstände pro Person.[3] Vor etwa 100 Jahren war Reisen noch ein besonderes Abenteuer, das je nach Ziel Tage oder Wochen dauern konnte. Kommerzielle Flüge gibt es seit 1914, aber die Economy-Klasse existierte erst ab 1950. Vorher war Fliegen purer Luxus.[4] Im Jahr 2019 wurden 38,9 Mio. Flüge verzeichnet. Die für 2020 prognostizierten 40,3 Mio. Flüge wurden aufgrund der COVID-19-Krise auf 23,1 Mio. korrigiert.[5]

Darüber hinaus wächst die Zahl der Milliardäre weltweit. Insbesondere die Vereinigten Staaten und China führen die Liste der reichsten Menschen an. Der Hurun Report 2020 kam zu dem Schluss, dass der Ausbruch von COVID-19 einen Boom in der Pharmaindustrie und im Online-Unterhaltungsbereich ausgelöst hat, was China dabei half, 2019 dreimal mehr Milliardäre zu schaffen als die Vereinigten Staaten.[6]

Diese Zahlen zeigen, dass sich unser Lebensstil erheblich verändert hat und damit auch unsere Erwartungen. Wir sind an einem Punkt angelangt, an dem wir uns einige Fragen stellen müssen. Wie viel Besitz ist notwendig? Wie viel Reisen ist erforderlich? Und wie viel ist vereinbar mit unserem Ego und der Umwelt? Wir stellen uns der Herausforderung, grün zu denken und das heilende Elixier einer Kreislaufwirtschaft zu nutzen. Wir beginnen, unser Konsumverhalten im Hinblick auf die Nachhaltigkeit für die Zukunft des Planeten zu messen, und unsere Kinder

---

[3] Kern S (2014) Wie viel ist genug? https://www.rnz.de/panorama/magazin_artikel,-Magazin-Wie-viel-ist-genug-_arid,20959.html. Zugriff am 26. April 2020.

[4] LoveExploring (2018) Wie sich das Fliegen in den letzten 100 Jahren verändert hat. https://www.loveexploring.com/gallerylist/71818/how-air-travel-has-changed-in-the-last-100-years. Zugriff am 28. Februar 2021.

[5] Statista (2020) Anzahl der Flüge der globalen Fluggesellschaften von 2004 bis 2021. https://www.statista.com/statistics/564769/airline-industry-number-of-flights/. Zugriff am 10. Juni 2020.

[6] Reuters (2020) Neue chinesische Milliardäre überholen die USA im Verhältnis 3 zu 1: Hurun. https://www.reuters.com/article/us-china-economy-wealth/new-chinese-billionaires-outpace-u-s-by-3-to-1-hurun-idUSKCN20K0YB. Zugriff am 26. Februar 2021.

werden zu aktiven Advokaten unserer Reife. Überkonsum rückt in ein schlechtes Licht, insbesondere Konsum, der elitär und überflüssig erscheint. Ist Luxus in Gefahr? Ist Luxus noch angemessen? Manche fragen sich, ob es in einer Welt am Rande des Öko-Exodus noch Platz für Luxus gibt. Wie sieht zeitgemäßer Luxus aus?

In dieser Welt ist Transformation eine Überlebensfrage. Es gibt immer Branchen, die sich schneller bewegen als andere, Geschäftsmodelle weiterentwickeln und Mehrwert für Kunden schaffen. Die Luxusindustrie ist nicht disruptiv, aber keine Branche weiß besser, wie man Emotionen weckt und nachhaltig bindet. Luxus gibt es seit vielen Jahrhunderten und hat immer einen Weg gefunden, den Bedürfnissen seiner Zeit gerecht zu werden. Während manche Marken noch hinterherhinken, ist es für andere die perfekte Zeit einen Unterschied zu machen.

1.1 Omni-Personal im Luxus

Als Alfred Cartier das Geschäft an seine Söhne Louis, Pierre und Jacques übergab, knüpfte er die Bedingung daran, dass jede der drei bestehenden Cartier-Niederlassungen von einem der Söhne geleitet werden sollte.[7] Herr Cartier war sich dessen bewusst, dass persönliche Beziehungen ein Schlüsselelement beim Verkauf von Luxusgütern an die Royals und wohlhabenden Eliten seiner Zeit waren. Der Verkauf von Luxusgütern erfordert, dass man seine Kunden kennt, wie zum Beispiel: Wer trifft die endgültige Kaufentscheidung? Handelt es sich um ein Geschenk? Bevorzugt die Kundin Diamanten oder Perlen? Was sind Zweck und Anlass des Besuchs? Ist sie seine Begleiterin oder seine Geliebte? Dies sind Schlüsseldaten, um den Kunden angemessen und diskret anzusprechen.

In einem anderen Beispiel hat Burberry Initiativen zur Datenanalyse eingeführt, wie ‚Customer 360',[8] die Kunden dazu einlädt, ihre Einkaufshistorien und Vorlieben mit der Marke zu teilen. Beim Betreten eines Burberry-Geschäfts in China könnten Kunden überrascht sein, dass der Verkaufsmitarbeiter bereits ihre Farb- und Produktvorlieben kennt. Einige schätzen die

---

[7] Cartier Brickell F (2019) Die Cartiers: Die unbekannte Geschichte der Familie hinter dem Schmuckimperium. Random House, New York, S. 147.

[8] Beauloye F (2017) SHINE: Digitale Handwerkskunst für moderne Luxusmarken. Michael Hanrahan, Singapur, S. 113.

Möglichkeit, sofort in ein Gespräch über rote Stiefel einzusteigen, die zum letzten Kauf eines roten Gürtels passen, der Teil der gleichen Kollektion ist. Für andere könnte diese Erfahrung aufdringlich bis beängstigend wirken.

Kundendaten sind eine große Verantwortung, aber wenn sie richtig genutzt werden, sind sie ein mächtiges Werkzeug. Die Welt von Alfred Cartier war anders als unsere Welt, aber der Wusch nach Personalisierung bleibt unverändert. Die Herausforderung besteht darin, die heutigen Big Data in Smart Data zu verwandeln, um Personalisierung zu skalieren. Genau wie Kunden im Jahr 1900 erwarten moderne Kunden, auf individuelle Weise in einem Geschäft begrüßt zu werden. Als zukünftiger Kunde erwarten Sie, erkannt, begrüßt, bedient, verstanden und über Kanäle und Kontaktpunkte hinweg auf konsistente Weise in Erinnerung behalten zu werden. Der omnipersonal Ansatz sichert den menschlichen Touch in unseren Interaktionen.

1.1.1 Kundenerwartungen ändern sich

Mehrere Makrotrends beeinflussen die Art und Weise, wie Kunden sich das perfekte Einkaufserlebnis vorstellen:

- Omni-Channel
- Mobile First
- Kundenerlebnis
- (Omni-) Personalisierung
- Nachhaltigkeit

Omni-Channel

Sie sind ein Kunde und schätzen Omni-Channel: Sie probieren Ihre Lieblingsprodukte über die Mobile App an, bestellen online, holen die Bestellung im Geschäft ab, geben das Produkt in einem anderen Geschäft zurück und erwarten personalisierte Werbung, die berücksichtigt, dass Sie nicht mehr an dem Produkt interessiert sind, das Sie kürzlich erst zurückgegeben haben. Es folgt der natürlichen Logik, dass Kunden von Unternehmen erwarten, dass sie Omni-Channel-Prinzipien befolgen. Heutzutage werden 70 Prozent der Luxuskäufe durch Online-Interaktion beeinflusst.[9]

[9] Gartner (2019) Lessons from luxury retail – younger generation lead the way. https://www.gartner.com/en/documents/3905168/lessons-from-luxury-retail-younger-generations-lead-the-, S. 3. Zugriff am 20. März.

Menschen holen sich Inspiration auf Social Media Plattformen, öffnen den Newsletter der Marke auf ihrem Handy und suchen im Web nach bestimmten Artikeln von Interesse, bevor sie sich entscheiden, online oder im Geschäft zu kaufen.

Das Einkaufserlebnis im Geschäft bleibt zentral für die Luxusindustrie, aber die Kunden erwarten das Gewünschte wann und wo sie es wollen. Dies ist eine Folge des soziokulturellen Wandels, der Globalisierung und des technologischen Fortschritts. Das Omni-Channel-Ziel ist eine nahtlose und konsistente Reise über Online und Offline-Kanäle und Touchpoints hinweg zu bieten. Dies erfordert auch die Integration von In-Store, Digital, Social, Mobile und Drittanbieternetzwerken.

Die Notwendigkeit eines nahtlosen Omni-Channel Ansatzes wird durch das moderne Kundenverhalten deutlich: Die simultane Interaktion über verschiedene Geräte, zum Beispiel das Durchstöbern von Produktbeschreibungen auf dem iPad während des Fernsehens und die Diskussion der Auswahl mit einem besten Freund am Telefon, ist heute gängige Praxis. Insbesondere jüngere Generationen sind darauf trainiert, über mehrere Geräte hinweg zu multi-tasken.

Mobile First

Seit 2016 beobachten wir eine Orientierung hin zu Smartphone-Anwendungen.[10] Für viele Menschen und Länder ist das Mobiltelefon zum Bildschirm Nummer eins geworden und dank Diensten wie PayPal, Amazon Payment, Alipay und WeChat Pay, zur bevorzugten Zahlungsmethode (Abb. 1.1).

Im Luxussegment besitzen 98 Prozent der Kunden ihr eigenes Smartphone. Überraschenderweise ist diese Zahl über die Altersgruppen hinweg konstant, von Millennials bis zu Babyboomern. Während Millennials im Durchschnitt 4 mobile Geräte besitzen und sie 17,5 Stunden pro Woche nutzen, besitzen Babyboomer im Durchschnitt 3,5 mobile Geräte und nutzen sie 16,4 Stunden pro Woche.[11] Das ist keine dramatische Diskrepanz und unterstreicht, dass dies ein echter Makrotrend ist.

[10] Heinemann G (Hrsg.) (2019) Der neue Online Handel. Springer, Wiesbaden, S. 139.

[11] McKinsey und Company (2018) Das Zeitalter des digitalen Darwinismus. https://www.mckinsey.com/~/media/McKinsey/Industries/Retail/Our%20Insights/Luxury%20in%20the%20age%20of%20digital%20Darwinism/The-age-of-digital-Darwinism.pdf, S. 5. Zugriff am 3. April 2021.

Abb. 1.1 Für viele Menschen ist das Mobiltelefon zum Bildschirm Nummer eins geworden. (Bild: Ipopba – stock.adobe.com)

Kundenerlebnis

Während früher digitale Inhaltsstrategien im Fokus standen, wird in Zukunft das Design differenzierter digitaler Erlebnisse entscheidend sein. Vor allem Online-Kanäle werden von der Bewegung hin zum Digitalen betroffen sein, während das physische In-Store-Erlebnis durch digitale Erweiterung weiterentwickelt wird. Die Verschmelzung der beiden Welten zu einer nahtlosen und konsistenten Reise wird als ‚Phygital' bezeichnet, was dem Omni-Channel-Konzept entspricht.

Augmented und virtual Reality-Anwendungen verschmelzen zunehmend mit unserem Alltag und bereichern unser Erlebnis, indem sie unsere Vorstellungskraft unterstützen und unsere Entscheidungen vereinfachen. Beispiele sind virtuelle Anprobe, Avatare und virtuelle Laufstege, die darauf ausgelegt sind, das Zielpublikum auf innovative Weise anzusprechen, oft mit Elementen der Gamification.

(Omni-) Personalisierung

Personalisierung ist komplex und hat Dimensionen entlang der gesamten Wertschöpfungskette: von der Produkt Personalisierung, dank innovativer Konfigurations-Werkzeuge und 3D Druck, bis hin zur Erfassung von Kundendaten über Kaufpräferenzen, um Datenintelligenz und Analysen zur Vorhersage des Verhaltens anzuwenden und die relevantesten Produkte zu empfehlen, bis hin zur Geolokalisierung über GPS, um personalisierte Push-

Benachrichtigungen an das Mobiltelefon des Benutzers zu senden, wenn sie sich in der Nähe des Geschäfts befinden.

Es ist klar, dass diese Initiativen das Produkt, den Service, die Kommunikation und das Erlebnis persönlicher und daher relevanter für die Zielgruppe machen. Während Omni-Channel sich auf die Konsistenz und Nahtlosigkeit über Kanäle und Kontaktpunkte konzentriert, hat Omni-Personal eine zusätzliche Ebene, um die Relevanz für den einzelnen Kunden sicherzustellen. Diese Relevanz ist die Grundlage für echtes Kundenengagement. Zudem sollten wir nicht vergessen, dem Kunden genau zuzuhören. In einem Markenmonolog neigen Marken dazu zu verstehen, was sie gerne hören wollen. Wenn Marken einen offenen Dialog pflegen, lernen sie, ein ‚Nein' zu akzeptieren. Tatsächlich ist es eine Frage des Respekts, das Vertrauen des Kunden zu gewinnen.

Nachhaltigkeit

Nachhaltigkeit ist unverzichtbar und betrifft die gesamte Wertschöpfungskette. Einerseits geht es um Transparenz; andererseits geht es um Konsequenzen und Maßnahmen, die aus diesem Wissen abgeleitet werden. Zunächst können wir eine durchgängige Rückverfolgbarkeit von Rohstoffen (einschließlich fairem Handel und Arbeitsbedingungen) bis hin zu Halb- und Fertigwaren in Lagern, Vertriebskanälen, Geschäften und schließlich den Häusern der Kunden ermöglichen, um After-Sales Dienstleistungen zu unterstützen. Zweitens müssen wir das gewonnene Wissen über die Herkunft der Ressourcen, die Produktionsprozesse und die Kundennachfrage in ein nachhaltiges Geschäftsmodell übersetzen.

Im Luxusbereich gibt es viele verschiedene Sichtweisen. Einige sehen den großen Kontrast zwischen Luxus (der mit immaterieller Qualität, Geheimnis, Magie und Träumen assoziiert wird) und Nachhaltigkeit (die mit Produktqualität, Transparenz, Fairness und Realität assoziiert wird). Andere wiederum sagen, dass im wahren Luxus Geheimnisse nicht notwendig sind, weil die hohe Qualität für sich selbst steht und es nichts zu verbergen gibt. Darüber hinaus sind Luxusprodukte dafür gemacht, für die Ewigkeit zu halten, und was ist nachhaltiger als ein Produkt, das von einer Generation zur nächsten weitergegeben werden kann? Ohne eine endgültige Antwort auf diese Frage zu geben, hat die soziale, politische, wirtschaftliche und kulturelle Diskussion sicherlich die-Kreation neuer Geschäftsmodelle gefördert, wie zum Beispiel Vermietung und Wiederverkauf. Der Aufstieg dieser Geschäftsmodelle zeigt die zunehmende Bedeutung von Nachhaltigkeit und Verantwortung entlang der Wertschöpfungskette.

Der Ruf nach mehr Nachhaltigkeit und Kreislaufwirtschaft hat insbesondere in der Modeindustrie ein radikales Umdenken ausgelöst. Verschiedene Start-ups arbeiten an Lösungen, wie Ressourcen verantwortungsvoller genutzt und wiederverwendet werden können. Eine davon ist ‚Fashion-for-Good'. Während die Zahl der weggeworfenen Textilien stetig wächst, zielt die Initiative darauf ab, eine Plattform zur Unterstützung einer effizienten Recyclinginfrastruktur zu etablieren. Der stark manuellen Sortierung fehlt es oft an Genauigkeit aufgrund fehlender Materialzusammensetzung und Etiketteninformationen. Daher hat Fashion-for-Good eine umfassende Textilabfallanalyse auf Basis der Nahinfrarot (NIR) Technologie etabliert, die mit den Fähigkeiten der Textilrecycler abgestimmt ist. Dieses erweiterte Verständnis der Textilzusammensetzung führt zu einer Erhöhung der wiederverwendbaren Textilien und eröffnet neue Einnahmequellen für Sortierer durch Prinzipien der Kreislaufwirtschaft. Darüber hinaus kann der Textilabfall reduziert werden. Dieses Beispiel geht jedoch die Herausforderung am Ende der Wertschöpfungskette an. Nachhaltigkeit erfordert einen ganzheitlichen Ansatz, und daher legen Marken auch immer mehr Wert auf eine verantwortungsvolle Ressourcenauswahl am Anfang des Produktlebenszyklus - sogar während der Produktentwurfsphase.

Kontinuierliche Innovation: Leben im Wandel

Das Verständnis der sich ändernden Kundenanforderungen und Haupttrends ist wesentlich. Darüber hinaus erfordert die Gestaltung geeigneter und differenzierender Erfahrungen kontinuierliche Innovation. Dies impliziert die Akzeptanz der Vergänglichkeit im Sinne, dass wir ständig Veränderungen gegenüberstehen. Cartier's CEO, Cyrille Vigneron, drückt dies in folgenden Worten aus:

> *Trotz dieser (Veränderung) neigen wir dazu, Stabilität als die Norm und Veränderung als die Ausnahme zu sehen. Doch die Welt entwickelt sich schneller als je zuvor. Um in dieser Welt gelassen zu leben, müssen wir die Vergänglichkeit akzeptieren.*[12]

Haben Sie eine Vision von der zukünftigen Welt, in der Sie leben möchten? Was würde Ihre Erwartungen übertreffen? Verstehen Sie Ihre Kunden besser

---

[12] Vigneron C (2020) LinkedIn-Beitrag, 4. Februar, mit Erlaubnis zitiert.

als sie sich selbst verstehen? Dies ist eine psychologische und kreative Herausforderung.

In China gibt es ein visionäres Pilotprojekt, die Changsha IFS Mall.[13] Das Einkaufszentrum bietet eine Reihe internationaler Luxus- und Modemarken. Bisher denken Sie ‚noch ein Einkaufszentrum', aber hier ist das Sahnehäubchen: Das Einkaufszentrum bietet die mobile App iGO, den ersten Mixed-Reality (MR) Einkaufsnavigator, für Kunden in 5G, und ermöglicht ein intelligentes und personalisiertes Kundenerlebnis mit Sonderangeboten, Augmented Reality und einem eingebetteten Schatzsuchspiel. Der Standort der Benutzer wird genau und in Echtzeit erkannt, was eine perfekt getimte Kommunikation und Interaktion über ihr Mobiltelefon ermöglicht. Ohne eine weitere Anwendung herunterzuladen, können Kunden mit einem Klick auf die offizielle Changsha IFS WeChat Seite zugreifen, um mit dem Einkaufen zu beginnen. Die Innovation des Einkaufszentrums besteht darin, dass es das Beste und Neueste im Phygital in einem immersiven Erlebnis vereint. Dies ist ein Beispiel dafür, wie der traditionelle Einzelhandel ins phygital Zeitalter übergeht. Luxusmarken konkurrieren jedoch zunehmend nicht nur mit von anderen Luxusmarken und Einzelhändlern gestalteten Erlebnissen, sondern auch mit digital-first-Ökosystemen,[14], wie denen von Amazon und Alibaba.

1.1.2 Luxus erobert den neuen Einzelhandel

Alibaba nennt es ‚neuen Einzelhandel', während JD es als ‚grenzenlosen Einzelhandel' bezeichnet. WeChat spricht von ‚intelligentem Einzelhandel' und Amazon bezieht sich auf das ‚Rückwärtsdenken vom Kunden'.[15] Diese Konzepte bauen auf Kundenorientierung über Kanäle und Kontaktpunkte

[13] Changsha IFS (2020) Changsha IFS schafft iGO, den ersten MR-Einkaufsnavigator in China, um intelligentes Einkaufen mit einem Klick zu ermöglichen. In: Cision PR Newswire. https://www.prnewswire.com/news-releases/changsha-ifs-entwickelt-igo-den-ersten-mr-einkaufsnavigator-in-china-der-intelligentes-einkaufen-mit-einem-klick-ermoglicht-819629444.html. Zugriff am 16. Dezember 2020.

[14] Santhiram S (2020) Wie Luxusmarken den E-Commerce nutzen können, um nach COVID-19 wieder auf die Beine zu kommen. https://www.luxurysociety.com/en/articles/2020/04/how-can-luxury-brands-their-e-commerce-game-post-covid19/. Zugriff am 27. April 2020.

[15] Dudarenok AG, Zakkour M (2019) Neuer Einzelhandel, geboren in China, geht global: Wie chinesische Technologiegiganten den globalen Handel verändern. Unabhängig veröffentlicht, S. 48, 107.

auf. Diese Technologiegiganten bauen Ökosysteme auf, um Kundenbedürfnisse nach einem ganzheitlichen Ansatz zu bedienen. Sie haben Bedürfnisse entdeckt, von denen wir zuvor nicht einmal wussten, dass sie existieren. Wer hätte gedacht, dass ein Unternehmen wie Amazon Sie durch alle Phasen des Alltags begleiten würde, vom digitalen Lebensmitteleinkauf über das abendliche Videostreaming bis hin zur AWS Cloud-gehosteten Unternehmenssoftware? Das passiert gerade. Darüber hinaus erweitern diese digital geborenen Unternehmen nun ihren Fußabdruck in Richtung stationärer Geschäfte. Alibaba hat Freshippo, den Supermarkt der Zukunft, ins Leben gerufen, während Amazon eine vergleichbare Idee mit Amazon Go realisiert hat.

Typische Amazon Kunden werden nicht verstehen, warum sie möglicherweise tagelang oder sogar wochenlang auf ein bestimmtes Luxusgut warten müssen, das online bestellt wurde, wenn sie Artikel, die über Amazon bestellt wurden, noch am selben Tag oder sogar in derselben Stunde erhalten können. Dies ist der Grund, warum der Luxusmarktplatz Farfetch am selben Tag Lieferung in ausgewählten Metropolen eingeführt hat.[16] Wir haben nun den Punkt erreicht, an dem Kunden es als selbstverständlich ansehen, dass sie bekommen, was sie wollen, wann und wie sie es wollen. Das Notwendige und Erwartete hat sich geändert. Jüngere Generationen beschleunigen diese Veränderung sogar, weil sie vom alten Einzelhandel nicht angezogen werden. Sie sind mit iPads in der Hand aufgewachsen und wissen mehr über virtuelle Dienstleistungen als über Tiere im Wald. Was die Babyboomer noch als Wunsch bezeichnen, ist für die Generation Y und die Generation Z zu einem Bedürfnis geworden.

Luxusmarken sind nicht standardmäßig ‚neue Einzelhandel' Experten, weil ihre ursprüngliche Kernkompetenz in der einzigartigen Produktgestaltung, Kreation und Herstellungsexzellenz von herausragenden Kreationen liegt. Das Vertriebsnetzwerk variiert stark zwischen den Marken. Das hängt von ihrer Geschichte und Unternehmens-Strategie ab. Einige von ihnen haben überhaupt keinen Einzelhandelskanal und sehen keine Notwendigkeit zur Veränderung. Dementsprechend gilt kein ‚one size fits all'.

Für diejenigen, die nach Synergien in zentralisierten und regionalen Supportfunktionen suchten, wurde der Beitritt zu einem Luxuskonglomerat zu einer möglichen Option. Synergien sind einer der Gründe für die vielen

---

[16] Chevalier M, Gutsatz M (Hrsg.) (2019) Luxuseinzelhandel und digitales Management. Wiley, New Jersey, Standort 2070.

Fälle von Marktkonsolidierung und Fusionen und Übernahmen (M&A) in den letzten Jahrzehnten. Neben Logistik, Lagerhaltung, Personalwesen und Medieneinkauf profitieren IT, ERP und digitale Tools vom Potenzial der Skalierbarkeit.[17] Dieser Punkt ist wichtig, weil Skalierbarkeit und menschliche und finanzielle Ressourcen die Treiber für einen effizienten Übergang zum ‚neuen Einzelhandel' sind. Die Investition in eine interne Tool-Landschaft ist eine der möglichen Strategien. Eine andere Strategie ist die gezielte Investition in große digitale Player, die Gründung von Joint Ventures oder die Übernahme von Marktplatzplattformen, um die Positionierung in der digitalen Welt zu beschleunigen und zu stärken. Einige Beispiele folgen:

- *Gezielte Investition:* Chanel hat eine strategische Partnerschaft mit der globalen Luxus-E-Commerce-Plattform Farfetch aufgebaut. Im Jahr 2021 investierte Kering in die Second-Hand-Plattform Vestiaire Collective.
- *Joint Venture:* Im Jahr 2018 startete Yoox Net-a-Porter (YNAP) das Joint Venture Feng Mao in Zusammenarbeit mit Alibaba. Im Jahr 2020 kündigten Alibaba und Richemont an, dass sie sich mit Farfetch zusammenschließen würden.
- *Erwerb einer Marktplatzplattform:* Seit 2018 ist Richemont der Hauptaktionär von YNAP. Im Jahr 2017 erwarb der Private-Equity-Fonds Apax den Modehändler MatchesFashion.

Unabhängig von der gewählten Strategie haben Luxuskunden neue Erwartungen in Bezug auf Marken, Konsum und Erlebnis. Die Authentizität bei der Erfüllung dieser Bedürfnisse muss glaubwürdig sein. Gleichzeitig ist Glaubwürdigkeit notwendig, um für den Kunden bedeutungsvoll zu sein. Bedeutung ist erforderlich, um Verkäufe zu generieren: Das gilt genauso im neuen, intelligenten, grenzenlosen Einzelhandel wie im herkömmlichen Einzelhandel. Aus diesem Grund gibt es nur eine Richtung: vorwärts!

1.1.3 COVID-19 Beschleunigt den Wandel

> *Menschen werden aufhören zu reisen, das Wohlgefühl wird verschwinden. Die Menschen werden nicht mehr ins Einkaufszentrum gehen. Wir vergessen gerne, was zu Beginn des letzten Jahrhunderts passiert ist (…) Und damals gab es keine*

[17] Kapferer, J (2015) Kapferer über Luxus: Wie Luxusmarken wachsen können und doch selten bleiben. Kogan Page, London, S. 214.

Flugzeuge, die das Virus blitzschnell um die Welt hätten tragen können. Ich muss so handeln, als könnte es jederzeit passieren.
– Johann Rupert, Vorsitzender von Richemont, Interview im Jahr 2005[18]

‚Die Pandemie hat uns dazu gebracht, die Arbeit zu beschleunigen und Ressourcen und Kompetenzen im digitalen Bereich zu verdoppeln', erklärte Kristian Tear, CEO von Bang & Olufsen, in unserem Interview. Schwarze Schwan-Ereignisse, wie die Finanzkrise 2008 und COVID-19, stürzen Wirtschaften und Unternehmen über Nacht in extreme Situationen. Persönliche Luxusgüter haben einen zweistelligen Umsatzrückgang erlebt. Zu Beginn der Krise glaubten Menschen weltweit, COVID-19 sei ein chinesisches Problem, das nur die Lieferkette betrifft; dann wurde es zu einer globalen Pandemie und einem globalen Nachfrageproblem. Weltweit schlossen Hersteller und Geschäfte vorübergehend, und das gesamte Vertriebsnetzwerk war betroffen. Die geschlossenen Türen der physischen Geschäfte erhöhten jedoch den Druck, virtuelle Türen zu öffnen. In einer Krise ist es für Marken von entscheidender Bedeutung, auf agile Weise mit digitalen Prioritäten und Innovations-Mentalität zu reagieren.[19] Antonio Carriero, Chief Digital und Technologie Officer von Breitling, skizzierte in unserem Interview:

Nach 25 Jahren Digital, löste COVID-19 einen zusätzlichen Dringlichkeitssinn aus, das Betriebsmodell eines jeden Unternehmens in der Einzelhandelsbranche zu transformieren. Bei Breitling begann die digitale (Geschäfts-)Transformation bereits 2017 und umfasste alle Dimensionen unserer Wertschöpfungskette. (…) Wir haben während COVID-19 bewiesen, dass wir auf dem richtigen Weg waren.

In mehreren Post-COVID-19-Studien wurden drei Hauptfokusgebiete identifiziert:

- Digitale Erfahrung
- China
- Markt Disruption

[18] Kowalsky M. (2005) Johann Rupert: «Ich bin der Fluglotse der Egos». https://www.handelszeitung.ch/geld/johann-rupert-ich-bin-der-fluglotse-der-egos. Zugriff am 12. April 2021.

[19] Langer D (2020) Wie Luxusmarken in einer Krise gewinnen können. https://jingdaily.com/how-luxury-brands-can-win-during-a-crisis. Zugriff am 22. April 2020.

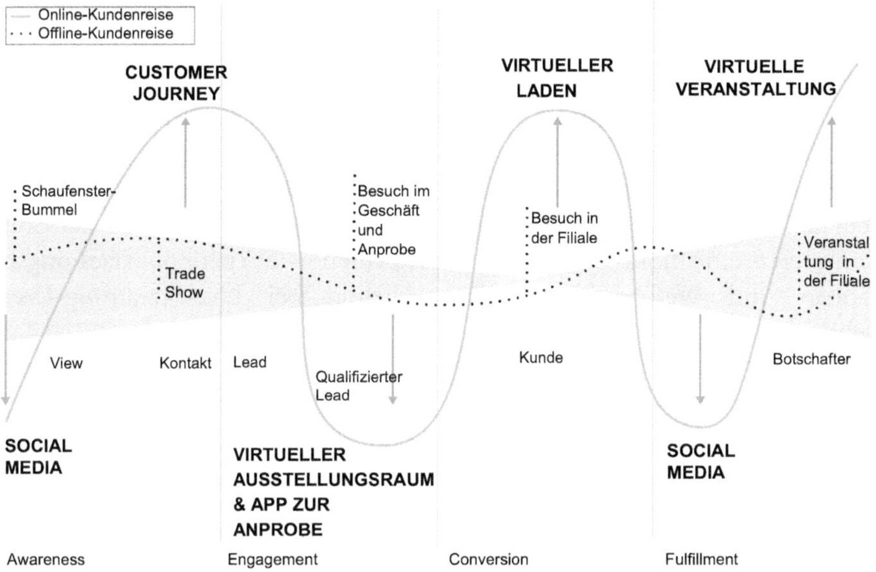

Abb. 1.2 Kontaktpunkte müssen digital werden, um das Kundenerlebnis zu intensivieren

Digitale Erfahrung

Offline Kontaktpunkte laufen Gefahr, ihren Einfluss zu verlieren, da Gesichtsmasken und erzwungene Kurzatmigkeit die Besuche im Geschäft verkürzen und das Kundenerlebnis schwächen (Abb. 1.2). Das Kundenerlebnis kann durch die Übersetzung von Offline-Kontaktpunkten in digitale Formate wieder intensiviert werden.

Die virtuelle Möglichkeit erscheint in verschiedenen Schichten, von der virtual Content Production von computererzeugten Bildern bis hin zu Plattformen für virtuelle Live-Streaming Events und Boutiquen, einschließlich Showrooms und Laufstegen. LVMH, Kering und andere Luxusunternehmen haben virtuelle Showrooms gestartet,[20] und die Pariser und Mailänder Modewochen sind online gegangen. Für die Mailänder digitale Modewoche haben Accenture und Microsoft zusammengearbeitet, um eine digitale Plattform zur Unterstützung der Camera Nazionale della Moda

[20] Guiltbault L (2020) LVMH und Kering's neues Schlachtfeld ist online. https://www.voguebusiness.com/companies/lvmh-and-kerings-new-battlefield-is-online-covid-19. Zugriff am 12. Juni 2020.

bereitzustellen.[21] Sogar Auktionshäuser haben erfolgreich digitale Verkäufe in den Wohnzimmern der Kunden gestartet. Beeindruckende Beispiele waren das Online-Gebot auf eine US$1,5 Mio. Patek Philippe Ref. 2499 oder Sotheby's Auktion einer königlichen Tiara, signiert von Musy, für CHF1,5 Mio.[22] Musy wurde im Mai 2021 über eine Instagram-Aktivierung beworben. Dank eines Instagram-Augmented-Reality-Filters wurde die Tiara über 22.000 Mal virtuell anprobiert. Besonders in China erlebt der Social Commerce eine hohe Nachfrage; Plattformen wie Yizhibo, Xiaohongshu, Taobao und WeChat haben ihren Erfolg bei Live-Streaming-Events bewiesen.

China

Richemont und andere Luxuskonglomerate berichten weiterhin von positiven Zeichen aus China, dank wiedereröffneter Geschäfte und sogenannten Revenge-Käufen.[23] Kunden haben begonnen, sich für die Entbehrungen während der Lockdown-Periode mit Luxusgütern zu entschädigen. Diese positive Nachricht deutet darauf hin, dass die Erholungsphase in China deutlich kürzer ist als in anderen Regionen der Welt, auch wenn die Vereinigten Staaten sich aufgrund des Fortschritts bei der Impfung schneller erholen als ursprünglich prognostiziert.

Darüber hinaus bedeuten die Reisebeschränkungen, dass Marken lokale Erfahrungen in China, einschließlich Städten der ‚zweiten und dritten' Ebene, bieten.[24] Bis 2025 wird erwartet, dass der chinesische Markt etwa die Hälfte der weltweiten Luxusausgaben ausmacht.[25]

---

[21] Accenture (2020) Accenture und Microsoft arbeiten zusammen, um eine digitale Plattform zur Unterstützung der Camera Nazionale Della Moda Italiana's Mailänder digitalen Modewoche bereitzustellen. https://newsroom.accenture.com/news/accenture-and-microsoft-collaborate-to-provide-digital-platform-to-support-camera-nazionale-della-moda-italianas-milan-digital-fashion-week.htm. Zugriff am 14. Juli 2020.

[22] Corzine M (2020) Philips Watches Head of Digital Strategy: ‚Sammler waren schnell dabei, digitale Verkäufe zu akzeptieren'. https://www.luxurysociety.com/en/articles/2020/06/phillips-watches-head-digital-strategy-collectors-were-quick-accept-digital-sales/. Zugriff am 25. Juni 2020 und Vachaudez C (2021) Musy – Prächtige und historische natürliche Perlen- und Diamant-Tiara. https://www.sothebys.com/en/buy/auction/2021/magnificent-jewels-and-noble-jewels-part-i/magnificent-and-historic-natural-pearl-and-diamond-2. Zugriff am 5. Juni 2021.

[23] Richemont (2021) Konsolidierte Finanzberichte von Richemont. https://www.richemont.com/en/home/investors/results-reports-presentations/, S. 84. Zugriff am 5. Juni 2021.

[24] Achille A, Zipser D (2020) Eine Perspektive für die Luxusgüterindustrie während und nach dem Coronavirus. https://www.mckinsey.com/industries/retail/our-insights/a-perspective-for-the-luxury-goods-industry-during-and-after-coronavirus. Zugriff am 1. April 2020.

[25] Bain und Company (2020) Bain-Altagamma 2020 weltweiter Luxusmarktmonitor. In: The Diamond Loupe. https://www.thediamondloupe.com/sites/awdcnewswall/files/attachments/Bain-Altagamma%20Luxury%20Study%2019th%20Edition.pdf. Zugriff am 18. November 2020.

Markt-Disruption
Aufgrund des Marktausfalls werden viele Unternehmen und Geschäftsmodelle in Bezug auf Nachhaltigkeit, Effizienz, Innovationsgeist und Agilität auf die Probe gestellt. Unternehmen mit einem niedrigen Reifegrad in diesen Schlüsselbereichen werden Schwierigkeiten haben, die Krise zu überleben, was bedeutet, dass weitere Konsolidierungen durch M&As stattfinden werden. Darüber hinaus wird das Konsumverhalten aufgrund des schrumpfenden verfügbaren Einkommens in vielen Haushalten bewusster. Dies unterstützt auch das Aufkommen neuer Geschäftsmodelle, die sich auf Nachhaltigkeit und die Kreislaufwirtschaft konzentrieren.

1.2 Die Industrie erkundet das Potenzial des neuen Einzelhandels

In den letzten Seiten haben wir die Makrotrends, Marktdynamiken und Beschleuniger betrachtet, die die Luxusindustrie beeinflussen. In diesem Kapitel konzentrieren wir uns auf die Vision und Zukunft von Luxus. Es ist jedoch an der Zeit, das volle Potenzial des ‚neuen Einzelhandels' auszuschöpfen, denn als Marke sollten Sie dort sein, wo die Kunden Sie erwarten: überall und zu jeder Zeit. Auf den ersten Blick klingt das wie eine unmögliche Mission. Darüber hinaus gibt es in der Luxusindustrie bestimmte Charakteristika, wie Seltenheit und Exklusivität, die eine genauere Betrachtung erfordern.

Während Omni-Channel Luxus missverstanden werden könnte im Sinne, dass eine Marke alle Kanäle aktivieren muss, um omni-präsent zu sein, ist es grundlegend zu klären, dass der wichtigste Punkt darin besteht, markenkonsistent über die aktiven Kanäle hinweg zu bleiben. Um dies zu erreichen, muss eine Marke ein klares Verständnis für die relevanten Kanäle und Kontaktpunkte gewinnen. Insbesondere in Bezug auf Social Media, Foren und Produktbewertungsplattformen ist es notwendig, sorgfältig hinzuschauen, um nützliche Informationen über Ihre Kunden zu erfassen.

Als Erweiterung zu Omni-Channel bedeutet Omni-Personal, die Beziehung durch den Eintritt in einen Dialog mit dem Interessenten oder Kunden zu nutzen. Individuelle Kundendaten werden integriert, um ein marken- und kundenkonsistentes Erlebnis zu schaffen. Auf diese Weise beinhalten Kundendaten Informationen, die während der Kundenreise erfasst oder aus ihrer Verkaufshistorie abgeleitet werden, wie zum Beispiel: gekaufte Produkte; vorgenommene Produktkonfigurationen; Produkte auf Wunschlisten; Vorlieben für bestimmte Materialien, Farben, Stile und Werte, wie

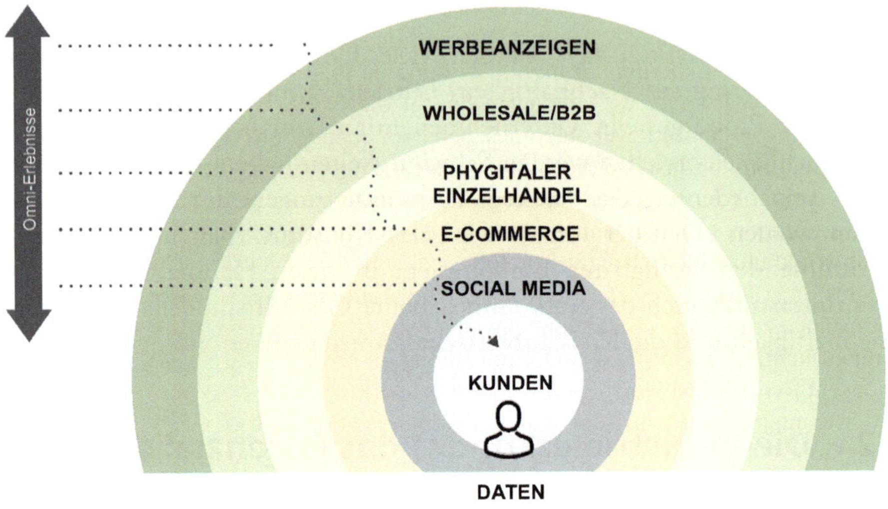

Abb. 1.3 Omni-Channel-Daten als Grundlage der Kundenerfahrung

Nachhaltigkeit; Kauf-Frequenz; Vertriebspräferenz; wichtige Kundendaten, wie Geburtstage und Hochzeitstage; Newsletter Präferenzen; Kontaktpräferenzen; Wohnadressen; nahegelegene Geschäfte; und so weiter.

Zusammenfassend sollten Sie dort sein, wo der Kunde Sie erwartet, das heißt überall, wo ein markenkonsistenter und kundenrelevanter Dialog zu gewährleisten ist (Abb. 1.3). Um dies in eine Metapher zu übersetzen, sollten Sie vermeiden, wie ein Kaiser ohne Kleider zu erscheinen. In Asien spricht man davon, in bestimmten Momenten das Gesicht zu verlieren. Als Marke haben Sie sowohl ein Gesicht als auch einen Namen, und beide sind jeden Tag für Ihr Geschäft von Bedeutung. Daher verkaufen Menschen an Menschen. Kleiden Sie sich und zeigen Sie Ihr Gesicht, um den ‚neuen Einzelhandel' Ansatz auf omni-personale Weise umzusetzen!

Wie zu Beginn dieses Kapitels erwähnt, hat Luxus bestimmte Charakteristika. Im nächsten Kapitel werden wir untersuchen, was Luxus so besonders macht.

2

Die Branche ist besonders

Schlüsselaspekte

- Luxus ist ein sozio-kultureller Code, der allgemein verstanden wird.
- Luxus und seine Interpretation ändern sich kontinuierlich und je nach Kontext.
- Der Kontext für die Interpretation von Luxus wird durch Zeit, Kultur und Gesellschaft definiert.
- Die Interpretation von modernem Luxus ist gekennzeichnet durch seine Demokratisierung, ‚romantischen Konsum', Globalisierung und Digitalisierung.
- Hochklassiger Luxus differenziert sich aufgrund wahrgenommener Knappheit, hoher Qualität und Preis, Produktästhetik und Einzigartigkeit sowie Symbolik.
- Kunden begehren Luxus, weil er ihnen durch positive Emotionen ein gutes Gefühl vermittelt.
- Luxuskonsum ist intrinsisch und extrinsisch motiviert.
- Luxus ist eine Erfahrung.
- Die Erfahrung neigt dazu, immateriell zu sein, und die persönliche Wahrnehmung ist maßgebend.
- Luxus teilt Gemeinsamkeiten mit Kunst und Religion.

Luxus bedeutet, Träume zu verkaufen, und wie jeder Traum hängt dieser von der persönlichen Wahrnehmung und Interpretation ab, insbesondere von dem, was leuchtend oder grenzenlos ist. Beide Facetten sind Teil der Herkunft des Wortes ‚Luxus' - das lateinische Stammwort *lux* übersetzt

R. Schmitt et al., *Omni-personal Luxus*, https://doi.org/10.1007/978-3-031-44579-8_2

sich in ‚Licht', während das Lateinische *luxuria* sich auf Selbstverwöhnung und Opulenz bezieht. Eine allgemeine Definition von Luxus zu finden, ist unmöglich, da er für jede Person auf dem Planeten etwas anderes bedeutet. Die Kunden deren sich ändernde Definition von Luxus werden daher als die größte Bedrohung des Luxus identifiziert.[1] Luxus steht auch in enger Verbindung zu einem anderen sozio-kulturellen Phänomen - Kunst. Durch den Konsum von Luxus werden Konsumenten zu Kennern mit Geschmack. Luxuskreationen, oft das Ergebnis künstlerischer Handwerkskunst, übertragen ihre Strahlkraft auf ihre Besitzer und Konsumenten. Luxus ist somit ein sozio-kultureller Code, der Botschaften zwischen Sender und Empfänger übermittelt. Der bedeutende Vorteil von Codes besteht darin, dass sie über Regionen, Sprachen und Kulturen hinweg allgemein verstanden werden, und dieses Verständnis ist nur möglich, weil Sender und Empfänger über eine gemeinsame Toolbox zum Codieren und Decodieren von Nachrichten verfügen. Diese Toolbox besteht aus Erfahrung, Emotion und Bildung.

Der Wert von Gold ist emblematisch in Verbindung mit Luxus: Das Metall ist selten und zu weich, um in der Produktion von funktionalen Werkzeugen verwendet zu werden. Dennoch erfordert es viel Energie und Mühe, das Metall in Schmuckstücke zu verarbeiten, und erst im letzten Schritt erscheint der glänzende Abschluss, wenn das Metall poliert wird. Gold ist seit Jahrtausenden ein Status-Symbol. Neben seiner Schönheit dient es nur dazu, Überlegenheit auszudrücken. Diese Botschaft wird in einem bestimmten kulturellen, sozialen und emotionalen Kontext decodiert, in dem Gold nicht für jeden erschwinglich ist. Es ist schwer zu finden, und seine Farbe und Textur sind einzigartig. Wenn sich der Kontext ändert,[2] passt sich die Wahrnehmung von Luxus unter diesem Einfluss an. Das könnte uns bedrohen, wenn wir eine künstliche Art des Goldabbaus erfinden würden und das kostbare Material nicht mehr selten wäre. Diese Situation trat um 1930 aufgrund des kommerziellen Aufstiegs von Zuchtperlen auf und ist vielleicht ähnlich der zukünftigen Geschichte von im Labor gezüchteten Diamanten.[3]

---

[1] Danziger P (2019) Treffen Sie die HENRYS: die Millennials, die für Luxus am wichtigsten sind. Paramount Market Publishing, Ithaca, S. 19.

[2] Cappellieri A, Tenuta L (2020) Schmuck zwischen Produkt und Erfahrung: Luxus im einundzwanzigsten Jahrhundert. In: Gardetti MÁ, Coste-Manière I (Hrsg.) Nachhaltiger Luxus und Handwerkskunst: Umweltbilanzen und Öko-Design von Produkten und Prozessen. Springer Nature Singapore Pte Ltd, Singapur, S. 1–23.

[3] Cartier Brickell, F (2019) Die Cartiers: Die unerzählte Geschichte der Familie hinter dem Schmuckimperium. Random House, New York, S. 584.

Luxus ist ein dynamisches Konzept, das sich abhängig von den gesellschaftlichen und kulturellen Kontexten im Laufe der Zeit ändert. Luxus ist daher spezifisch und anspruchsvoll, da das Segment von seinen Marken verlangt, dass sie in Bezug auf Produkte, Erfahrung, Kommunikation und emotionalen Wert einzigartig sind. Um den Luxuscode zu erhalten und ständig zu aktualisieren, blicken wir auf seine Geschichte, skizzieren seine Hauptmerkmale und seine Unterscheidungsmerkmale von Fashion, Premium- und ‚Masstige'-Produkten. Der letztere Begriff beschreibt eine abwärts gerichtete Markenerweiterung, die sich in Prestige für die Massen übersetzt. Wir analysieren dann den emotionalen Wert und schließen dieses Kapitel mit einer Definition von Luxus ab, die als Fundament der weiteren Überlegungen in diesem Buch stehen wird.

2.1 In der Geschichte hat Luxus immer eine besondere Rolle gespielt

Es gab schon immer die wenigen Glücklichen, die es sich leisten konnten, Luxusgüter zu konsumieren, während andere nur davon träumen konnten. Als logische Konsequenz wurde Luxus so lange personalisiert, wie es ihn gibt. Auch wenn Luxus nicht die Quelle sozialer Ungleichheit ist, so hebt er doch Unterschiede hervor. In der Geschichte waren die Insignien der Macht den sozialen Eliten vorbehalten: Königshäusern, Aristokraten, Kaufleuten, Industriellen oder Führungskräften. Mit der Personalisierung des Luxus wurde diese Kluft überbrückt. Neben der Dimension von Luxus als außerordentlich exklusives, seltenes Produkt oder Dienstleistung und der Rolle als sozialen Marker haben sich zwei weitere Dimensionen des Luxus entwickelt: Luxus als Markt, der jährlich von internationalen Beratungsunternehmen analysiert wird, und Luxus als Geschäftsmodell und Strategie zur Differenzierung von Marken untereinander.[4] Letzteres bezieht sich auf Aspekte wie die vollständige Kontrolle der Wertschöpfungskette, Vertrieb, Erlebnis und Preisgestaltung sowie Exzellenz in der Herstellung, Personalisierung, Kommunikation und Marketing. Luxus hat sich zweifellos immer an seine Zeit und Gesellschaft angepasst. Sind Sie bereit für einen tiefen Einblick in seine Entwicklung und Geschichte?

[4] Kapferer J (2015) Kapferer on luxury: how luxury brands can grow yet remain rare. Kogan Page, London, S. 99.

2.1.1 Ursprünge des Luxus: Die Dosis macht das Gift

Luxus ist eine Notwendigkeit, die dort beginnt, wo die Notwendigkeit endet.
—Coco Chanel

Ursprünge des Luxus: Rohstoffe
Wie das Beispiel Gold zeigt, ist Luxus in den Anfängen der Zivilisation verwurzelt, als die Seltenheit von Materialien Luxus definierte. Muscheln, Bernstein, Elfenbein, Jade und Gold wurden gehandelt und als Schmuck getragen. Es liegt in der menschlichen Natur, das Schöne zu lieben, und die Menschen haben es schon immer genossen, sich herauszuputzen, um zu beeindrucken, auch wenn die Mittel begrenzt waren. Sobald die Menschen an Luxus gewöhnt waren, wurde er zur Notwendigkeit. Als die Menschen sesshaft wurden, begannen sie, Dinge zu sammeln und ihre Emotionen und Erinnerungen an materielle Güter zu knüpfen. Sie begannen auch, Rohstoffe durch manuelle Verarbeitung zu verschönern.

Frühzeitliche Gesellschaften: Design ist wichtig
Design wirkt Wunder. Ein roher Diamant ist nur ein milchiger Stein, aber mit dem perfekten Schliff steigt der Gesamtwert des Steins, auch wenn die Farbe, Klarheit und Größe nicht den perfekten Bedingungen entsprechen. In frühzeitlichen Gesellschaften erweiterte das Design von Produkten den Wert von Rohstoffen. Im alten Ägypten gewöhnten sich die Pharaonen daran, in Pyramidenform zu denken, um ihre Macht und ihren Status zu zeigen, sowohl zu Lebzeiten als auch darüber hinaus. Die Form einer Pyramide drückte Ewigkeit aus. Besonders bemerkenswert ist die Feier von Pracht im Leben und die rituelle Perfektion, um sich im Jenseits zu verewigen.[5] Dies deutet darauf hin, dass Religion und Luxus miteinander verbunden waren, da der Glaube an Götter oder sogar an sich selbst dem menschlichen Leben eine tiefere Bedeutung gab.

Jahrtausende später lebte Diogenes (wahrscheinlich der erste überzeugte Minimalist) in einem Fass und kritisierte das pompöse und prahlerische Leben der Eliten. Sparta, die griechische Militärmacht, musste nicht auf den einfachen Lebensstil hingewiesen werden, denn wer gewinnen wollte,

[5] Kapferer J, Bastien V (Hrsg.) (2012) The luxury strategy: break the rules of marketing to build luxury brands. Kogan Page, London, S. 16.

musste eiserne Disziplin üben. Einfachheit wurde oft erzwungen, aber ein echter Mann blieb positiv, auch wenn er nur wenige Besitztümer hatte. Das Zurschaustellen von materiellem Reichtum war das Privileg von Königen und Aristokraten. Die Kritik an diesem Regime nahm unter den Römern zu, als Seneca und Cicero den Untergang des Römischen Reiches voraussagten, während Nero ausschweifende Orgien abhielt. Nur eine neue Religion half, die Gesellschaft zu einem moderaten Maß zurückzuführen.

Das Mittelalter: Verehrung des Handwerks

Während des Mittelalters behielt Luxus seinen Status als etwas Überflüssiges. Die Kirche erlaubte Glamour nur im Haus Gottes, während Gläubige auf ein einfaches Jenseits im Himmel hofften. Zugleich gewannen Handwerk und Handel an Macht. Innerhalb der Städte positionierten sich Händler in der Nachbarschaft ihrer Konkurrenten.[6] Dies vereinfachte die Entscheidungen ihrer Kunden, indem es den Vergleich ermöglichte. Vergleich forderte auch Differenzierung, so dass Handwerker und frühe Juweliere sich in komplexe Ornamente verliebten, da allgemein bekannt war, dass die Schaffung solcher Details zusätzliche Zeit erforderte. In China legte die Ming-Dynastie Luxusgesetze fest, um den Dresscode für die Hierarchien der Nation zu definieren: zum Beispiel waren Kopfschmuck mit Gold und Jade für Nicht-Eliten untersagt, obwohl Kappen mit Kristall und duftenden Hölzern erlaubt waren.[7]

Die Renaissance und die Moderne: Signiert von Künstlern

Die Kunst-Welt veränderte sich mit dem Maler Albrecht Dürer, als dieser begann, seine Gemälde mit seinem Namen zu signieren. Der Name des Schöpfers wurde so als Teil des Kunstwerks verewigt, und der Name des Künstlers wurde zu einem Symbol des Wertes. Andere Branchen folgten diesem Beispiel, und Familiennamen wurden Synonyme für besondere Expertise. Künstler verstanden es, wie man Zeit und Mühe investiert, um ein Stück Gold in ein Kunstwerk zu verwandeln. Heute beziehen wir uns auf diese Zeichen der Authentizität, wenn wir über Marken sprechen.

---

[6] Chevalier M, Gutsatz M (Hrsg.) (2019) Luxus-Einzelhandel und digitales Management. Wiley, New Jersey, Standort 844.

[7] Pietzcker D (2018) Luxus jenseits ideologischer Kritik und affirmativer Haltungen. In: Pietzcker D, Vaih-Baur C (Hrsg.) Luxus als Distinktionsstrategie: Kommunikation in der internationalen Luxus- und Modeindustrie. Springer, Wiesbaden, S. 3–19.

Moderne Revolutionen: Perfektion im großen Stil

Die französische Revolution von 1789 wurde zum Inbegriff des erklärten Ziels - Freiheit, Gleichheit, Brüderlichkeit. Es war eine klare Botschaft an die Eliten und ihren provokativen Konsum von Luxus. Demokratien wurden gegründet, aber Luxus war noch nicht demokratisch: nur das Zielpublikum von Luxus änderte sich. Dies wurde offensichtlich, als 100 Jahre nach der Französischen Revolution Alfonso XIII., der König von Spanien, auf ein Cartier Preisschild für 1,25 Mio. Francs blickte: ‚Nur die Neureichen können sich solche Luxusgüter leisten … wir Könige sind die Neuen Armen von heute!'[8]

Parallel dazu veränderte die industrielle Revolution das Leben und die Arbeit der Menschen dramatisch. Produktion im großen Stil war kein Traum mehr, und das Streben richtete sich auf die Perfektion von schlichtem und funktionalem Produktdesign. Diese Entwicklung würde ihren Höhepunkt im frühen 20. Jahrhundert mit dem Bauhaus-Design finden. Unvollkommenheit wurde mit schlechter Qualität und Kitsch assoziiert.[9] Als Folge der Arbeitsteilung wurden die Produktions- und Verkaufsstätten getrennt. Vor etwa 150 Jahren öffneten die ersten Versionen des Kaufhauses und des Einkaufszentrums ihre Türen.[10] Die Kaufhäuser hatten jedoch keinen sofortigen Einfluss auf den Luxus, da die Produktion ein Familienunternehmen im ursprünglichen Geschäft blieb. Dies würde sich erst 1960 ändern.

2.1.2 Eine neue Interpretation des Luxuskonsums

Die Demokratisierung von Luxus

Die Demokratisierung von Luxus begann um 1960 und stellte einen fortlaufenden Prozess dar, Luxusgüter und -dienstleistungen einem breiteren (und jüngeren) Publikum zugänglich zu machen. Die größte Herausforderung bestand darin Markenverwässerung zu vermeiden, da die

---

[8] Cartier Brickell, F (2019) Die Cartiers: Die unerzählte Geschichte der Familie hinter dem Schmuckimperium. Random House, New York, S. 389.

[9] Barta S, Stoklossa U (2018) Ohne Design ist es nur ein Klumpen Gold - zukünftige Entwicklungen im Design als Luxus. In: Pietzcker D, Vaih-Baur C (Hrsg.) Luxus als Distinktionsstrategie: Kommunikation in der internationalen Luxus- und Modeindustrie. Springer, Wiesbaden, S. 83–94.

[10] Chevalier M, Gutsatz M (Hrsg.) (2019) Luxus-Einzelhandel und digitales Management. Wiley, New Jersey, Standort 875.

Idee von Luxus auf der Ungleichheit zwischen den Aspiranten und den Konsumenten von Luxusgütern basiert. Exklusivität ist eine Konsequenz, die in Widersprüchen verwurzelt ist: Viele Menschen träumen von einer Marke, aber nur wenige können es sich leisten, ein Kreation zu erwerben. Luxus für neue Zielgruppen zugänglich zu machen, implizierte die Erweiterung von maßgefertigtem High-End-Schmuck oder Uhrmacherei hin zu erschwinglichen Einstiegskollektionen. Marken- oder Produktlinienerweiterungen waren Strategien, um den Bedarf an erschwinglichem Luxus zu befriedigen.

- *Markenerweiterung:* Montblanc ist ein hervorragendes Beispiel für eine Markenerweiterung. Die deutsche Luxusmarke wurde 1906 gegründet und wurde berühmt für ihre exklusiven Schreibgeräte. Im Laufe der Zeit erweiterte Montblanc seine Marke um neue Produktkategorien, wie Lederwaren, Schmuck, Uhren und sogar technische Produkte, zum Beispiel Smartwatches und virtuelles Papier.
- *Produktlinienerweiterung:* Die Argento-Kollektion von Pomellato in Sterlingsilber, die Tank-Uhr von Cartier in Edelstahl und der Verlobungsring von Tiffany sind Beispiele für Produktlinienerweiterung, da der Produktfokus innerhalb des Kernkompetenzbereichs der Marke bleibt: Schmuck. Es besteht immer ein gewisses Risiko, die Kernmarke mit Produktlinienerweiterung zu verwässern, daher gehen Luxusmarken solche Initiativen vorsichtig an. In hochwertigen italienischen Modehäusern wie zum Beispiel Armani wurde es zur gängigen Praxis, Sub-Labels unter der Flaggschiff-Marke zu schaffen, um verschiedene Zielgruppenzu addressieren.

Weitere Schlüsselfaktoren, die die positive moderne Wahrnehmung von Luxus verstärken, sind:

- ‚Romantischer Konsum'
- Globalisierung von Luxus
- Digitalisierung von Luxus

‚Romantischer Konsum'

Neben der Schaffung von Einstiegskollektionen war der wichtigste Katalysator für die Demokratisierung von Luxus die gestiegene Kaufkraft, dank wirtschaftlicher Stabilität und Frieden. Menschen hatten Zeit und Geld und fühlten sich nicht mehr schuldig, Luxus zu genießen. Konsum wurde zu einer akzeptierten Form der Selbst-Belohnung. Wir bezeichnen diese neue

Denkweise als ‚romantischen Konsum'.[11] Der romantische Aspekt motiviert die Ausnutzung des menschlichen Potenzials durch Konfrontation mit dem maximalen multisensorischen Erlebnis, während der Konsumdas Verlangen nährt, so viel wie möglich zu probieren und zu konsumieren, um glücklich zu sein. Die Verschmelzung der beiden Aspekte hat dankbare Luxuskonsumenten geschaffen.

Die Globalisierung von Luxus

Die Globalisierung hat ebenfalls Wachstum ermöglicht. Es begann klein, mit Marken wie Gucci, die 1930 mit dem Export von Luxusgütern begannen.[12] Das Konzept eines Stammladens für eine Marke wurde dann durch die Eröffnung neuer Filialen und Monomarken-Geschäfte in pulsierenden Metropolen auf der ganzen Welt erweitert. Ab 1980 begann die nächste Phase mit der Skalierung des Franchise-Systems.[13]

Zu dieser Zeit wurden die meisten Marken als Familienmarken geführt. Die jüngste Phase, in den folgenden 20 Jahren, war stark geprägt von der Konsolidierung von Luxusmarken in Konglomeraten und Private-Equity-Fonds. 1963 legte Francois Pinault den Grundstein für das PPR-Konglomerat (das 2013 zu Kering wurde). 1987 übernahm Bernard Arnault die Kontrolle über LVMH, gefolgt ein Jahr später von der Übernahme der Richemont Gruppe durch die Familie Rupert. Die Vorteile dieser Konsolidierungen waren mit strategischen Gruppeninvestitionen verbunden, die Skalierbarkeit und Synergieeffekte boten. Die drei größten Luxuskonglomerate heute sind LVMH, Kering und Richemont, während die Uhrenindustrie von der Richemont Group, der SWATCH Group und Rolex SA dominiert wird. Die bekanntesten unabhängigen Marken in diesem Zusammenhang sind Patek Philippe, Breitling, Chopard und Audemars Piguet, unter anderen. Seit 2000 hat die strategische Gründung von Tochtergesellschaften in Prioritätsmärkten und Joint Ventures ihr internationales Wachstum erheblich beschleunigt. Konglomerate haben in dieser Entwicklung eine wichtige Rolle gespielt.

---

[11] Harari Y (2013) Eine kurze Geschichte der Menschheit. Deutsche Verlags-Anstalt, München, S. 194.

[12] Chadha R, Husband P (2006) Der Kult der Luxusmarke: Asiens Liebesaffäre mit Luxus. Nicholas Brealey International, London, S. 517.

[13] Chevalier M, Gutsatz M (Hrsg.) (2019) Luxuseinzelhandel und digitales Management. Wiley, New Jersey, Standort 1284.

Die Digitalisierung von Luxus

Als Teil der Wachstumsstrategie hat der Online Kanal zunehmende Relevanz erlangt. Trotz der vorsichtigen ersten Schritte des Luxus in Richtung Digitalisierung wurden Online-Verkäufe und Marketing schnell zu einer Kernkomponente der Zukunft des Luxus. Im Jahr 2000 ging Net-a-Porter live; 2001 öffnete Vente-Privée.com seine virtuellen Türen; und 2007 wurde Farfetch gegründet. Bis dahin schien die Landschaft der digitalen Akteure und Luxuskonglomerate klar und einfach zu sein, aber mit dem Aufkommen neuer Geschäftsmodelle nahm auch die Komplexität zu. Diese Entwicklung betraf auch Einzelhandels- und Großhandelskanäle, als Kaufhäuser fusionierten oder insolvent erklärt wurden.

Vertiefung: Westliche Luxusmarken in Asien

Asiens gemeinsame Geschichte mit westlichen Luxusmarken begann Ende des neunzehnten Jahrhunderts, als die ersten Marken begannen, Luxusgüter zu exportieren. Japan begann mit dem Handel von Schmuck mit Europa, und Jacques Cartier reiste 1911 zum ersten Mal nach Indien, um Beziehungen zu den Maharajas aufzubauen, die eine starke Leidenschaft für Juwelen zeigten. Um 1920 begannen Shanghaier Herren in China, das Tragen von Omega und anderen Schweizer Zeitmessern zu genießen, und die Stadt erhielt ihren zweiten Namen - das ‚Paris des Ostens'.[14] Diese Konvergenzen endeten abrupt, als der Zweite Weltkrieg ausbrach.

Nach dem Krieg standen Luxusmarken in asiatischen Ländern vor protektionistischen Steuerpolitiken, die Importe teuer machten. Diese Regelungen existieren heute noch teilweise. Die durchschnittliche Kaufkraft der asiatischen Länder hat sich jedoch geändert, und dies hat es der Oberschicht und einer wachsenden Mittelschicht ermöglicht, Luxusgüter zu konsumieren.

Japan ist nun ein ausgereifter Luxusmarkt und die japanischen Bürger haben sich an Luxus gewöhnt. Der Konsum von Luxusgütern ist auch aufgrund der starken hierarchischen Sozialstruktur in Japan standardisiert und vorhersehbar geworden. Ein bestimmter Status in der Gesellschaft impliziert den

[14] Chadha R, Husband P (2006) Der Kult der Luxusmarke: Asiens Liebesaffäre mit Luxus. Nicholas Brealey International, London, S. 27.

Besitz bestimmter Markenartikel. Nach dieser Logik ist der Kauf einer Louis Vuitton Tasche in Japan keine Option, wenn man zu einer bestimmten sozialen Gruppe gehören möchte.
China, im Gegensatz dazu, folgt de m Model der ‚nouveaux riches', bei der die Menschen mit westlichen Logos glänzen, und der Unterschied zwischen einer Luxus- und einer Modemarke fließend erscheint. Menschen demonstrieren, was sie im Leben erreichen wollen, und es liegt ein besonderes Vergnügen darin, eine Welt zu imaginieren, die im Kontrast zum monotonen Lebensstil steht, der während der Einschränkungen des Kommunismus kultiviert wurde. China ist inzwischen liberal in Bezug auf Mode und Luxus geworden. Der Kauf von westlichen Marken bietet eine Möglichkeit, eine Art von Identität auszudrücken, die den Menschen für eine bestimmte Zeit in der Geschichte fehlte. Die Chinesen beginner nun, ihre Wurzeln und Kultur durch die Schaffung lokaler Luxusmarken, wie LaoFengXiang, Qeelin, Zhaoyi Jade und Luk Fook, neu zu erfinden.[15]
Indien hat westlichen Luxus nur langsam akzeptiert aufgrund seiner starken Vorliebe für lokale Produkte. Diese Präferenz ist verbunden mit der hervorragenden Arbeit indischer Handwerker sowie der erklärten Unabhängigkeit des Landes. Die Handwerkskunst war daher kein überzeugender Grund, sich westlichen Marken zuzuwenden, da solche Produkte mit gleicher oder höherer Qualität lokal zu finden sind. Insbesondere wird Schmuck traditionell aufgrund des Materialgewichts und nicht aufgrund des Markennamens gekauft. Für internationale Luxusmarken gibt es nur einen Ansatz, um Relevanz zu erlangen: Sie müssen sich in die lokale Kultur und Traditionen einfügen. Was könnte passender sein als die Zusammenarbeit mit Bollywood? Dies war eine Strategie, die Ergebnisse für Omega, TAG Heuer und Rolex,[16] brachte, die mit geschätztem Industriedesign anstelle von handgefertigtem Luxus in Verbindung gebracht werden.

[15] Doran S (2011) 11 fine jewellery designers, China & Taiwan. https://www.luxurysociety.com/en/articles/2011/11/11-fine-jewellery-designers-china-taiwan/. Zugriff am 25. November 2020.

[16] Chadha R, Husband P (2006) The cult of the luxury brand: inside Asia's love affair with luxury. Nicholas Brealey International, London, pp 124, 426; Kapferer J, Bastien V (eds) (2012) The luxury strategy: break the rules of marketing to build luxury brands. Kogan Page, London, p 152.

2.2 Luxus und Konsumgüter: Der Unterschied

Vor der Demokratisierung des Luxus war es einfach, Luxus zu identifizieren. Mit der schnellen Transformation ist die Welt komplexer geworden. Neben echten Luxusmarken haben Fashion-, Premium- und Masstige-Marken begonnen, Uhren und Schmuck zu erschwinglichen Preisen anzubieten. Hochwertiger Luxus und Massenkonsum können jedoch anhand der folgenden Merkmale voneinander unterschieden werden:

- Wahrgenommene Knappheit
- Hochwertige Qualität
- Symbolik
- Ästhetik
- Einzigartigkeit
- Hochpreisigkeit

Wahrgenommene Knappheit
Die wahrgenommene Knappheit ist ein wesentliches Merkmal des Luxus, da sie auf einer menschlichen Wahrheit basiert: Das menschliche Verlangen steigt im Verhältnis zu den Einschränkungen, die bei der Erreichung oder Beschaffung des gewünschten Gutes erfahren werden. In der Psychologie wird dies als ‚Labour-Love-Effekt' bezeichnet, d. h. unsere Wertschätzung für ein Produkt wächst, wenn wir zusätzlichen Aufwand betreiben müssen, bevor wir es unser Eigen nennen können.[17] Zum Beispiel übersetzt sich dieser Aufwand in zusätzliche Wartezeit für den Kunden bei begrenzter Produktverfügbarkeit. Ein weiteres Beispiel für solch eine zusätzliche Investition ist die aktive Beteiligung des Kunden am Produkt-Konfigurationsprozess, um ein einzigartiges personalisiertes Produkt als Belohnung zu erhalten - mit anderen Worten, ein noch exklusiveres Produkt. Es spielt keine Rolle, ob die Knappheit real oder künstlich kreiert ist, solange die wahrgenommene Emotion den Zweck erfüllt. Dennoch basiert echter Luxus auf realer Knappheit, während die Masstige-Strategie künstlich limitierte Auflagen

[17] Spreer P (2018) PsyConversion: 101 Verhaltensmuster für eine bessere User Experience und höhere Conversion-Rate im E-Commerce. Springer, Wiesbaden, S. 537.

zulässt.[18] Knappheit als zentraler Aspekt des Luxus impliziert bewussten Konsum und ist daher ein natürlicher Förderer der Nachhaltigkeit, wenngleich kein Garant dessen.

Hochwertige Qualität

Im Vergleich zu anderen Luxusgütern bleibt der Wert von hochwertigem Schmuck und Uhren stark mit exklusiven Rohstoffen verbunden, wie Gold, Platin oder Diamanten, obwohl zunehmend auch neue innovative Materialien wie Keramik, Titan oder Glasfaser auf den Markt kommen. Die Materialqualität ist ein signifikanter Faktor im Luxus. Gold zum Beispiel ist eine begrenzte Ressource. Die einzige Möglichkeit, den Rohstoffverbrauch zu reduzieren, während Aussehen und Tragegefühl erhalten bleiben, besteht darin, eine weniger teure Legierung zu verwenden oder ein nicht-edles Metall zu platinieren. Die Qualität und der Preis sinken in Konsequenz. Die Fertigung ist dank moderner Gießereitechnologie und CNC (Computerized Numerical Control) Metallverarbeitung teilweise automatisiert. Die Montage komplizierter mechanischer Zeitmesser bleibt jedoch hochgradig manuelle Arbeit. Bei Zeitmessern ist die komplexe und zeitintensive Herstellung eines mechanischen oder automatischen Uhrwerks mit einer Vielzahl möglicher Komplikationen ein Schlüsselqualitätsdifferenzierer im Gegensatz zum deutlich günstigeren Quarzuhrwerk.

Symbolik

Rolex-Enthusiasten vermitteln den Eindruck, dass der symbolische Wert einer Rolex-Uhr weit über den funktionalen Nutzen der Zeitanzeige hinausgeht - nicht erst zu sprechen von der Symbolik von Ringen und Diamanten für eine Frau. Die Symbolik von Luxusgütern ist ein emotionaler Treiber, der einen erfolgreichen Lebensstil für sich selbst und andere sichtbar macht. Logos, ‚Made in …' Labels und Punzen garantieren die hochwertige Herkunft und Authentizität eines Produkts. Der boomende Fälschungsmarkt, der Luxusgüter mit all der notwendigen Liebe zum Detail kopiert, zeigt, dass dies in unserer modernen Welt nicht die ganze Wahrheit ist, aber es betont das starke Verlangen nach Luxusgütern und die Notwendigkeit, einzigartige fälschungssichere Identifikatoren zu skalieren. Blockchain, Radiofrequenzidentifikation (RFID), Nahfeldkommunikation (NFC) und Bluetooth Technologien sind die besten Freunde der Marken in diesem Kampf um Authentizität.

---

[18] Corbellini E, Saviolo S (2014) Managing fashion and luxury companies. Rizzoli Etas, Milan, S. 191.

Ästhetik

Die Befolgung der Regeln der Kunst während der Schöpfung führt zu Kunstwerken in ihrem fertigen Status. Die Kunst der Uhrmacherei und Juweliere erschafft Referenz zur Ästhetik zeitloser Produkte. Viele Marken haben Kunst und Zeitlosigkeit zu einem zentralen Teil ihrer Markenkommunikation gemacht, wie die folgenden Slogans zeigen: ‚Ein Diamant ist für immer' (De Beers, Schmuck, 1940), ‚Die Kunst, einzigartig zu sein' (Cartier, Schmuck, 1988), ‚Ewige Werte' (Bulgari Octo, Schmuck, 2013), ‚Always around her' (Tiffany, Schmuck, 2000), und ‚Inspiriert von der Vergangenheit, gebaut für die Zukunft' (Officine Panerai, Uhren, 2006).[19] Eine weitere Parallele zwischen Luxus und Kunst ist die Persönlichkeit des Gründers oder Designers, die oft in Bezug auf einen Künstler präsentiert wird. In der Mode findet das Angebot den Kunden, während im Luxus der Kunde den Künstler findet. In der Mode ist Funktionalität eine Anforderung; im Luxus ist es schön, sie zu haben, aber nicht notwendig. In der Mode sind einzigartige Ästhetik schön zu haben, aber im Luxus sind sie eine Anforderung.

Einzigartigkeit

Die Außergewöhnlichkeit von Luxus ist das Ergebnis der Kombination von hochwertigen Materialien mit einer innovativen, manchmal provokativen Art und Weise und einzigartiger Designästhetik sowie differenzierendem Storytelling, um außergewöhnliche Preisniveaus zu realisieren. Differenzierendes Storytelling findet auf Produkt- oder Kollektionsebene statt, aber auch auf Markenebene. Einzigartigkeit auf Produkt- oder Kollektionsebene kann durch innovative Herstellung erreicht werden, wie bei Ross Lovegroves 3D gedruckten Ringen aus 18-karätigem Gold.[20] Einzigartigkeit auf Markenebene bezieht sich oft auf den Markenmythos. Der Luxusmythos bezieht sich typischerweise auf seine elitären Kunden, einzigartige Herstellungstechniken und eine lange Markengeschichte. Wenn eine Markengeschichte fehlt, wird sie in der Regel durch das bewusste Referenzieren von archaisierenden Elementen erfunden, wie zum Beispiel die Verwendung von Schwarz-Weiß-Bildern, um dem Markenbild eine historische Färbung zu geben.

---

[19] Slogans.de (2020) Slogans.de. https://www.slogans.de/slogans.php%3FGInput=cartier. Zugriff am 19. Juli 2020.

[20] Caula R (2013) Ross Lovegrove 3D druckt Goldringe für die Louisa Guinness Galerie. https://www.designboom.com/design/ross-lovegrove-3d-prints-18k-gold-rings-for-louisa-guinness-gallery-11-30-2013/. Zugriff am 30. November 2020.

Hochpreisigkeit
Die Luxuspreis-Strategie steht im Gegensatz zu der in anderen Segmenten, wie dem Masstige. Während die meisten Marken ihre Preise senken, um die Nachfrage zu erhöhen,[21] erhöht der echte Luxus die Preise strategisch und verzeichnet dennoch eine positive Auswirkung auf die Kundennachfrage. Dieser Effekt ist einzigartig für Luxus und wurde erstmals von Thorstein Veblen identifiziert.[22] Die Preiselastizität ist in der allgemeinen Wahrnehmung von Luxusprodukten als Investitionen in die Zukunft verwurzelt.[23] Die Erwartung an Luxusartikel ist, dass die Uhr oder der Schmuck ein Leben lang und sogar darüber hinaus halten wird. Der Uhrmacher Patek Philippe stellt diesen Aspekt des Erbes erfolgreich in den Mittelpunkt des Markenversprechens: ‚Sie besitzen eigentlich nie eine Patek Philippe. Sie kümmern sich nur um sie für die nächste Generation.' In einer Erweiterung der Luxuspreisstrategie ist es interessant zu bemerken, dass der Veblen-Effekt bewusst auf Kollaborationen zwischen Luxusmarken angewendet wird, um die Preise zu erhöhen und Kunden zu gewinnen.[24] Dies wird offensichtlich, wenn man Modelle für Rennfahrer betrachtet, wie die ‚Hublot Big Bang Ferrari Unico' oder ‚Classic Fusion Ferrari GT', ‚Roger Dubuis Excalibur Aventador S' und ‚Huracán' oder ‚Breitling's Premier B01 Chronograph 42 Bentley Centenary' und ‚Mulliner'. Tatsächlich riskieren Preisreduktionen eine starke Verwässerung des wahrgenommenen Markenwerts.

2.3 Emotion ist der Schlüssel

Menschen werden vergessen, was du gesagt hast, Menschen werden vergessen, was du getan hast, aber Menschen werden nie vergessen, wie du sie fühlen lässt.
– Maya Angelou, Amerikanische Autorin

Luxus verkauft Träume. Luxus verkauft Emotion - mit anderen Worten, Menschen begehren Luxus, weil er sie sich gut fühlen lässt aufgrund der

[21] Kapferer J, Bastien V (Hrsg.) (2012) Die Luxusstrategie: Brechen Sie die Regeln des Marketings, um Luxusmarken aufzubauen. Kogan Page, London, S. 247.

[22] Veblen T (1899) Die Theorie der Freizeitklasse. Oxford University Press, New York, S. 76.

[23] Webber J (2018) Luxuskonsum, gesehen unter einem zeitgenössischen Licht. In: Pietzcker D, Vaih-Baur C (Hrsg.) Luxus als Distinktionsstrategie: Kommunikation in der internationalen Luxus- und Modeindustrie. Springer, Wiesbaden, S. 83–94, 182.

[24] Langer D, Heil O (2015) Luxus Essentials: Wesentliche Einblicke und Strategien zur Verwaltung von Luxusprodukten. Zentrum für Luxusforschung, Mainz, S. 97.

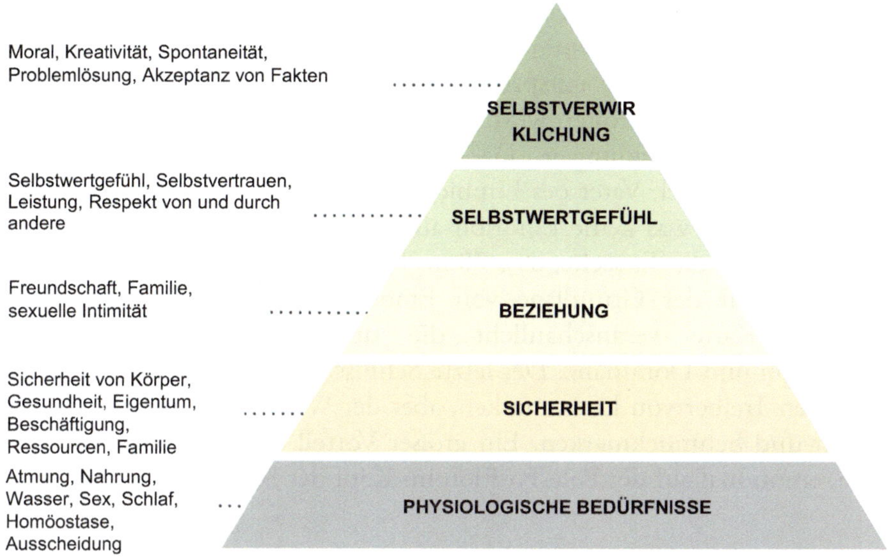

Abb. 2.1 Maslows Bedürfnispyramide. (Adaptiert von Maslow, 1943)

positiven Emotionen von Selbstwertgefühl, Status und Respekt von und durch andere. In Maslows Bedürfnispyramide, die 1943 eingeführt wurde, bezieht sich Luxus in seinem extrinsischen Sinn auf die Ebene der Wertschätzung (Abb. 2.1). Dennoch entwickelt er sich zunehmend zur obersten Stufe der Selbstverwirklichung und Realisierung, die eindeutig intrinsisch motiviert ist. Denken Sie an Produkt-Personalisierung als Möglichkeit, den kreativen Kunden aktiv in den Produktentstehungsprozess einzubeziehen, sowie an die Entwicklung hin zum Luxuserlebnis und den Nachhaltigkeitserwartungen der LOHAS-Gruppe.[25]

Heutzutage werden Einzelpersonen mit durchschnittlich 3000 Werbung Botschaften pro Tag konfrontiert. Luxusmarken beschleunigen Entscheidungsprozesse, indem sie Orientierung bieten: die beste Qualität ist eine sichere Wahl. In der Gehirnforschung wird dieses Phänomen als kortikale Entlastung[26] bezeichnet: Der Verbraucher speichert ein relevantes Markenset für bestimmte Produktkategorien. Die Wahl der Nummer eins

[25] Estève C (2016) Verständnis von Luxus durch Maslows Bedürfnishierarchie. https://www.agora.universite-paris-saclay.fr/understanding-luxury-through-maslows-hierarchy-of-needs/. Zugriff am 21. November 2020.

[26] Scheier C, Held D (Hrsg.) (2012) Wie Werbung wirkt: Erkenntnisse des Neuromarketings. Haufe, Freiburg, S. 25, 34.

Marke erfordert weniger Gehirnaktivität als die Wahl der zweitbeliebtesten Marke. Die Wahl der Nummer eins Marke hat somit einen entlastenden Effekt, was der Tatsache entspricht, dass die Entscheidung nicht rational, sondern emotional getroffen wird. Emotionen sind sozusagen Abkürzungen für schnelle Entscheidungen. Der Neuro-Marketing Wissenschaftler Dr. Hans-Georg Häusel, Vater des Limbic® Map-Modells, geht sogar so weit zu sagen, dass alles, was keine Emotion auslöst, für das Gehirn wertlos ist. Er bezieht sich auf die Tatsache, dass 70 bis 80 Prozent unserer Entscheidungen unbewusst auf der Grundlage von Emotionen getroffen werden.[27] Die limbische Karte veranschaulicht die drei Schlüsseltreiber: Balance, Stimulation und Dominanz. Der letzte Schlüsseltreiber übersetzt sich in den häufigsten Treiber von Luxusmarken, aber der Wertemix variiert unter Uhrmacher-und Schmuckmarken. Ein großer Vorteil für Luxusmarken besteht darin, emotional auf der Pole-Position im Kopf des Kunden zu stehen.

2.3.1 Extrinsischer Mehrwert

Ich trage eine Tank nicht, um die Zeit abzulesen … Ich trage eine Tank, weil es die Uhr ist, die man trägt!
– Andy Warhol, Amerikanischer Künstler

Status ist die Wahrnehmung von Überlegenheit. In verschiedenen Dimensionen erscheint es als Folge von Intellekt, Macht, Geld oder Einfluss. Die grundlegende Logik hinter Status ist, dass es typischerweise von Menschen verliehen wird, die bereits einen überlegenen Status in einer Gesellschaft erreicht haben - das heißt, den Eliten. Der extrinsische Mehrwert von Luxus ist stark mit der Visualisierung von Überlegenheit, Persönlichkeit und sozialem Status durch das Konsum-Erlebnis von High-End-Produkten und Dienstleistungen verbunden. Zwei Ansätze wurden in der Soziologie untersucht. 1899 führte Thorstein Veblen die Idee des auffälligen Konsums innerhalb der Theorie der Freizeitklasse ein, die 1979 aktualisiert wurde, als der französische Philosoph Pierre Bourdieu seine Theorie über die Unterscheidung veröffentlichte.[28] Während Veblen Luxus als sozio-kulturellen Code betonte, der von jedem innerhalb einer bestimmten Gesellschaft entschlüsselt werden muss, erweiterte Bourdieu

[27] Häusel H (Hrsg.) (2016) Brain View: Warum Kunden kaufen. Haufe, Freiburg, S. 27.

[28] Bourdieu P (1985) A social critique of the judgement of taste. Harvard University Press, Cambridge.

diese Definition in Richtung der Freiheit eines Individuums, sich durch Konsum innerhalb dieser Gesellschaft zu unterscheiden. Nach dieser Interpretation sollte Luxus exklusiv, selten und innovativ sein, da er dazu neigt, seinen Unterscheidungswert zu verlieren, wenn er für ein breites Publikum leicht zugänglich wird.

Schmuck und Uhren sind Produkte, die mit internen und externen Sphären erscheinen, aber das Vergnügen des auffälligen Konsums ist besonders stark, wenn man einzigartige Stücke in der Öffentlichkeit oder auf der Bühne trägt. Zum Beispiel in China ist der Verlobungsring und die Größe eines Diamanten für die Familie einer Frau sehr wichtig, da sie die Wertschätzung und Liebe für diese Frau repräsentieren. Mit Ausnahme von Indien wird erwartet, dass der Kauf von Markenschmuck für Verlobungs- und Hochzeitszeremonien dieses extrinsische Bedürfnis befriedigt. Roter-Teppich-Veranstaltungen sind tief mit exquisitem Schmuck und Uhren verbunden, und das Filmfestival von Cannes (z. B.) wäre nicht dasselbe ohne den Glamour und die Kameras. Es ist keine Überraschung, dass sogar Instagram und andere Social Media Plattformen zu globalen Bühnen für die wenigen Glücklichen geworden sind, um sich selbst und ihren gerechten Anteil am süßen Leben zu präsentieren. Im Moment des Teilens der Insignien des Reichtums mit Menschen, die immer noch davon träumen, eines Tages Teil der wenigen Glücklichen zu werden, intensivieren sie ihre eigene Wahrnehmung, etwas Besonderes und Einzigartiges zu sein.[29]

2.3.2 Intrinsischer Mehrwert

Intrinsisch motivierter Luxuskonsum ist mit Selbstwertgefühl und Selbst-Belohnung verbunden. Beide sind wesentliche menschliche Antriebskräfte, da jeder zunächst Selbstwertgefühl und Selbstvertrauen als Belohnung für besondere Leistungen im Leben benötigt, wie zum Beispiel Heirat, Geburt, Beförderung und persönliche Überraschungen. Es liegt in der menschlichen Natur, Fortschritte zu machen, da Stillstand ein unnatürlicher und ungesunder Zustand ist. Menschen sind durch Erziehung und Erfahrung zu Hause, in der Schule und bei der Arbeit darauf trainiert, Belohnungen zu erwarten. Durch erfahrenen Anerkennung und Respekt

[29] Barta S, Stoklossa U (2018) Ohne Design ist es nur ein Klumpen Gold - zukünftige Entwicklungen im Design als Luxus. In: Pietzcker D, Vaih-Baur C (Hrsg.) Luxus als Distinktionsstrategie: Kommunikation in der internationalen Luxus- und Modeindustrie. Springer, Wiesbaden, S. 629.

werden wir selbstbewusst, indem wir nützlich und notwendig in der Welt sind.[30]

Da der intrinsische Mehrwert so eng mit der individuellen Wahrnehmung verbunden ist, ist es nur logisch, dass er von Luxusmarken verlangt, den persönlichen Dialog mit dem Ego des Kunden zu eröffnen. Es ist dieses Ego, das mit den kommunizierten Werten und Emotionen der Marke resoniert. Es ist auch dieses Ego, das schön, geschätzt und erfolgreich sein möchte.[31] Es ist eine persönliche Entscheidung, den zusätzlichen Schritt im eigenen Leben und in der Karriere zu gehen, um sich eines Tages eine Patek Philippe Nautilus Uhr oder ein einzigartiges Geheimnis wie Blancpain's ‚Le Brassus Erotic Minute Repeater Carrousel' leisten zu können. Trotz des selbstbewussten Preises solcher Zeitmesser ist der Preis im Dialog mit dem Ego des Kunden sekundär, da ein solcher Luxuskauf in erster Linie mit dem Traum und dem Verlangen des Kunden nach einem einzigartigen Gegenstand spielt. Es geht um starke Emotion. Wenn Sie das nicht glauben, nehmen Sie sich einen Moment Zeit, um über Ihren wichtigsten Luxuskauf und die Rolle des Preises bei dieser Entscheidung nachzudenken. Sie haben am Ende gekauft, oder?

2.4 Luxus als Erlebnis

Diejenigen, die Luxus als normal empfinden, erleben keinen Luxus.
– Lambert Wiesing, deutscher Philosoph

Wir haben gesehen, wie Luxus sich dynamisch im Laufe der Zeit entwickelt hat und sich von Massenkonsumgütern unterscheidet. Externe und intrinsische Motivation bilden den emotionalen Kern der menschlichen Beziehungen zu Luxusmarken. Wie das Zitat von Lambert Wiesing am Anfang dieses Kapitels zeigt,[32] geht es beim Luxus um das Erlebnis, und das ist die Definition, die wir in diesem Buch verfolgen werden.

Nach der Industrialisierung wurde die Produktfunktionalität perfektioniert, und die emotionale und erfahrungsbasierte Dimension

[30] Maslow A (1943) Eine Theorie der menschlichen Motivation. Psychol Rev 50: 370–396.

[31] Srun F (2017) Luxusverkauf: Lektionen aus der Welt des Luxus im Verkauf von hochwertigen Gütern und Dienstleistungen an hochwertige Kunden. Palgrave Macmillan, Hampshire, Standorte 1256, 1797.

[32] Wiesing L (Hrsg.) (2015) Luxus. Suhrkamp, Berlin.

steht heute im Mittelpunkt. Das Verständnis von Luxus hat sich somit von materiellem zu immateriellem Luxus verlagert: hin zu Erlebnissen, die man nicht mit Geld kaufen kann. Beispiele dafür sind der Wunsch, mehr Zeit mit Familie und Freunden zu verbringen, oder der persönliche Wert, zur roten Teppichveranstaltung des ‚Le Festival de Cannes' eingeladen zu werden - eine exklusive Veranstaltung, für die man keine Tickets kaufen kann, weil der einzige Weg, Teil des Clubs zu werden, eine persönliche Einladung ist.

Luxusmarken müssen das omni-personal Kundenerlebnis in ihrer Marken-Strategie priorisieren. Innovationen in Produktions- und Informationstechnologien, wie 3D-Druck, künstliche Intelligenz, Big Data-Management, virtual Reality, vernetzte Objekte oder Cloud-Computing, revolutionieren die Gesellschaft grundlegend. Kunden und ihr Bedürfnis nach Selbstverwirklichung müssen entlang der Wertschöpfungskette angesprochen werden. Dies impliziert, dass Kunden gerne persönlich über Online- und Offline-Kontaktpunkte begrüßt werden möchten. Kunden sind daran interessiert, aktiv in die Produkt-Konfiguration eingebunden zu werden, die durch einen ansprechenden und belohnenden Ansatz erfolgen sollte. Während dieser Co-Creation-Erfahrung behält die Marke die Kontrolle über die ikonischen Produkteigenschaften, während der Kunde Farben und Stilfacetten innerhalb eines vorgegebenen Rahmens anpasst.

Alle Marketing Kommunikation sollte konsequent dem Interesse der Einzelpersonen entsprechen, unter Berücksichtigung ihrer Verkaufshistorie und Vorlieben. Kunden sollten daher in der Lage sein, den Kommunikationskanal zu steuern, über den sie mit einer Luxusmarke interagieren, das Erlebnis auszuwählen und nahtlos zwischen Online- und Offline-Kontaktpunkten zu wechseln. Eine Einschränkung in der Konsistenz über Kanäle und Kontaktpunkte besteht darin, dass es trotz der Verwendungsmöglichkeit von digitalen autonomen sensorischen Meridianreaktionen (ASMR) Reizen immer noch eine Herausforderung ist, multisensorische Erlebnisse in die digitale Welt zu übersetzen. Obwohl visuelle und auditive Eindrücke realisiert werden, befinden sich olfaktorische, taktile oder Geschmackseindrücke derzeit noch in der Anfangsphase und stoßen auf Einschränkungen.

Jenseits des Fokus auf das ganzheitliche Erlebnis im Luxusmarkt ist es auch wichtig zu bemerken, dass Marken wesentliche soziale und transzendente Funktionen übernehmen, die in der Vergangenheit von der Religion abgedeckt wurden. Starke Marken bieten Orientierung und spirituelle Bedeutung. Dank ihrer Stärke im Storytelling wissen sie, wie sie den Markenmythos kontinuierlich für ihre Anhänger aktualisieren können, während Flagship-Stores als moderne Tempel fungieren. Kapferer beschreibt dies wie folgt:

> *Verbraucher besuchen die Geschäfte in kleinen Gruppen, wie auf einer Pilgerfahrt, und möchten an den dort auf individueller Basis durchgeführten Ritualen teilnehmen (Begrüßung, Dienstleistungen, Anrede, Demonstration, Erklärung der Einzigartigkeit jedes Artikels usw.). Dieser Vergleich mit der Religion ist sehr aufschlussreich: Luxus präsentiert sich gerne als eine erhebende kulturelle Kraft.*[33]

Ikonische Produkte werden auf ritualisierte und persönliche Weise präsentiert. Durch dieses rituelle Erlebnis erhalten von Menschen geschaffene Objekte eine spirituelle Bedeutung, die auf immateriellen Werten beruht und dem menschlichen Bedürfnis nach Transzendenz entspricht. Wenn Luxusmarken auf das aktive Management des Markenkapitals verweisen, beziehen sie sich tatsächlich auf das aktive Management des Markenmythos auf der Grundlage von strategischem Storytelling und der Aktualisierung von Markenikonen. Eine Beziehung zu einer Luxusmarke als externer Kunde - und auch als interner Mitarbeiter - impliziert das Bekenntnis zum Markenmythos und zur Religion, denn das ist der einzige Weg, eine Marke durch einzigartige, immaterielle und differenzierende Erlebnisse zu aktualisieren. In diesem Zusammenhang gilt Alfred Adlers Modell der Persönlichkeitsstärke auch für Marken[34] : die Stärke einer Marke ist das Ergebnis der perfekten Balance zwischen:

- Die interne Wahrnehmung der Marke
- Die externe Marktwahrnehmung
- Die Art und Weise, wie die Marke wahrgenommen werden möchte

Luxusmarken müssen alle drei Ebenen harmonisieren, um das Markenerlebnis für ihre internen und externen Stakeholder zu stärken.

[33] Kapferer J (2015) Kapferer on luxury: how luxury brands can grow yet remain rare. Kogan Page, London, S. 52.

[34] Kunde J (2000) Corporate religion. Financial Times Prentice Hall, London, S. 128.

3

Schritte in Richtung Digital

Schlüsselaspekte

- In der Vergangenheit entsprachen der Preisfokus und das Erlebnis im Internet nicht den Bedürfnissen des Luxus.
- Als ersten Schritt erstellten Luxusmarken eine Webpräsenz basierend auf einem statischen Offline-Marketing-Ansatz.
- Als zweiten Schritt entwickelten sich E-Commerce-Geschäftsmodelle.
- Der Online-Kanal wurde von Einstiegsprodukten, Überbeständen und Gebrauchtwaren dominiert.
- Neben Monomarken-Geschäften betraten reine Digitalakteure den Markt.
- Social Media konzentrierten sich auf die Markenbekanntheit, indem sie die Produkteigenschaften, aber keine Zugänglichkeit betonten.
- Als Teil der Kundenbeteiligung spielen Influencer eine wesentliche Rolle.
- Asiatische Märkte sind mobil, aufgeschlossen und Freunde der Innovation.
- Neue Trends wie Social Commerce entstehen heute in Asien, weniger in den Vereinigten Staaten.
- Social Commerce ist nicht neu, aber digitale Live-Shopping-Funktionen ermöglichen ein neues Level an persönlichem Markenerlebnis.
- Heute nimmt die Ambivalenz zwischen Luxus und Internet ab und der Bedarf an Phygital nimmt zu.

Trotz oder gerade wegen ihres Fokus auf exklusiven In-Store-Erlebnissen und persönlichen Kundenbeziehungen haben Luxusmarken die digitale

R. Schmitt et al., *Omni-personal Luxus*, https://doi.org/10.1007/978-3-031-44579-8_3

Welt vorsichtig betreten. Der Grund dafür lag in der Qualität des Internets (neben der Demokratisierung des Luxus). Die Boutique blieb das Zentrum des multisensorischen Markenerlebnisses, während das Internet zunächst nur eine grundlegende 1.0 Datenvisualisierung für eine andere Welt und einen anderen Zweck bot. Technische Innovation, Benutzerfreundlichkeit und Kundenerwartungen haben sich seit der Erfindung des World Wide Web radikal weiterentwickelt.

3.1 Die Angst vor Markenverwässerung und die Transformation

Die anfängliche Beziehung zwischen Luxus und Internet beschreibt ‚die große Suche nach Unterschieden': Luxus steht für Kultur, Erbe, Zeitlosigkeit und Seltenheit. Luxus bedeutet kontrollierte One-to-One-Beziehungen und exklusive Kommunikation. Im Gegensatz dazu steht das Internet für Zugänglichkeit, Verfügbarkeit, Benutzerfreundlichkeit und Vergänglichkeit. Das Internet steht für Automatisierung, Massenkommunikation, Demokratie und einen gewissen Kontrollverlust. Luxus bedeutet klein und exklusiv zu sein, während digital bedeutet groß zu sein. Das Internet wirbt auch mit verlockenden Open-Source-Angeboten, kostenlosen Waren, Rabatten oder Preis-Transparenz. Zum Beispiel wurden zwischen 1999 und 2005 zahlreiche Shopping-Vergleichsseiten erfolgreich gestartet, aber Luxus setzte weiterhin auf eine mystifizierte Preisgestaltung, was teilweise die Ambivalenz zwischen Luxus und Internet erklärt (Abb. 3.1).

Kurz gesagt, das Internet entsprach nicht dem Bedürfnis des Luxus nach Exklusivität. Ein Fokus Richtung online trotz dieses Wissens hätte ein klares Risiko der Markenverwässerung geschaffen. Daher diente die geringe Reife der Technologie als allgemeiner Grund oder Entschuldigung, um die Entscheidung der Marken, sich online zu präsentieren, zu vertagen. Es wurde jedoch offensichtlich, dass das Internet gekommen war, um zu bleiben. Daraufhin erstellten Luxusmarken ihre erste Internetpräsenz und hielten dabei die goldene Regel ein, dass nur das Beste gut genug war. Die Internetnutzung konzentrierte sich ausdrücklich auf den Aufbau des Traums, genau wie jeder andere Marketing-Kanal, der auf die Steigerung der Markenbekanntheit abzielt. Der Verkauf des Traums sollte jedoch ein In-Store-Erlebnis bleiben. Vorsicht ist besser als Nachsicht.

Digitaler Luxus in der Ära des Web 1.0 war eine statische Kopie von Offline-Marketing-Aktionen, basierend auf einer Website mit Unterseiten für

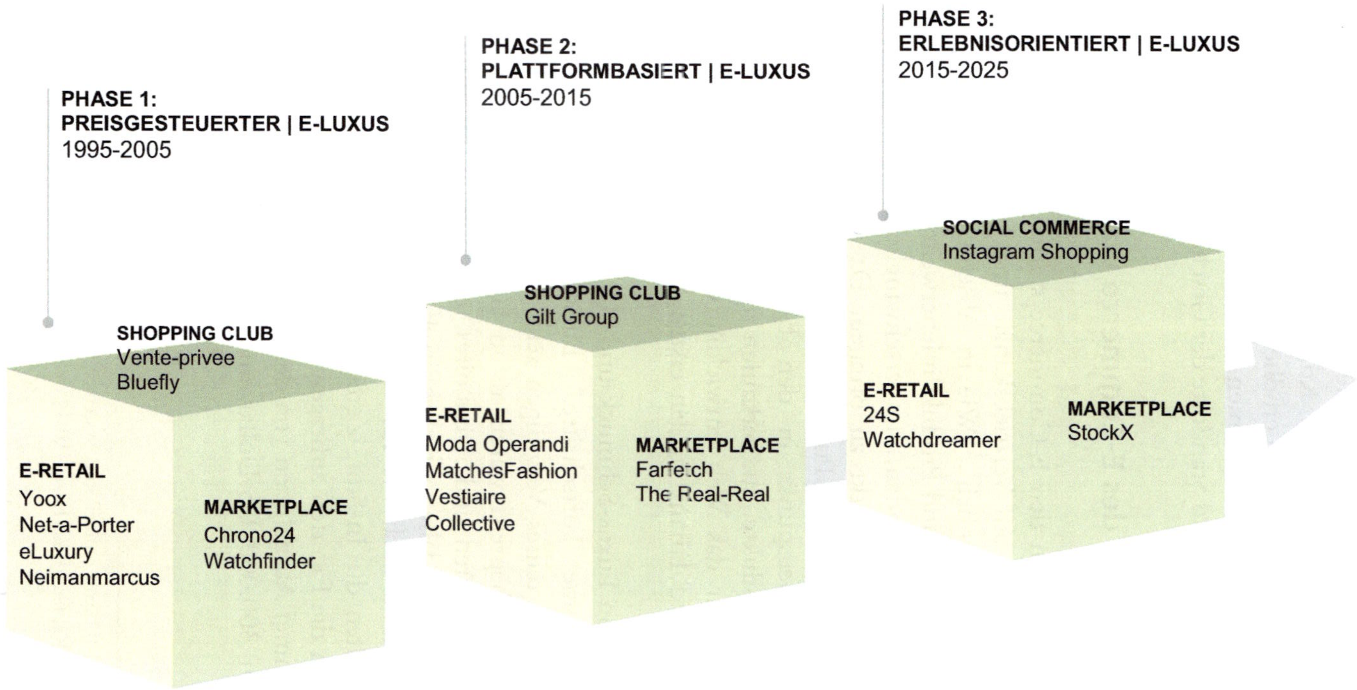

Abb. 3.1 Luxus und E-Commerce - Entwicklung in drei Phasen, ohne chinesische Plattformen (siehe Abschn. 3.2.2)

die Markenphilosophie, Geschichte oder statische Broschüren. In dieser ersten Phase war die Definition der strategischen Rolle für den neuen Online-Kanal besonders wichtig: Konkurrenten folgen, verhindern, dass Konkurrenten ihren Marktanteil erhöhen, mit Kunden kommunizieren oder einfach grundlegende Unternehmensinformationen bereitstellen, wie die Adresse, Betriebszeiten und Standorte der Geschäfte.[1]

3.1.1 Der Aufstieg des E-Commerce war preisgetrieben

Als Luxus um 2000 in den E-Commerce startete, geschah dies vorsichtig und selektiv in Bezug auf Vertriebskanäle und Produkte. Das nennt man ‚die Kunst der Abwesenheit'.[2] Wie in Abschn. 2.1.2 in Kap. 2 hervorgehoben, sind Marken- und Produktlinienerweiterungen gängige Strategien, die Luxusmarken verwenden, um erschwingliche Einstiegsprodukte und Kollektionen auf den Markt zu bringen. Da diese Kollektionen für ein breiteres, mittelständisches Publikum konzipiert waren, boten sie den natürlichsten Einstiegspunkt in den E-Commerce. Marken begannen, Online-Einstiegsprodukte zu verkaufen und boten limitierte Editionen an, die speziell für das Web entwickelt wurden. Parallel dazu gehörten Gucci, Hermés und Tiffany zu den ersten, die Mono-Brand-Online-Shops eröffneten.

Im Kontext von Luxus-Schmuck und -Uhren machte die digitale Transformation langsame Fortschritte.[3] Einstiegsprodukte konnten immer noch ein ziemlich teures Vergnügen sein, da sie in Schmuck und Uhren tendenziell höher bepreist waren als in anderen persönlichen Luxuskategorien, wie Lederwaren und Accessoires. Die persönliche Verbindung mit dem Kunden blieb daher ein Schlüsselfaktor für das In-Store-Erlebnis, das im Luxusmarkt nach wie vor von großer Bedeutung war. Selbst treue Kunden behielten die In-Store-Zeremonie als ihren bevorzugten Kontaktpunkt bei, um die Facetten außergewöhnlicher Stücke zu genießen. Natürlich gab es immer Ausnahmen von der Regel, so dass wir selbst Kreationen im Wert von 300.000 US-Dollar und mehr finden können, die online

[1] Okonkwo U. (2010) Luxus online: Stile, Systeme, Strategien. Palgrave Macmillan, Hampshire, S. 148.

[2] Kapferer J (2015) Kapferer über Luxus: Wie Luxusmarken wachsen und doch selten bleiben. Kogan Page, London, S. 32.

[3] Canaves S (2020) Harter Luxus bekommt die Livestreaming-Behandlung. https://jingdaily.com/hard-luxury-gets-the-livestreaming-treatment. Zugriff am 30. April 2020.

verkauft werden, auch wenn dies selten vorkommt. Obwohl Online-Verkaufsplattformen für Premium- und Modemarken praktisch wurden, dienten sie für Luxusmarken als ergänzender Kanal, um Kunden über die Marke zu informieren und den Kundenservice zu erweitern. Dennoch blieb die digitale Kommunikation einseitig (von oben nach unten), um den Kundenkreis exklusiv auf Distanz zu halten, indem der Zugang für jene verhindert wurde, die noch vom Luxus ‚träumen'.

Die ersten rein digitalen Luxusakteure öffneten ihre virtuellen Türen mit Multi-Brand-Plattformen im Jahr 2000: Das in London ansässige Net-a-Porter und das in Mailand ansässige Yoox gingen online, dicht gefolgt von eLuxury (das bis zu seiner Schließung im Jahr 2009 zu LVMH gehörte). Zu dieser Zeit machten Online-Verkäufe etwa 2 Prozent des gesamten persönlichen Luxuskonsums aus.[4]

Vertiefung: Yoox – Vom Discount-e-Retailer zum Marktdisruptor

Das Geschäftsmodell für Online-Luxusverkaufsseiten förderte aktiv Rabatte, insbesondere im Fall von Yoox oder Bluefly. Diese Plattformen verkauften ausschließlich Überbestände aus früheren Saisons mit erheblichen Rabatten. Das Angebot war natürlich durch die Produktverfügbarkeit früherer Kollektionen begrenzt. Luxusmarken, die sich ausschließlich auf Schmuck und Uhren konzentrierten, verkauften nicht über Discount-e-Retailer, aber für die Mode war es eine Methode, die Vertriebskanäle getrennt zu halten. In einer idealen Luxuswelt sollten Discountaktionen überhaupt nicht stattfinden, aber wenn sie nicht vermieden werden können, sollten sie definitiv nicht im Mono-Brand-Online-Shop durchgeführt werden, Seite an Seite mit der vollpreisigen neuen Kollektion. Luxus und E-Commerce suchten nicht nacheinander, aber sie waren ein Match made in heaven für den Verkauf von veralteten Kollektionen.

Mit der Zeit verabschiedete sich Yoox von dem Discount-Geschäftsmodell und schuf durch Designkompetenz und Zusammenarbeit mit jungen, innovativen Designern einzigartige Vorteile für seine Kunden. Mit wachsender Modekompetenz und strategischer Umstrukturierung legte

---

[4] Sherman L (2020) Die nächste Welle des Luxus-E-Commerce. In: The Business of Fashion. https://www.businessoffashion.com/education/courses/case-study-luxury-ecommerce-online-retail, S. 4. Zugriff am 30. April 2020.

Yoox den Grundstein, um sich zu einem Luxus-Ökosystem zu entwickeln, das Marken White-Label-Services anbietet, einschließlich E-Commerce-Software, einem Designstudio und RFID-Technologie. Yoox und Kering gründeten 2010 ein Joint Venture, bevor Yoox 2015 Anteile an Net-a-Porter kaufte und Richemont 2018 95 Prozent der Yoox-Net-a-Porter (YNAP) Aktien erwarb. Bis heute behält Yoox seinen Modefokus in Übereinstimmung mit seiner italienischen Seele bei, während Net-a-Porter über die Mode hinaus auch Schmuck- und Uhrenmarken vertreibt.

Parallel zur Einführung von Mono-Brand-Online-Shops ließen sich Kaufhäuser und Einzelhändler wie Neiman Marcus, MatchesFashion, Printemps und Galeries Lafayette von dem enormen Erfolg von Technologiegiganten wie Amazon, Apple und Google inspirieren. Diese Einzelhandelsketten starteten ihre eigenen E-Commerce-Seiten, und die Neiman Marcus Group begann, ausgewählten Marken White-Label-Services anzubieten. Ob es sich um limitierte Produktkollektionen für Mono- und Multi-Brand-Stores, Shopping-Clubs oder Marktplätze handelte, alle diese ersten Schritte in die digitale Welt berücksichtigten die Preissensibilität der Kunden.

3.1.2 E-Commerce trifft Luxus in Shopping-Clubs

Das Hauptmerkmal von Shopping-Clubs war die Knappheit, basierend auf zeitlich begrenzten Angeboten (nur über wenige Tage) und begrenzter Produktverfügbarkeit, die nur für Mitglieder des Shopping-Club zugänglich war. Die Kombination führte zu verlockenden Preisnachlässen von bis zu 70 Prozent vom ursprünglichen Preis und, noch wichtiger, zu einem starken Kaufdrang. Das Geschäftsmodell zeigte, dass die Lektion in digitalen Blitzverkäufen à la Amazon gelernt worden war. Wie im Fall von Discount-E-Retailern stammten die Produkte aus Überbeständen früherer Kollektionen. Seit 2002 haben Shopping-Clubs wie Vente-Privée, Gilt und BuyVIP als Unterkategorie auf Multi-Brand-E-Retailer-Plattformen begonnen.

Die Angst vor Markenverwässerung blieb das größte Risiko für dieses Geschäftsmodell, während bestimmte Web 2.0-Funktionen integriert wurden, um die Exklusivität der Plattform zu schützen. Im Falle von Vente-Privée war eine Empfehlung von einem aktuellen Mitglied erforderlich, um Teil des Clubs zu werden und eine Bestellung aufzugeben. Aufgrund solcher sozialen Elemente agieren Shopping-Clubs als erstes digitales Beispiel für Social Commerce. Für reine Schmuck- und Uhrenmarken, wie Chaumet und Breguet, haben Shopping-Clubs nie eine nennenswerte Rolle gespielt. Für Modemarken bleiben sie heute relevant, obwohl sie zunehmend obsolet werden. Für White-Label-Lösungen wie die von Farfetch oder YNAP bietet Vente-Privée eine interessante Option für interne Mitarbeitersales innerhalb von Marken und Konglomeraten an.

3.1.3 Second-Hand Marktplätze verkaufen einen erschwinglichen Traum

Eine weitere Möglichkeit, den Traum von Luxus-Schmuck oder Zeitmessern erschwinglich zu machen, besteht darin, Vintage-Produkte über Second-Hand Plattformen wie eBay oder andere spezialisierte Plattformen zu kaufen.

Globale Second-Hand Marktplätze
Am Anfang des Online Second-Hand-Luxus gab es nur eBay, gegründet 1995. Transaktionen auf eBay stehen für ein Geschäft des Vertrauens zwischen Käufer und Verkäufer. Leider wurde eBay bei Fälschern für den Verkauf von Rolex, Patek Philippe und anderen betrügerischen Produkten extrem beliebt, was nun mit Hilfe eines eigenen Authentifizierungstools angegangen wird.

Spezialisierte Second-Hand Marktplätze (für Schmuck und Uhren)
Der Kauf auf spezialisierten Plattformen bot einen höheren Service- und Sicherheitsstandard als Marktplätze wie eBay. Spezialisierte Plattformen boten zusätzlichen Käuferschutz, Echtheitszertifizierung und Garantiedienstleistungen. Darüber hinaus überprüften Spezialisten die Identität des Verkäufers und die Transaktionshistorie und boten Filter und Facetten zur Verbesserung der Benutzerfreundlichkeit. Für Luxus-Second-Hand-Marktplätze, die sich auf Uhren spezialisiert haben, können wir Watchfinder, gegründet 2002, und Chrono24, gegründet 2003, nennen. Beide Plattformen bieten zusätzliche Funktionen für Uhrenkenner, wie die virtuelle Anprobe von Chrono24 oder das Produkt Vergleichstool von Watchfinder. Interessant ist, dass rund ein Drittel der über Chrono24 verkauften Gebrauchtuhren Rolex-Modelle sind.[5]

[5] Lux T (2020) Wie in Karlsruhe mit Chrono24 der weltweit größte Marktplatz für Luxusuhren entstanden ist. https://omr.com/de/chrono24-tim-stracke-podcast/. Zugriff am 15. April 2020.

Mit spezialisierten Luxusplattformen, wie Vestiaire Collective, gegründet 2009, oder The RealReal, gegründet 2011, sind Nachhaltigkeit und die Kreislaufwirtschaft in den Fokus gerückt. Der neue Schwerpunkt auf Nachhaltigkeit ist bemerkenswert, da zunächst Second-Hand-Artikel hauptsächlich über das starke Preisargument verkauft wurden. Mithin drängen jüngere Generationen auf sozial, wirtschaftlich und ökologisch verantwortliche Produktion und Konsum. Infolgedessen verschiebt sich der Besitzwert von Luxus in dem Sinne, dass das Luxuserlebnis wichtiger wird. Dieses Erlebnis kann auch durch Luxus Wiederverkauf oder Mietmodelle erreicht werden. Laut einer Marktforschungsstudie von Altiant in Second-Hand-Märkten wie den Vereinigten Staaten, dem Vereinigten Königreich und Frankreich, verbinden 84 Prozent, die Mehrheit der Befragten, kein Stigma mit Second-Hand-Luxusgütern.[6] Der globale Markt für Second-Hand-Luxusgüter stieg von 17 Mrd. € im Jahr 2015 auf 26 Mrd. € im Jahr 2019.[7]

3.1.4 Die ambivalente Beziehung von Luxus und E-Commerce

Aufgrund der Internetfokussierung auf Preis-Transparenz und Rabatte blieb die Ausrichtung auf eine hochwertige Luxus-Strategie aufgrund der Angst vor Markenverwässerung und finanziellen Verlusten eine Herausforderung. Während es bestimmten Luxusmarken gelang, Einstiegsprodukte für ein breites Publikum zugänglich zu machen, vermieden sie vollständig Shopping-Clubs. Sie beobachteten Second-Hand-Plattformen wie eBay mit skeptischem Blick. Dies führte sie zurück zu dem Punkt, an dem eine Luxusstrategie maximale Kontrolle verlangt, insbesondere im Online Kontext, in dem absolute Kontrolle standardmäßig unmöglich ist.[8] Schmuck- und Uhrenmarken wie Tiffany, Bulgari, Cartier und Rolex haben daher Mono-Brand-Online-Shops entwickelt und gleichzeitig exklusive Partnerschaften und Joint Ventures mit E-Retailern eingegangen. Für kleinere Marken wird die Zusammenarbeit mit E-Retailern und deren White-Label-Services oft zu einer vernünftigen Lösung. Sicherlich, wenn

---

[6] Altiant (2019) Neue Modelle des Luxusbesitzes: Wiederverkauf, Vermietung & Abonnements. https://altiant.com/new-models-of-luxury-ownership, S. 9. Zugriff am 30. November 2020.

[7] Sherman L (2020) Die nächste Welle des Luxus-E-Commerce. In: The Business of Fashion. https://www.businessoffashion.com/education/courses/case-study-luxury-ecommerce-online-retail, S. 7. Zugriff am 30. April 2020.

[8] Abtan O, Barton C (2016) Digital oder sterben: die Wahl für Luxusmarken. www.bcg.com/publications/2016/digital-or-die-choice-luxury-brands.aspx. Zugriff am 20. Oktober 2020.

eine Marke sich entscheidet, online zu verkaufen, ist es allgemein wahrscheinlich, dass sie eine Webpräsenz auf mehreren Plattformen erstellt, um das Potenzial für Kontaktpunkte und Verkäufe zu erhöhen.[9]

Die Marktdynamik und Übernahmen der letzten Jahre haben jedoch die Konglomerate dazu ermutigt, flexibel und autonom zu bleiben. Die Übernahme von YNAP durch Richemont im Jahr 2018 war eines dieser Ereignisse, da Yoox zuvor eng mit Kering zusammengearbeitet hatte. Während YNAP für die Logistik und die Technologieplattform verantwortlich war, kontrollierte Kering die Online Shops der Marke, redaktionelle Inhalte und die Kommunikation.[10] Nach der Übernahme begann Kering, eigenständig voranzukommen. Marken und Konglomerate haben jederzeit ein berechtigtes Interesse an dieser Art von Kontrolle und Flexibilität.

Kunden suchen jetzt auch nach mehr als nur dem besten Preis. Inspiration, Unterhaltung, Bildung und bewusster Konsum sind viel wichtiger geworden, wie wir bei der neuesten Generation von spezialisierten Second-Hand-Luxusplattformen gesehen haben. Das Internet hat auch die Entwicklung völlig neuer Geschäftsmodelle ermöglicht, wie zum Beispiel Farfetch, das 2008 von José Neves gegründet wurde.

Vertiefung: Farfetch – Ein digitaler Marktplatz für Multi-Brand

Farfetch basiert auf der Idee, die Kommunikation zwischen globalen Luxuskunden und Multi-Brand-Geschäften auf einer gemeinsamen Marktplattform zu vereinfachen. Die Kundendatenbank und die Online Expertise jedes einzelnen Geschäfts waren nicht ausreichend ausgereift, so dass Skalierbarkeit auf Einzelhandelsebene unmöglich schien. Farfetch vereinte Kräfte über seine Online-Plattform, um das Geschäft zu skalieren und Synergien zu schaffen. Im Gegenzug koordinierte es das Merchandising im Einklang mit Luxusprinzipien und erhob eine Provision für jeden verkauften Artikel, während die Boutique für den Versand verantwortlich blieb. Mit anderen Worten, Farfetch ermöglichte das Versenden aus der Boutique.

[9] Chevalier M, Gutsatz M (Hrsg.) (2019) Luxuseinzelhandel und digitales Management. Wiley, New Jersey, Standort 2162.

[10] Guiltbault L (2020) LVMH und Kerings neues Schlachtfeld ist online. https://www.voguebusiness.com/companies/lvmh-and-kerings-new-battlefield-is-online-covid-19. Zugriff am 12. Juni 2020.

Im Gegensatz zu Shopping-Clubs oder Second-Hand-Marktplätzen unterschied sich das Geschäftsmodell nicht durch den Preis und war nicht auf ein Publikum von registrierten Mitgliedern beschränkt. Der Mehrwert für den Kunden war mit dem Erlebnis und der Produktzugänglichkeit von außergewöhnlichen Stücken verbunden.
Seit 2015 hat die Plattform ihre Markenshops sowie den Black-White-Service eingeführt, um Marken die Entwicklung ihrer Mono-Brand E-Commerce Lösung auf Basis des Farfetch Stacks zu ermöglichen. Farfetch hat sich daher zu einer Plattform für Mono-Brand- und Multi-Brand-Verkäufe entwickelt, mit der Mission, Schöpfer, Kuratoren und Kunden zu verbinden und als globale Plattform für Luxusmode zu agieren. Obwohl das Marktplatzmodell von Farfetch sich vom E-Retail-Modell von YNAP unterschied, entwickelten sich beide Plattformen zu Ökosystemen, die Marken mit Omni-Channel Software und Dienstleistungen umgeben. Dies verschaffte denen einen Vorteil, die eine strategische Partnerschaft mit YNAP oder Farfetch unterhielten, was insbesondere von Richemont und Kering, aber auch von unabhängigen Marken wie Chanel, die in Farfetch investiert haben, realisiert wurde. Im Jahr 2020 schloss sich Alibaba mit Richemont zusammen, um US$1,1 Mrd. in Farfetch mit einem Fokus auf China zu investieren.

Zusammenfassend lässt sich sagen, dass die Ambivalenz zwischen Luxusmarken und dem Internet abnimmt und es offensichtlich ist, dass es keinen Weg nach vorne für den einen ohne den anderen gibt. Heute beträgt der Online Anteil am persönlichen Luxusmarkt etwa 10 Prozent. Im Jahr 2018 entsprach dies etwa 28 Mrd. € an Online-Umsatz.[11] Für den Luxus bedeutet dies eine klare Fokussierung auf omni-personal phygitale Erfahrungen, was bedeutet, die Frage zu beantworten, wie man Online und Offline verbindet, um das Beste aus beiden Welten zu gewinnen. Der Luxus steht vor einem vereinheitlichenden Trend hin zu einer Omni-Channel Welt und einem omni-personal Erlebnis.

[11] Achille A (2019) McKinsey und Altagamma – gewinnen groß im Digitalen. Altagamma. https://altagamma.it/media/source/turtl-story-nAcnMU_1.pdf, S.11. Zugriff am 10. Dezember 2020.

3.2 Social Media: Einstieg und Erweiterung des Markenwachstums

Luxus ist ein sozialer Marker, daher ist Luxus in Social Media nicht so fremd, wie es 2007 zunächst erschien. Dennoch, als Ausdruck und Symbol der demokratischen Stimme einer digitalen Revolution, widerstanden Luxusmarken dem Eintritt in den digitalen Dialog mit ihren Fans und Followern. Am Ende überzeugte jedoch die visuelle und soziale Kraft der sozialen Netzwerke die beteiligten Stakeholder. Die Stimme des Kunden zählt. Als Awareness-kanal schuf Social Media die perfekte Platform, um die Eigenschaften der Produkte zu betonen - nicht ihre Zugänglichkeit.

Das schnelle Wachstum von Social Media wird durch den Aufstieg von mobilen Geräten und von hohe Nutzerbindung erklärt, die durch interaktive Kommunikation und Beziehungsaufbau erreicht wird. Von Likes und Follows über das Teilen und Kommentieren bis hin zu Nachrichten zielen alle Social Media Interaktionen darauf ab, die Kunden-Marken-Beziehung zu personalisieren und den Kunden das positive Gefühl zu geben, zu einer exklusiven Markengemeinschaft zu gehören.[12] Dies gilt gleichermaßen für Facebook, Twitter, Instagram, Snapchat, WeChat, Weibo und TikTok und führte 2018 zu insgesamt 1,04 Mrd. erfassten sozialen Interaktionen im Luxusbereich.[13] Immer mehr wird der anfängliche Luxusansatz in Social Media auf Phygital Produktinteraktionen, Handel und die Integration von Analytik und CRM für die Kunden-Segmentierung und Clienteling ausgeweitet.

3.2.1 Influencer kultivieren Markenglamour

Wir sollten nicht vergessen, im Kontext von Social Media, dass der Ursprung von Social Media in dem Bedürfnis der Menschen liegt, ihre digitalen Interaktionen sozialer und interaktiver zu gestalten. Offene Tagebücher inspirierten die ersten Blogs und wurden zu einer Art Selbstausdruck für Mitglieder der Gen Y, die es ihnen ermöglichte, ihre Meinungen über spezielle

[12] Bairamian H (2018) Les marques des produits de luxe face aux medias sociaux. https://nanopdf.com/download/les-marques-des-produits-de-luxe-face-aux-medias-sociaux_pdf, S. 4. Zugriff am 26. Januar 2021.

[13] Gartner (2019) Lessons from luxury retail – younger generation lead the way. https://www.gartner.com/en/documents/3905168/lessons-from-luxury-retail-younger-generations-lead-the-, S. 7. Zugriff am 20. März.

Interessen, die Welt und, eben auch zu Marken und Produkten zu teilen. Der Kern von Social Media baut auf Menschen auf - das heißt, junge Menschen, die Marken wie Familienmitglieder oder geliebte Personen erleben, zu Markenbotschaftern werden und schließlich zu Influencern oder Meinungsführern (KOLs), wenn sie beginnen, ihre Wahrnehmungen, Gefühle und Empfehlungen online zu teilen.

Erstens haben das Open-Source-Content-Management-System WordPress und der Blog-Dienst Blogger den Weg für unabhängige Blogs geebnet. Zweitens haben Facebook, Twitter, YouTube und Instagram ihre Plattformen auf der Netzwerkidee aufgebaut. Drittens hat sich der Inhalt von Bild zu Video und von Video zum virtuellen Erlebnis entwickelt, wie wir es auf Plattformen wie Snapchat, Instagram, Periscope und TikTok sehen können. Hinsichtlich der Nutzerzahl bleibt Facebook das führende Netzwerk, mit 2,45 Mrd. Nutzern weltweit im Jahr 2020, gefolgt von YouTube, mit 2 Mrd., und Instagram, mit 1 Milliarde.[14]

All diese Plattformen geben Menschen und Gedanken ein virtuelles Zuhause und ein Gefühl der Zugehörigkeit zu einer Gemeinschaft, die jederzeit und überall über ein Mobiltelefon, das in eine Tasche passt, zugänglich ist. Dank Smartphones ist immer eine Kamera dabei, um ‚Best-of'-Momente festzuhalten. Dies hat dazu geführt, dass die ursprünglich bezahlte Rolle von VIP-Testimonials auf normale Menschen mit einer überproportionalen Leidenschaft für und Expertise in Marken ausgeweitet wurde. Warum? Die Antwort ist einfach und unkompliziert: Vertrauen. Authentische Menschen und Kunden mit einer echten Leidenschaft sind von Natur aus die besten Markenbotschafter aus folgenden Gründen:

- *Engagement:* Sie kennen die Marke aus eigener Erfahrung und beschäftigen sich gerne mit ihr in der Rolle eines selbstbewussten Kunden, kritischen Rezensenten oder beratenden Experten für Produkte, die einer Erklärung bedürfen.
- *Content-Produktion:* Sie schämen sich nicht, mit nutzergeneriertem Inhalt zu strahlen. Zum Beispiel unterstreichen unzählige Selfies die unbegrenzten Kombinationsmöglichkeiten eines Schmuckstücks.
- *Markenbewusstsein:* Sie nutzen ihre Reichweite, um das Wort zu verbreiten und den Bandwageneffekt auszulösen, zum Beispiel durch

[14] Statista (2020) Ranking der größten Social Networks und Messenger nach der Anzahl der Nutzer im Januar 2020. https://de.statista.com/statistik/daten/studie/181086/umfrage/die-weltweit-groessten-social-networks-nach-anzahl-der-user/. Zugriff am 20. Januar 2021.

Beiträge, die Angebote, Wettbewerbe und Veranstaltungen neben Neuigkeiten über Familie und Freunde auf der Nutzer-Timeline bewerben.
- *Kundenrelevante Produkte:* Sie fungieren als Resonanzboden für bestehende Produkte und Kampagnen, darüber hinaus beteiligen sie sich aber auch an der Erstellung und dem Testen zukünftiger Kollektionen, um ihre Kundensicht zu teilen.

Mit dem Aufstieg der Gen Z ändert sich die Rolle der Influencer erneut, da sie nicht mehr als unabhängige Meinungsführer gesehen werden. Influencer Marketing hat sich als offizieller Marketingtyp etabliert, und es ist ein offenes Geheimnis, dass Influencer von Marken auf verschiedene Weisen entlohnt werden. Mit zunehmender Professionalisierung verliert Social Media das Vertrauen und die Glaubwürdigkeit für kommende Generationen wie die Gen Z. Dennoch ist der Bedarf an sozialen Netzwerken nach wie vor immens, und der virtuelle Dialog beginnt für einige, bevor sie überhaupt sprechen lernen.

3.2.2 Die Affinität Chinas zu Social Media öffnet neue Türen für Social Commerce

Während es in Europa bis vor einigen Jahren noch eine Seltenheit war, ein Kleinkind mit einem iPad oder Papas Handy spielen zu sehen, ist dies in China und anderen asiatischen Ländern schon seit geraumer Zeit keine Kuriosität mehr. Erstens sind in China 98 Prozent der Internetnutzer mobile Nutzer. Zweitens unterscheidet China als hoch kollektivistische Kultur zwischen In- und Out-Gruppen. Das bedeutet, dass Social Media eine enorme Bedeutung haben, weil sie ein Gemeinschaftsgefühl fördern. Dementsprechend ist es nur logisch, dass Chinesen durchschnittlich zwei Stunden täglich auf chinesischen Social Media verbringen, um ihre Position in der In-Gruppe zu stärken. Ihre bevorzugten Plattformen sind WeChat (1,2 Mrd. Nutzer), TikTok (0,8 Mrd. Nutzer), QQ, Sina Weibo und Youku.[15] Die Plattformlandschaft in China sieht aufgrund des eingeschränkten Webzugangs (Abb. 3.2) anders aus als im Rest der Welt.

[15] Dudarenok AG, Zakkour M (2019) New retail born in China going global: how Chinese tech giants are changing global commerce. Independently published, S. 132; Statista (2020) Ranking der größten Social Networks und Messenger nach der Anzahl der Nutzer im Januar 2020. https://de.statista.com/statistik/daten/studie/181086/umfrage/die-weltweit-groessten-social-networks-nach-anzahl-der-user/. Zugriff am 20. Januar 2021.

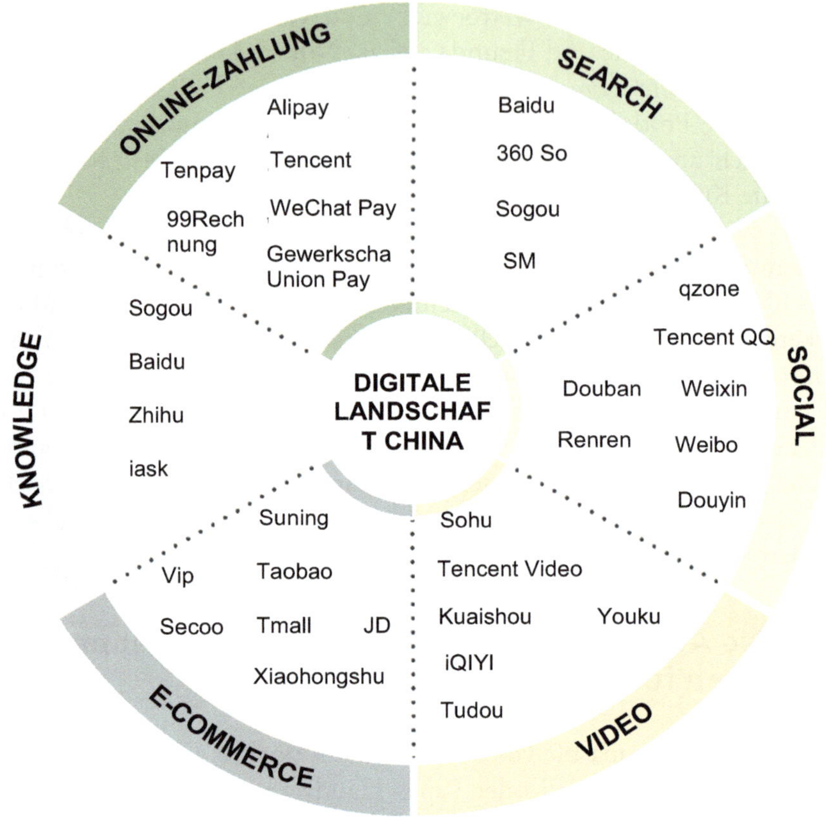

Abb. 3.2 Die digitale Plattformlandschaft in China

Chinesische Parallelplattformen haben westliche Plattformen ersetzt, die auf dem chinesischen Markt zensiert sind.

Asiaten waren frühe Anwender und technischen Innovationen gegenüber aufgeschlossener und positivistischer eingestellt. Dies hatte Auswirkungen auf die Privatsphäre, führte aber letztendlich zu einem spielerischeren Umgang mit der neuen digitalen Welt. Viele neue Technologie-, Handels- und Logistikunternehmen wurden in den letzten Jahren in China gegründet. Die beiden Giganten, Alibaba und JD, haben ihre Ökosysteme ständig weiterentwickelt, um ihren Kunden neue Einzelhandels Dienstleistungen anzubieten. Ihr Hunger nach Wachstum und Innovation hat diese Unternehmen riesig gemacht. Heute setzen sie internationale Trends, die in Asien und nicht länger in den Vereinigten Staaten entstehen. Die neuesten Trends sind Live-Streaming und Social Commerce, strategischer Einsatz von Einkaufsgutscheinen und Geschenkkarten und sogar die

Einführung neuer Shopping-Feiertage, wie JD's Gründungsdatum am 18. Juni und der ‚Singles' Day' am symbolischen Doppel-Eins-Datum des 11.11 - und ja, die 1 steht für Single!

Social Media positioniert sich von der Awareness-Phase bis hin zum Verkauf, was als ‚Social Commerce' bezeichnet wird. Die beliebtesten Social Media Plattformen, die Live-Streaming und Handel in China ermöglichen, sind die folgenden:

- *WeChat (Weixin):* Tencent, das auch Anteile an JD.com hält, entwickelte den sozialen Instant-Messaging-Dienst WeChat. In den letzten Jahren hat es sich zu einem Ökosystem entwickelt, das eine Vielzahl von Diensten bietet, einschließlich E-Commerce Storefronts, Zahlungsgateways, Kundenservice, Broadcasts, Mini-Programme und Spiele. Insgesamt 1,2 Mrd. aktive Nutzer interagieren monatlich über Weixin und seine englische Version WeChat. Insbesondere der E-Commerce hat an Bedeutung gewonnen, da 36 Prozent der Nutzer die mobile Anwendung zum Einkaufen öffnen, im Vergleich zu 31 Prozent für den Kundenservice und 33 Prozent für Unternehmens-, Veranstaltungs- oder Produktinformationen.[16]
- *TikTok (Douyin):* Douyin und seine internationale Version, TikTok, ist eine junge und schnell wachsende Social Media Anwendung, die auf Live-Streaming und kurzen Videos basiert, mit 400 Millionen monatlich aktiven Nutzern.[17] Aufgrund seines Fokus auf KOLs und Marken und seiner dominanten Interaktion mit der Gen Z ist die Plattform für Luxusmarken sehr relevant.
- *QQ:* Das Pinguin-Logo steht für einen von Tencent entwickelten Instant-Messaging-Dienst, der soziale Spiele, Microblogging, Musik, Shopping und weitere Dienste für 647 Millionen aktive Nutzer monatlich anbietet.[18] Die sozialen Netzwerke Penyou und Qzone gehören ebenfalls zu QQ.

[16] Chang A, Mauron P (2020) JingDigital und Digital Luxury Group – WeChat Luxusindex 2020. JingDigital. https://www.jingdigital.com/en/articles/8255/, S. 2, 50. Zugriff am 3. April 2021.

[17] Jing Daily (2020) Next level livestreaming: Wie Luxusmarken von Chinas Top-E-Commerce-Trend profitieren können. https://jingdaily.com/wp-content/uploads/2020/08/Next-Level-Luxury-Livestreaming-2020-Jing-Daily-CCI.pdf. Zugriff am 30. April 2020.

[18] Statista (2020) Anzahl der monatlich aktiven Smart Device Nutzer von Tencent QQ in China von 2014 bis 2019. https://www.statista.com/statistics/227352/number-of-active-tencent-im-user-accounts-in-china/. Zugriff am 30. April 2020.

- *Sina Weibo:* Weibo ist die chinesische Interpretation des Twitter Mikroblogging-Dienstes und in diesem Sinne eine Plattform, die es Marken ermöglicht, Nachrichten zu posten, um auf dem neuesten Stand zu bleiben und Inhalte im großen Stil zu verbreiten. Alibaba hat in Weibo investiert und daher wird eine vollständige Integration mit Alipay angestrebt. Kürzlich hat Weibo eine E-Commerce Erweiterung namens Xiaodian (‚kleiner Laden') gestartet, die es Benutzern ermöglicht, Bestände und Transaktionen über ein Mini-Programm zu verwalten. Die Provision ist jedoch höher als auf den Plattformen der Wettbewerber. Es macht Sinn für Luxusmarken, den Weibo-Kanal um das Marketing herum aufzubauen, während die Transaktionen auf markenkontrollierten Handelskanälen bleiben.[19] Weibo unterstützt auch eine nahtlose Integration mit dem beliebten Live-Streaming Anbieter Yizhibo. Neben dem Streaming-Dienst ist die Community berechtigt, virtuelle Geschenke in Echtzeit zu senden. Während des COVID-19 Lockdowns half Yizhibo dabei, leere Luxusgeschäfte in virtuelle Einkaufsbühnen zu verwandeln, und Verkaufsmitarbeiter übernahmen die Rolle von virtuellen Gastgebern.
- *Little Red Book (Xiaohongshu):* Ursprünglich ein Produktbewertungsforum für hochwertige Mode und Schönheit für chinesische Touristen, die ins Ausland reisen, hat sich das Little Red Book zu einer Social-Commerce-Plattform für Millennials entwickelt und hat 100 Millionen aktive Nutzer monatlich. Die mobile Anwendung konzentriert sich klar auf internationale Luxusgüter, insbesondere für ein weibliches Publikum, so haben Marken wie Louis Vuitton Live-Streaming Funktionen als Teil ihrer Kampagnen eingeführt.

Die beliebtesten E-Commerce Plattformen, die sich in Richtung Live-Streaming und Social Commerce bewegen, sind die folgenden:

- *Tmall und Taobao*: Taobao ist eine C2C-Handelsplattform, was sich in China's eBay übersetzt. Tmall hingegen konzentriert sich auf den B2C-Kanal, der in Tmall Classic, Global, Luxury Pavilion und das neue Outlet-Format Soho untergliedert ist. Beide Handelszentren gehören zu Alibaba und generieren über 800 Millionen monatlich aktive Nutzer,

[19] Hall C (2020) Weibo tritt in das E-Commerce-Rennen ein. Sollten Marken begeistert oder vorsichtig sein? https://www.businessoffashion.com/articles/professional/weibo-enters-e-commerce-race-should-brands-be-excited-or-cautious. Zugriff am 4. Mai 2020.

und beide sind verkaufsorientiert, wenn es um Live-Streaming geht. Die durchschnittliche Konversionsrate bei Inhalten beträgt 32 Prozent.[20] Es ist keine Überraschung, dass der Tmall Luxury Pavilion der Ort für Luxusmarken ist, wie es bereits bei vielen Luxushäusern sowie der Watches & Wonders-Exhibition der Fall ist, die eine Live-Streaming-Kampagne auf Tmall in Zusammenarbeit mit YNAP gestartet hat.

- *Secoo*: Secoo ist ein Online-Marktplatz für Vintage- und neue Luxusgüter, der sich auf Concierge-Dienstleistungen, wie Hotel- und Reisebuchungen, erstreckt. Es verfolgt einen Omni-Channel-Ansatz, einschließlich der Eröffnung von stationären Geschäften oder White-Glove-Lieferdiensten. Aufgrund der COVID-19-Krise ging Secoo eine Partnerschaft mit der Videoplattform Kuaishou ein, die auch eine strategische Partnerschaft mit JD unterhält, um eine 24-Stunden-Live-Streaming-Veranstaltung einzurichten, einschließlich thematisch gestalteter Räume, die von verschiedenen KOLs moderiert werden.[21] Der Erfolg dieser Veranstaltung könnte möglicherweise den Ausgangspunkt für etwas Größeres in Zukunft bieten.

China ist in Bezug auf Social Commerce einen großen Schritt voraus. Während der Rest der Welt noch zwischen Social Media zur Unterhaltung und E-Commerce zum Einkaufen unterscheidet, haben sich in China die beiden zu Social Commerce verschmolzen. Das perfekte Format scheint Live-Streaming zu sein, aber das könnte sich ändern. Während die Gen Z im Rest der Welt beginnt, Influencer skeptischer zu betrachten, wird eine Marke ohne KOLs in China nicht erfolgreich sein. Wie bereits erwähnt, ist China eine kollektivistische Gesellschaft, die großen Wert auf die Gedanken von Familienmitgliedern und Idolen legt. Die vertrauensvolle persönliche Beziehung zwischen Influencern und Followern wird wichtig sein, um den dauerhaften Erfolg des Social Commerce zu gewährleisten. Im Jahr 2019 wurde der Wert des Social Commerce in China auf 300 Mrd. US-Dollar geschätzt, mit steigender Tendenz.[22]

---

[20] GMA MarketingToChina (2020) Goldene Regeln für Social Media Marketing in China (aktualisiert 2020). https://www.marketingtochina.com/golden-rules-to-social-media-marketing-in-china-updated-2019/. Zugriff am 4. Februar 2021.

[21] Jiang Y (2020) Secoos 24-Stunden-Livestreams auf Kuaishou sind ein großer Erfolg. https://jingdaily.com/secoo-24-hour-livestreams-on-kuaishou-are-a-big-win/. Zugriff am 11. Juni 2020.

[22] Hall C (2020) Weibo tritt in das E-Commerce-Rennen ein. Sollten Marken begeistert oder vorsichtig sein? https://www.businessoffashion.com/articles/professional/weibo-enters-e-commerce-race-should-brands-be-excited-or-cautious. Zugriff am 4. Mai 2020.

3.2.3 Social Commerce erobert die Welt

> *Social Commerce und E-Commerce werden in den kommenden Jahren ein Schwerpunkt sein. (…) Mit dem Internet kam eine Fülle von Informationen - und insbesondere jüngere Zielgruppen suchen nach kuratierten Inhalten und Produkt-Empfehlungen.*
>
> – Kristian Tear, CEO von Bang & Olufsen, Interview durchgeführt von den Autoren

Social Commerce ist nicht völlig neu. Tupperware-Partys, Shopping-Clubs und Teleshopping fungierten als Vorreitermodelle. Der Übergang zu einer interaktiven virtuellen Welt ist jedoch definitiv neu. Die Tatsache, dass Mobiltelefone es Kunden ermöglichen, in Echtzeit mit dem berühmten Gastgeber einer Live-Streaming Sitzung zu kommunizieren, erzeugt neue Emotionen. Der enorme Erfolg von Social Commerce in China wird durch Kollektivismus und außergewöhnliche Erlebnisse in einer Welt angetrieben, in der Konsum die Identität definiert. In Ländern ohne postkommunistischen Aufholbedarf könnte der Erfolg von Social Commerce moderater ausfallen. Dennoch wird Live-Streaming aufgrund des Generationenwechsels - und beschleunigt durch COVID-19 - sicherlich eine wesentliche Marketing Komponente in der Zukunft sein.

Internationale Social Media Plattformen, wie Facebook und Instagram, haben bereits Social Shopping Tools eingeführt. Als nächster Schritt kündigte Zuckerberg an, dass Live-Shopping-Funktionen getestet werden, um die Anzeige von Produktseiten während einer Live-Streaming Sitzung zu ermöglichen.[23] YouTube und TikTok sind gut positioniert, um fortgeschrittenes virtuelles Live-Shopping zu starten, da beide Plattformen ihre Kernkompetenz im Echtzeit-Video-Streaming und Unterhaltung haben. Im Gegensatz dazu kämpft Amazon mit seinem Live-Shopping-Kanal. Das Programm ‚Style Code Live', das es 2016 veröffentlichte, endete ein Jahr später. Mit ‚Amazon Live' trat ein neues Programm auf Basis von Live-Produktdemonstrationen auf den Markt. Die vorgestellten Produkte werden unter dem Videostream auf einem Produktkarussell angezeigt. Dennoch zieht der neue Kanal noch nicht die gleiche Aufmerksamkeit auf sich wie die Lösungen der Wettbewerber. Wichtige Fragen im Kontext von Luxus und Premium bleiben bestehen. Wie kontrollieren wir die Exklusivität von Social

[23] Facebook (2020) Einführung von Facebook Shops: Unterstützung kleiner Unternehmen beim Online-Verkauf. https://about.fb.com/news/2020/05/introducing-facebook-shops/. Zugriff am 19. Mai 2020.

Commerce Events? Wie stellen wir eine persönliche Begrüßungszeremonie sicher? Wie positionieren wir die Einzigartigkeit Ihrer Marke? Sollte das Publikum von Live-Shopping-Events begrenzt sein? Sind Verkaufsmitarbeiter die perfekten Gastgeber für Live-Shopping?

4

Kundenorientierung ist der Schlüssel

Kunden waren noch nie so nah an Marken wie heute. Dies ist das Ergebnis von 20 Jahren Evolution … von den ersten Internet-Websites, dem kollaborativen Internet (es wurde 2.0 genannt), sozialen Netzwerken und Plattformen.

—Antonio Carriero, Chief Digital und Technologie Officer von Breitling, Interview von den Autoren durchgeführt

Schlüsselaspekte

- Die Kundenorientierung ist das Wachstumselixier des Luxus.
- Personalisierung im großen Stil erfordert CRM und Analytik.
- Nachfolgende Generationen sind mit Digitalisierung aufgewachsen.
- HENRYs sind eine vielversprechende Untergruppe der Millennials.
- Für Millennials werden Luxus-Kollaborationen, authentische Werte und Erlebnisse immer wichtiger.
- Chinesische Kunden treiben immer mehr globale Trends im Luxus an.
- Chinesische Millennials sind anspruchsvolle Kunden mit hohen Erwartungen an personalisierte Erlebnisse.
- Lokales Luxus-Shopping ist im Aufschwung.
- Digital-afine Zielgruppen stärken Geschäftsmodelle wie Wiederverkauf und Vermietung.

In Kap. 1 haben wir festgestellt, dass neuer Einzelhandel und omni-personal, phygital auf Kundenorientierung abzielen, und in Kap. 2 haben wir Luxus als Erlebnis definiert. Anschließend haben wir in Kap. 3 die bisherigen Ansätze zur Beziehung zwischen Luxus und Internet betrachtet,

R. Schmitt et al., *Omni-personal Luxus*, https://doi.org/10.1007/978-3-031-44579-8_4

einschließlich der grundlegenden Rolle von Social Media bei der Schaffung von omni-personal Beziehungen. In diesem Kapitel konzentrieren wir uns auf zwei Kernkundengruppen, die voraussichtlich das Luxuswachstum in den kommenden Jahren antreiben werden, Gen Y und Gen Z, sowie China. Beide Gruppen indizieren neue Konsumverhaltensweisen.

4.1 Das Design von Erlebnissen beginnt mit dem Kunden

Die bisherige Luxus Strategie basierte auf geographischer Expansion, was zur kontinuierlichen Eröffnung neuer Geschäfte führte, insbesondere in China. Es wird allmählich klar, dass diese Entwicklung dem gleichen Muster folgt wie in Japan, jedoch in viel größerem Maßstab: Der chinesische Markt reift schneller als die Branche erwartet hat, einschließlich der Verschiebung hin zu Online. Die grundlegende Herausforderung besteht darin, die Kunden und ihre individuellen Bedürfnisse in den Mittelpunkt der Markenstrategie zu stellen, ihre Erfahrungen und somit die Geschäftsergebnisse zu optimieren. Die ultimative Marken-Relevanz für eine Einzelperson wird erreicht, indem die Einzelperson auf personalisierte Weise angesprochen wird. Diese Personalisierung im großen Maßstab bringt einen Mehrwert in Bezug auf Markenwahrnehmung und Umsatz; gleichzeitig erfordert sie Date, CRM und Analysen. Dies scheint in einer Welt, in der täglich 25 Kunden das Flaggschiffgeschäft einer französischen Schmuckmarke in Paris betreten, weniger wichtig zu sein.[1] Die notwendige Zeit und Personalisierung scheinen mit Hilfe eines Notizbuchs nachvollziehbar zu sein. Natürlich ändert sich das dramatisch in einer Welt, in der der Watches & Wonders Livestream auf TmallLuxury Pavilion 800.000 Aufrufe pro Streaming-Sitzung generiert.[2]

4.1.1 Lebensstil und Konsum der Millennials

Wir gehen nicht mehr online – wir leben online. Die Zukunft des Luxus ist digital, weil seine zukünftigen Kunden Digital Natives sind: Millennials,

[1] Chevalier M, Gutsatz M (Hrsg.) (2019) Luxus-Einzelhandel und digitales Management. Wiley, New Jersey, Standort 3982.

[2] Canaves S (2020) Harter Luxus bekommt die Livestreaming-Behandlung. https://jingdaily.com/hard-luxury-gets-the-livestreaming-treatment. Zugriff am 30. April 2020.

auch bekannt als Gen Y, geboren nach 1981, und Gen Z, geboren nach 1995. Während Gen Y mit dem Internet und seinen Möglichkeiten aufgewachsen und gereift ist, kann sich Gen Z eine Welt ohne das Internet nicht vorstellen. Das Auto, immer noch ein Symbol für Freiheit für Gen X, wurde für Gen Z durch das Smartphone ersetzt. Mobil, vernetzt, ethisch, engagiert, nachhaltig und gut ausgebildet zu sein, sind für sie Grundvoraussetzungen – unabhängig von ihrem Geschlecht oder der Kultur, der sie angehören. Die Konfrontation mit Krieg und Krankheit findet überwiegend in den Medien statt, aber das allgegenwärtige Bewusstsein für Terror und Unglück verleiht ihnen ein starkes Bedürfnis nach Sicherheit und Schutz.

HENRYs

HENRYs (High Earner Not Rich Yet) bilden eine besonders vielversprechende Untergruppe der Millennials. Als die nächste Generation von Luxuskunden konzentrieren sie sich nicht ausschließlich auf materielle Luxusgüter als Statussymbol oder als Selbstbelohnung für Beförderungen. Für sie liegt die Bedeutung in persönlichen Zielen. Persönliche Errungenschaften sind wichtiger als finanzieller Erfolg. Dies kann sich auf Ziele wie das Laufen eines Marathons, das Schreiben eines Buches, das Genießen eines selbstbestimmten Lebens oder das Unternehmen einer Weltreise beziehen. Am Ende geht es um Selbstausdruck. Wer du bist, ist wichtiger als was du hast.

Vermögende Konsumenten

Diese Denkweise erklärt auch, warum Millennials viel vermögendere Kunden sind als frühere Generationen. Das Mischen von Hoch und Niedrig ist eine weit verbreitete Praxis. Wenn man sich nicht in ein Leben auf der Überholspur zwingt, kann man problemlos hochmodischen Schmuck und eine Gucci Tasche mit Jeans von H&M kombinieren. Dieses Phänomen tritt über Kategorien und Kulturen hinweg auf. Ein weiteres Beispiel sind chinesische Touristen, die in preiswerten Hotels übernachten, aber danach in rauschende Luxusgüter investieren. Modehäuser wie Versace und Jimmy Choo spielen mit diesem neuen Konsumverhalten, wenn sie Kapselkollektionen mit Masseneinzelhändlern wie H&M auflegen.

Zielgruppe Millennials

Wir haben uns in die visionären Worte eines großen Mannes verliebt: ‚Sie sagten, Prêt-à-Porter wird deinen Namen töten, und es hat mich gerettet'— wer sonst könnte diese Worte gesagt haben als der unvergessliche Pierre Cardin! Und auch wenn Luxusmarken vorsichtig sind, weil und wenn viel

Eigenkapital auf dem Spiel steht—so gibt es Disruption dank Pierre. So auch wenn wir an Smartwatches denken: Klassische Luxusuhren haben einen guten Teil ihres Symbol-Status durch Substitute wie Smartphones und Aktivitätstracker verloren, die einen progressiven, dynamischen und gesunden Lebensstil signalisieren. Die Luxusmarke Hermès reagierte auf diesen Trend mit der Schaffung einer Smartwatch in Partnerschaft mit dem Technologiegiganten Apple. Perfekt passende Glitzerhüllen sind bei Swarovski erhältlich.[3] Marken wie Montblanc, Louis Vuitton und TAG Heuer haben jedoch auch Smartwatches wie die ‚Montblanc Summit 2', ‚Louis Vuitton Tambour Horizon' und ‚TAG Heuer Carrera Connected' entwickelt. Nach einem ersten Versuch von TAG Heuer, das gehobene Luxussegment anzusprechen, entdeckte es HENRYs als seine neue Kernzielgruppe. Die Zeitmesser liegen zwischen 1000 und 5000 US$, und der High-Performance-Anspruch ‚Don't crack under pressure' richtet sich an Spitzensportler und ambitionierte Damen. Das ist zumindest die implizite Botschaft, wenn man sich die Marken-Testimonials von Super Bowl-Champion Tom Brady oder Supermodel Cara Delevingne ansieht. Die verbundene Smartwatch stellt das Sahnehäubchen dar, da sie auf Google's Android Betriebssystem basiert, um mit Hermès's Apple-Ansatz zu konkurrieren. Wie bei jeder Innovation erforderte das neue Produkt, der neue Service, das neue Geschäftsmodell eine Risikoanalyse. Das Worst-Case-Szenario ist, wenn die Innovation keinen Gewinn erzielt, sondern eine Multi-Millionen-Investition kostet—im Falle von Tag Heuer 15 Millionen US$. Kurz gesagt, nichts als Ausgaben. Guy Sémon, damaliger Technischer Direktor und Leiter der Produktentwicklung bei Tag Heuer, setzte auf die Medienaufmerksamkeit des Projekts.[4] Wenn ein klassischer Uhrmacher sich aktualisiert, bleibt das nicht unbemerkt. In dieser Hinsicht können die Millionen als Marketing Investition verbucht werden. Wenn sich herausstellt, dass Smartwatches die Zukunft sind, dann hat sich die Reise natürlich gelohnt. Der Vorreiter steht in der ersten Reihe, während es für viele Wettbewerber zu spät ist, mitzuspielen.

Das trifft auch auf den Standpunkt von Kristian Tear, CEO von Bang & Olufsen, zu, wenn er skizziert: ‚Zuletzt konnten wir auch mehr Technologiemarken sehen, die in die Luxusindustrie eintreten – oder etablierte Marken,

[3] Swarovski (2020) Unternehmenswebsite. https://www.swarovski.com/en-DE/c-0311/Categories/Accessories/Cases-compatible-with-Apple-Watch-/. Zugriff am 2. August 2020.

[4] Monteiro, F., Die TAG Heuer Carrera Connected Watch (A): Schweizer Avantgarde für das digitale Zeitalter, S. 11–14.

die neue technologiegestützte Produkte auf den Markt bringen'. Bang & Olufsen ist einzigartig positioniert, um diese Entwicklung voranzutreiben. Für die High-End-Verbraucherelektronikmarke ist Digital das Kernstück. In Übereinstimmung damit hat die Marke ein ‚Product Health Center' eingeführt, das es ermöglicht, Produkte mit einer Cloud-Umgebung zu verbinden, neue Self-Service-Funktionen für Kunden zu ermöglichen und das Produkt aus der Ferne von Einzelhandelspartnern oder Kundendienstmitarbeitern zu verwalten. Das ‚Product Health Center' ermöglicht sogar die proaktive Erkennung potenzieller Probleme, Fernwartung und Bereitstellung von Fixes, bevor ein Kunde das Problem bemerken würde. ‚Designprodukte, die durch Technologie ermöglicht werden, können uns Einblicke geben, wie, wann und wo unsere Kunden mit unseren Produkten interagieren und sie nutzen', schließt Kristian Tear, immer unter der Berücksichtigung, dass: ‚Die menschliche Interaktion wird wahrscheinlich in den kommenden Jahren eine Premium-Währung im Luxus bleiben'.

Im Jahr 2020 startete IWC eine Reihe von humorvollen Skizzen als Teil seiner ‚A smart watch. And a half'-Kampagne. Innerhalb von drei YouTube-Clips spielt der 85-jährige Kurt Klaus, der als legendärer Uhrmacher den gregorianischen Kalender in ein mechanisches Programm übersetzt hat, eine zentrale Rolle. Im Geschäft wird der gut gekleidete Gentleman von einem dynamischen Verkaufsmitarbeiter im lässigen Look über die Vorteile der Smartwatch beraten. Sie unterhalten sich über Uhreneinstellungen, Updates und Haltbarkeit – aus Sicht des jungen Verkäufers ist alles super einfach und benutzerfreundlich. Gleichzeitig fehlt seinen Erklärungen die Einfachheit in den Ohren eines mechanischen Uhrenkenners. Eine liebevolle Hommage an die Kunst der Uhrmacherei, die ein lächelndes Auge auf Smartwatches und mechanische Uhren wirft. Die Moral von der Geschicht: Es liegt im Auge des Betrachters zu definieren, was eine ‚smart' Uhr leisten können sollte.

Neben der Verschmelzung von Technologie und Luxus treten Kooperationen zwischen Uhrmachern und Modemarken auf den Markt, wie zum Beispiel die Reverso von Jaeger-LeCoultre von Christian Louboutin.[5] Als inspirierendes Beispiel für eine Partnerschaft zwischen einem Uhrmacher und einem Fußballclub möchten wir Hublot hervorheben. Die Marke präsentierte eine Smartwatch mit einer exklusiven Fußball-App für die englische Premier League. Die ‚Big Bang e Premier League' ist eine Weiter-

[5] Doerr E (2016) Jaeger-LeCoultre schließt sich mit Schuhdesigner Christian Louboutin für die Atelier Reverso Linie zusammen. https://www.forbes.com/sites/elizabethdoerr/2016/01/26/jaeger-lecoultre-joins-forces-with-shoe-designer-christian-louboutin-on-atelier-reverso-line/#607bcfa7fdc2. Zugriff am 26. Januar 2021.

entwicklung der ursprünglichen Smartwatch, jetzt mit der vorinstallierten App ‚Hublot Loves Football Premier League', die es den Benutzern ermöglicht, 15 Minuten vor Beginn eines Premier League-Spiels informiert zu werden. Sie zeigt auch Tore, Auswechslungen, Strafen, Nachspielzeit und andere hilfreiche Informationen an. Die Kollektion ist auf 200 Stück limitiert – nicht genug, um alle Fußballbegeisterten zu befriedigen, aber ein neuer Weg, um HENRYs durch neue Erfahrungen zu erreichen.

Aufruf zu Nachhaltigkeit

Eine weitere Strategie zur Einbindung von Millennials ist die Konzentration auf Nachhaltigkeit in Bezug auf Umwelt-, Ökologie- und Sozialaspekte. Neben der Omnipräsenz von Rolex in Social Media und bei verschiedenen exklusiven Sportveranstaltungen, die bei jungen Menschen beliebt sind, hat die Marke den ‚Rolex Award for Enterprise' ins Leben gerufen, um Start-ups und junge Unternehmer für außergewöhnliche Nachhaltigkeits- und Innovationsprojekte zu ehren, die unsere Welt zu einem besseren Ort machen.[6] Diese bessere Welt ist auch das Ziel von Marken wie Chopard,Tiffany und De Beers. Rohstoffe, wie Gold, und Edelsteine, wie Diamanten, werden bisweilen mit Krieg, schlechten Arbeitsbedingungen, Kinderarbeit und schweren Konflikten zwischen Menschen und Ländern in Verbindung gebracht. Trotz des Kimberley-Prozesses und internationaler Konventionen gegen Kinderarbeit bleibt der Mangel an Transparenz in der Lieferkette eine bittere Wahrheit für viele Unternehmen. Daher heben sich Marken, die Verantwortung für nachhaltige und faire Beschaffung, Handel und Herstellungsprozesse übernehmen, von der Masse ab.

Chopard hat sich mit der Alliance for Responsible Mining (ARM), einer NGO, die sich auf das Wohlergehen von Goldminenarbeitern konzentriert, zusammengetan. Im Jahr 2013 lancierte die Marke die erste ‚Green Carpet Collection' bei den Filmfestspielen von Cannes, die ausschließlich aus fair gewonnenem Gold besteht.[7]Tiffany begann nur noch Metalle und Diamanten aus verantwortungsvollen Minen zu beziehen und führte eine Null-Toleranz-Politik für Diamanten aus Konfliktregionen ein. Last but not least hat der Diamantenmarktführer De BeersLightbox Jewelry eingeführt, das in seinen Kollektionen laborgezüchtete Diamanten verwendet. Weder

[6] Rolex (2020) Unternehmenswebsite. https://www.rolex.org/en/rolex-awards. Zugriff am 2. August 2020.

[7] Chopard (2020) Unternehmenswebsite. https://www.chopard.com/intl/green-carpet-collection. Zugriff am 2. August 2020.

Mensch noch Umwelt werden geschädigt, und laborgezüchtete Diamanten sind 20 bis 30 Prozent günstiger als traditionell abgebaute Steine. Für Millennials ist das ein überzeugendes Angebot, das mit einer Geschichte verbunden ist, die stolz und ohne Scham verbreitet wird.

Der Wert von Selbstausdruck
Für Millennials ist es wichtig, Teil der Markengeschichte zu sein und nicht nur zu konsumieren. Nur durch eine einzigartige persönliche Erfahrung online oder im Geschäft und das Teilen dieser als eine Art Selbstausdruck über soziale Netzwerke wird die Beziehung zu einer Marke für sie bedeutungsvoll. Gemäß dem Motto ‚leben und reisen, ein Selfie kann es beweisen'. Daher ist das Mobiltelefon ein Überlebenswerkzeug, um ein digitales Image zu pflegen. Das Ego macht Selfies, teilt Konsumerfahrungen und verbindet das Reale nahtlos mit dem Virtuellen. Für Digital Natives ist es völlig normal, auf diese Weise zu leben. Millennials genießen Inhalte, Emotionen und Beziehungen. Sie lieben Selbstausdruck und authentische Verantwortung, denn Taten sprechen lauter als Worte. Das Gegenteil von Selbstausdruck ist nicht, anderen nicht zuzuhören. Es ist Ignoranz. Wir sollten uns dessen in der Markenkommunikation bewusst sein, da der Titel ‚Luxusmarke' mit Aktionen und Auswirkungen verdient wird.

4.1.2 China: Andere Länder, andere Sitten

Neben dem Wachstumspotenzial der Millennials liegt ein besonderer Fokus des Luxus auf chinesischen Kunden, nicht nur weil die Schweizer Uhrenexporte nach Festland China gestiegen sind, während die Uhrenexporte anderswo stark zurückgegangen sind, sondern auch weil China zunehmend neue globale Trends setzt. COVID-19 bewirkt mehr als nur die Fortsetzung dieser Transformation: Es beschleunigt die Branchen-Disruption, und der Ansatz ‚Kopieren nach China' wird zum Ansatz ‚Kopieren von China'. Soziale Handelsplattformen und Live-Streaming, wie in Abschnitt 3.2.2 in Kapitel 3 diskutiert, sind nur ein Beispiel, aber auch Moden und Styling-Trends werden in China geboren, wie der neueste Hype um junge Männer, die Perlenohrringe tragen.[8] Mit anderen Worten, Perlenschmuck erweitert seine Reichweite in China heute und vielleicht

[8] Luo J (2020) Die Bedeutung von Chinas Gen Z Männern mit Perlenohrringen. https://jingdaily.com/the-importance-of-chinas-gen-z-men-in-pearl-earrings/. Zugriff am 26. Juli 2020.

morgen im Rest der Welt. Darüber hinaus haben Marken mit chinesischem Ursprung, wie Blanc de Chine, Geschäfte in New York, Paris und anderen Städten eröffnet.

Status, Erfolg, Reichtum
Wie in vielen anderen asiatischen Ländern ist in China der Kollektivismus traditionell wichtig, aber die Ein-Kind-Politik, die auf das Jahr 1979 zurückgeht, hat eine neue Generation von Prinzessinnen und Prinzen hervorgebracht. Verwöhnt von ihren Eltern und Großeltern, werden sie von den hohen Erwartungen ihrer Eltern angetrieben und belohnen sich selbst mit Luxuskonsum. Luxuskonsum in China geht jedoch über das Ego hinaus: Eine Person muss gut aussehen, um die ganze Familie gut aussehen zu lassen. Diese Frage des Ansehens wird ‚Mien-tzu' genannt und ähnelt Veblens Konzept des auffälligen Konsums. Luxuskonsum in China drückt sozialen Status, Erfolg und Reichtum aus.[9] Das chinesische Einzelkind ist viel individualistischer und selbstbewusster in Bezug auf Stil und Geschmack, da diese Generation es gewohnt ist, im Mittelpunkt der Aufmerksamkeit zu stehen. Das macht chinesische Millennials zu anspruchsvollen Kunden.

Datengetriebene Personalisierung
Einerseits sind die Erwartungen der Kunden an personalisierte Erlebnisse sehr hoch, da der Luxusmarkt reift. Die Erkenntnis, dass der Besitz von Gegenständen nicht der einzige Weg zum Glück ist, macht die Menschen neugierig auf erlebnisorientierten Luxus. Andererseits teilen chinesische Kunden große Mengen persönlicher Daten ohne Bedenken, und diese Daten erleichtern das Design persönlicher Erlebnisse, auch wenn es immer noch klug strukturiert werden muss.

Die Erfassung von Daten geht mit Komplexität einher. Laut einer Studie aus dem Jahr 2019 interagierten chinesische Kunden in der Produktforschungsphase mit einer Marke über 4 bis 5 und bis zu 15 Kontaktpunkten, und 60 Prozent dieser Interaktionen waren digital. Dennoch blieb der Kauf im Geschäft bei 88 Prozent.[10] Da die Forschungsphase in China so wichtig ist, sollten Online Produktbeschreibungen extrem detailliert sein, um potenzielle Fragen zu beantworten und Vertrauen aufzubauen.

---

[9] Chadha R, Husband P (2006) Der Kult der Luxusmarke: Asiens Liebesaffäre mit Luxus. Nicholas Brealey International, London, S. 129.

[10] Chang A, Mauron P (2020) JingDigital und Digital Luxury Group—WeChat Luxusindex 2020. JingDigital. https://www.jingdigital.com/en/articles/8255/, S. 7. Zugriff am 3. April 2021.

Going Glocal

Parallel dazu erweitern sich Kontaktpunkte von internationalen Metropolen hin zu lokalem Luxuseinkauf, einschließlich chinesischer Städte der zweiten und dritten Ebene. Daigou, die Praxis, dass Chinesen im Ausland zu besseren Preisen Luxusgüter einkaufen und diese mit nach Hause bringen, wird aufgrund der globalen Preisangleichung von Luxusmarken, wie sie von Marken wie Chanel eingeführt wurde, immer unattraktiver. Darüber hinaus zeigt uns die COVID-19 Krise heute eine Welt mit extrem schwachem Reiseeinzelhandel. Darüber hinaus hat die chinesische Regierung die Zölle erhöht und Agenten für Auslandseinkäufe haben weitere Regulierungen erfahren. Als Reaktion darauf sind lokale Einkaufs- und Wiederverkaufs Geschäfte im Aufschwung. Der Uhrenhersteller Vacheron Constantin startete gezielte WeChatWerbung in Städten der zweiten Ebene wie Tianjin und Shijiazhuang, da dies bedeutet, den Konsum lokal und nicht durch Transshipping zu entwickeln.

Zusammenfassend wird eine Expansions-Strategie hin zum lokalen Einkauf der Schlüssel sein, da wir bereits heute beobachten können, dass etwa die Hälfte der Tmall's Luxury Pavilion Verkäufe an Kunden außerhalb der Städte der ersten und zweiten Ebene in China zurückge führt werden. Chinesische Millennials beschleunigen nur diese Transformation. Um sicherzustellen, dass westliche Marken ihre Position im relevanten Set chinesischer Kunden behalten, haben sich Unternehmen wie YNAP und Farfetch mit chinesischen Akteuren wie Alibaba und JD zusammengeschlossen.

Vertiefung: YNAP, Alibaba, Farfetch und JD in China

Die geringe Infrastruktur- und Logistikreife in kleineren chinesischen Städten hat es westlichen Marken in der Vergangenheit äußerst schwierig gemacht, ein luxuriöses Liefererlebnis zu gewährleisten. Das ist einer der Gründe, warum lokale Expertise so vorteilhaft ist. Der andere Grund ist der immense Besucherstrom, den Tmall und JD auf ihrer Plattform bündeln. Daher hat sich YNAP mit Alibaba zusammengetan und seinen Net-a-Porter Flagship-Store im Tmall Luxury Pavilion eröffnet, während JD seine High-End-Plattform Top Life mit FarfetchChina im Jahr 2017 fusionierte.
Farfetch erhielt die erforderlichen Kundendaten und Logistik im Austausch für die Bereitstellung seiner Technologie und den direkten Plattformzugang zu seinem Luxusmarktplatz mit JD's Top Life. In der Zwischenzeit wurde Top Life vollständig in Farfetch integriert. Im Allgemeinen verteilt sich JD's

Publikum über das ganze Land, mit einem besonderen Fokus auf Nord China, Sichuan und Städte der unteren Ebene. In Bezug auf den Versand werden Bestellungen entweder aus JD's Lager oder direkt von der Marke über den E-Commerce Shop-Betreiber versandt. Um das Paket abzurunden, steht ein exklusiver White-Glove Service zur Verfügung, um Luxusgüter stilvoll zu liefern.
Im Jahr 2018 startete YNAP sein Joint Venture Feng Mao in Zusammenarbeit mit Alibaba neben dem TmallLuxury Pavilion Store. Im Gegensatz zu JD ist Tmall deutlich stärker auf das Jangtse-Delta, Guang Dong und die Zentralebene fokussiert. Die Verpackung wird von den Marken bearbeitet und versandt, und ein externer Drittanbieter-Lieferservice, SF Express, steht zur Verfügung.
Sowohl YNAP als auch Farfetch bieten Konzepte an zur Unterstützung des Markteintritts westlicher Marken auf den chinesischen Markt durch ihre Partnerschaftsmodelle mit chinesischen Ökosystemen von der Content-Produktion und Social Media bis hin zu Zahlungs- und CRM Tools. Ein wichtiges Ziel dieser Dienstleistungen besteht darin, den Fokus des Verkaufsbotschafters von der Verwaltung auf den Service und den Kundenfokus von der Produktverfügbarkeit auf das Erlebnis zu verlagern. Dieser neue Einzelhandels Ansatz hat sogar legendäre Marken wie Chanel davon überzeugt, eine Partnerschaft mit Farfetch einzugehen, um verschiedene Szenarien zu ermöglichen, wie zum Beispiel die Identifizierung von Kunden über eine installierte mobile Anwendung im Moment des Betretens des ‚Geschäfts der Zukunft'.

4.2 Neues Konsumverhalten, neue Geschäftsmodelle

Millennials und chinesische Kunden setzen nicht nur Luxustrends, sondern ihr Konsumverhalten fordert auch neue Geschäftsmodelle, nämlich Wiederverkauf und Vermietung. Beide Modelle haben gemeinsam, dass der Besitz von materiellem Luxus als temporäres Erlebnis und nicht als Eigentum zum Selbstzzweck gesehen wird. Die Motivation beider Verhaltensweisen liegt in der unermüdlichen Suche nach Neuem, dem Zugang zu Vielfalt, dem Wunsch nach Entrümpelung und nicht zuletzt der Nachhaltigkeit. Die Sammelwut unserer Großeltern, verursacht durch Zeiten der Not, wird zunehmend missbilligt und wurde durch die Wegwerfgesellschaft ersetzt, die ein Erwachen für mehr Bewusstsein anstrebt. Millennials suchen nach sozial und ökologisch verträglichen Wegen, das Außergewöhnliche zu genießen. Während der Wiederverkauf für den Ersatz des Besitzes steht, bezieht sich die Vermietung auf das reine Vergnügen des Konsummoments.

Vermietungsmodell

Gegenwärtig führen Unternehmen wie Rent the Runway das Vermietungsgeschäft an, indem sie außergewöhnliche Designer-Modeartikel verfügbar machen, wenn und wann sie benötigt werden, für eine erschwingliche Abonnementgebühr von weniger als 200 US$ pro Monat. Auf Basis des Abonnementmodells gewöhnen sich die Kunden an den Service. Insbesondere Millennials fordern Vermietungsmodelle im Luxusbereich. Heute sind die meisten Luxusvermietungsmodelle spezialisierte Unternehmen, aber in Zukunft werden Luxusmarken und Konglomerate mehr Anteil am Geschäft übernehmen, um die volle Kontrolle über die Präsentation und Kommunikation ihrer ikonischen Stücke zu behalten. Darüber hinaus ist das Abonnementmodell ein überzeugender Weg, um die Kunden-Loyalität zu stärken. Einerseits stellt es eine Erweiterung des Vermietungsgeschäfts dar, andererseits ist es ein eigenständiges Geschäftsmodell.

Kauf auf Raten

Das Start-up Watchdreamer bietet Luxusuhrenkäufe in Raten an. Das Unternehmen bietet die Möglichkeit, eine Luxusuhr durch einen Kredit zu kaufen, der über einen Zeitraum von 12 bis 48 Monaten zurückgezahlt wird. Nicht alle Uhrenhersteller befürworten diese Praxis, aber sie hilft dabei, exklusive Zeitmesser für neue Kundensegmente erschwinglich zu machen. Dennoch ist es ein Geschäftsmodell mit dem Potenzial, ein integraler Bestandteil zukünftiger Luxus-E-Commerce-Plattformen zu werden.

Wiederverkaufsmodell

Das bringt uns zum Wiederverkaufsmodell. Das Konglomerat Kering investierte in die Second-Hand-Plattform Vestiaire Collective, und Richemont erwarb die Second-Hand-Plattform Watchfinder, um die Pole Position im Luxusuhren-Wiederverkauf einzunehmen. Das entspricht voll und ganz dem Wunsch von 73 Prozent der Kunden, ihre gebrauchten Luxusgüter an die Marken zurückzuverkaufen, anstatt sie zu horten oder an Freunde und Familienmitglieder zu geben.

Luxus erschwinglich machen

Es ist bemerkenswert, dass Wiederverkauf,Vermietung, Kommission und Abonnement Modelle auf neuem Konsumverhalten basieren, während sie dieses neue Verhalten strategisch fördern und Luxus zu einem erschwinglichen Lebensstil zu machen. Darüber hinaus können wir einen anhaltenden Effekt auf die Kundenreise der Millennials feststellen, was bedeutet, dass viele Kunden zuerst ihre Wunschprodukte auf Wiederverkaufsplattformen suchen, um die Zahlungsbereitschaft für einen bestimmten Artikel zu verstehen. Das sagt ihnen etwas über das Potenzial ihrer eigenen Investition, wenn sie eines Tages eine Kaufentscheidung treffen und später entscheiden, wieder zu verkaufen.

Die Vergangenheit des Luxus war nicht kundenorientiert. Heute sitzen die Kunden am Steuer und die Unternehmen müssen ihnen zuhören: Die Integration ihrer persönlichen Vorlieben wird die Zukunft sein. Die Disruption ist größer als man denken würde, da die Grenzen zwischen Branchen, Produkten, Dienstleistungen und Kanälen verschwimmen und alle bisherigen Codes brechen. Luxusunternehmen müssen agiler sein und sich anpassen, um das Risiko zu vermeiden, die neuen Generationen zu verpassen. Kundenorientierung wird durch das Verständnis der Kunden über Ihre Kontaktpunkte und Ihre Berührungspunkte mit liner Marke erreicht.

Zusammenfassend werden interne Markendaten nicht ausreichen, um Ihre Kunden vollständig zu verstehen. Strategische Allianzen und Konsortien mit dem Ziel, Daten und Kundenwissen zu teilen, werden in der Zukunft entstehen. Diese ermöglichen tiefere Einblicke und eine ganzheitliche Sicht (z.B. Alibaba Brand Databank). Dieses zusätzliche Wissen muss jedoch mit den Wünschen der Kunden im Einklang stehen Der omni-personal Ansatz respektiert den Kunden und baut auf geteilten Daten auf, nicht auf erzwungenen Daten. Das ist ein wesentlicher Aspekt, um nicht invasiv für den Kunden zu werden. Wenn Sie jemals Zweifel an den richtigen Grenzen haben, versetzen Sie sich in die Lage Ihres Kunden und erinnern Sie sich an die Worte von Brunello Cucinelli, als ‚Butler, nicht Stalker' zu handeln.

5

Digitale Transformation der Omni-personal Customer Journey

Es geht darum, wie ich mich an die Bedürfnisse des Kunden anpasse. Das kann man nicht standardisieren. Wenn der Kunde den Laden betritt, geben Sie ihm eine Tasse Kaffee, ein Glas Wasser oder Champagner, aber am Ende ist das nicht der Punkt, an dem Sie den Unterschied machen. Sie machen einen Unterschied, indem Sie Ihre wahre Liebe zeigen. Und Ihre wahre Liebe zu zeigen, bedeutet nicht nur, eine Uhr zu verkaufen, sondern dem Kunden zuzuhören und zwischen den Zeilen zu lesen. Das ist die größte Veränderung im Jahr 2020. Bei AP nennen wir es von Mensch zu Mensch.

–François-Henry Bennahmias CEO bei Audemars Piguet, Interview durchgeführt von den Autoren

Schlüsselaspekte

- Die omni-personal Erfahrung baut auf Memory, Empathy, Real-time und Consistency (die MERC-Faktoren) über Kanäle und Kontaktpunkte hinweg auf.
- Diese MERC-Faktoren müssen in allen Phasen des Customer Journey Zyklus omni-präsent sein.
- In der Awareness-Phase ist der Marketing-Konsens des Kunden das höchste Engagement, da dies die Möglichkeit einer weiteren Einzelinteraktion eröffnet.
- In der Engagement-Phase muss eine Marke überzeugen und individuelle Kundenzweifel ausräumen, um nahtlos in die Conversion überzuleiten.
- Die Conversion-Phase sollte von Perfektion, Begeisterung und Zufriedenheit dominiert sein.

R. Schmitt et al., *Omni-personal Luxus*, https://doi.org/10.1007/978-3-031-44579-8_5

- Das Fulfillment geht nicht um Grundlagen, sondern um Begeisterungsfaktoren, die den Kunden positiv und innovativ überraschen.
- Die After-Sales-Phase sollte personalisierte Dienstleistungen garantieren, um die Marken- Loyalität zu steigern.
- Analytik unterstützt den iterativen Prozess, um Einzelbeziehungen in einer omni-personal Customer Journey zu vertiefen.

Vergessen Sie nicht den Kunden; diese Person könnten Sie sein. Dennoch zeigen viele Unternehmen fortgeschrittene Amnesie, wenn wir einen Artikel online kaufen und einen Tag später den Laden besuchen. Sie denken, Sie haben kürzlich mit ihnen gesprochen und möchten in Erinnerung bleiben, aber tatsächlich erkennt Ihr Verkaufsmitarbeiter Sie nicht. So lange Sie nicht ein wohl-bekannter VIP-Kunde sind, kann sich der Verkaufsmitarbeiter womöglich nicht an Ihren letzten Kauf, Ihre letzte Anfrage oder Ihren letzten Kontaktpunkt erinnern, ganz zu schweigen von Ihrem Nachnamen. Stellen Sie sich das Wohlgefühl vor, das in einer einladenden Atmosphäre entsteht, in der Sie eine Person treffen, die weiß, wer Sie sind, die Sie in der Vergangenheit getroffen haben und die vielleicht sogar Ihre Wünsche kennt. Wir alle haben genug Fantasie, um zu wissen, was uns besser fühlen lässt, und sich besser zu fühlen, bedeutet wahrscheinlich, wieder zu kaufen oder zumindest eine bedeutungsvolle Beziehung zu entwickeln. Bei Audemars Piguet bezeichnet CEO François-Henry Bennahmias dies als „die menschlichen Verbindungen wiederherstellen".

Customer Journey Modelle

Attention, Interest und Desire erklären in ihrer linearen Schönheit nicht unbedingt Actions. Diese Aussage ist immer noch wahr, erfasst jedoch nicht die Komplexität menschlichen Verhaltens und Glaubens. McKinseys Customer Decision Journey (CDJ) aus dem Jahr 2009 ersetzte den auf Attention, Interest, Desire und Action basierenden AIDA -Funnel durch ein kreisförmiges Modell, das Consideration, Evaluation & Research, Purchase und After Sales-Erlebnis in einer Schleife durchläuft und in Loyalität resultiert (Abb. 5.1 und 5.2). Es ist immer noch anwendbar, spiegelt jedoch nicht mehr den wichtigsten Protagonisten jeder Verkaufserfahrung wider: den Kunden als Individuum.

Die Welt ist zu einem Erlebnis geworden, und wir sind reif genug, um offen über Emotionen zu sprechen. Das Leben ist zu einer Reise geworden, und Verkaufen ist eine der möglichen Handlungen auf dieser Reise. Wenn wir die Wahrscheinlichkeit dieses Ereignisses erhöhen wollen, brauchen wir starke Beziehungen. Wir müssen omni-personal und bedeutungsvoll

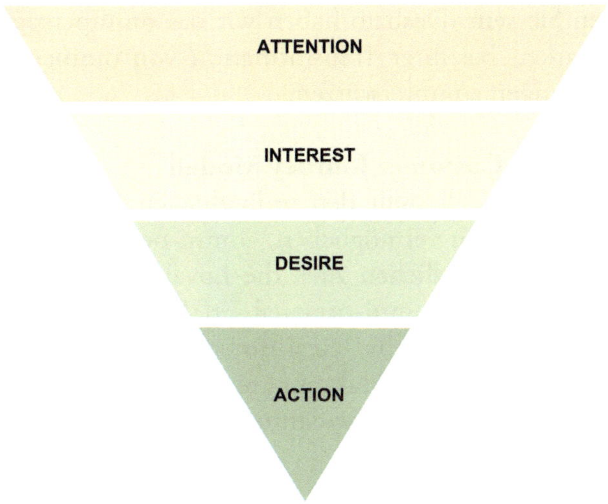

Abb. 5.1 Das AIDA-Funnelmodell (Lewis, 1898)

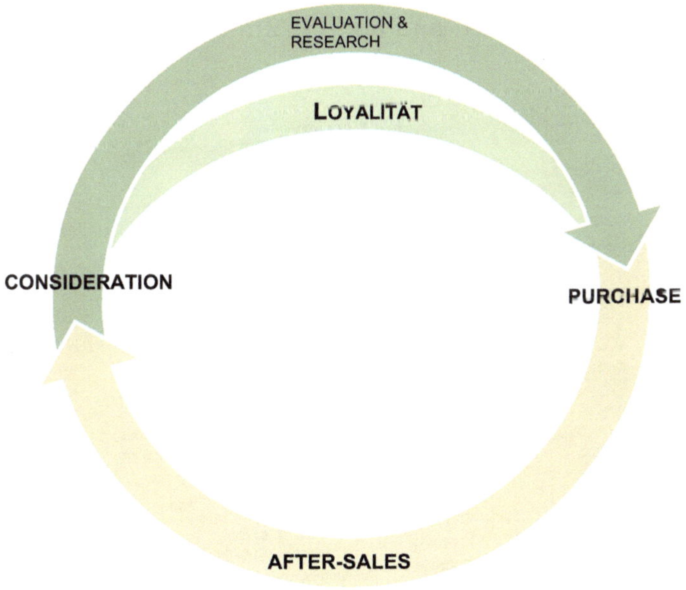

Abb. 5.2 Das CDJ-Customer Decision Journey-Modell (McKinsey, 2009)

handeln: nicht in der Wahrnehmung des abstrakten Kunden John Doe, Jean Dupont oder Max Mustermann, sondern in den individuellen Augen einer Person mit einzigartigen Bedürfnissen, Erwartungen und Emotionen. Diese

Person könnten Sie sein. Deshalb haben wir das omnipersonal Modell entwickelt, um Marken bei ihrer Transformation von omnichannel zu omnipersonale Erfahrungen zu unterstützen:

Das Omni-personal Customer Journey Modell

Das omnipersonal Modell stellt den individuellen Kunden in den Mittelpunkt, um Marken zu ermöglichen, omni-personal Erfahrungen zu skalieren mit dem letztendlichen Ziel, die Loyalität von Einzelpersonen zu gewinnen (Abb. 5.3). Die omni-personal Erfahrung baut auf den MERC-Faktoren – Memory, Empathy, Real-time und Consistency – auf, und zwar über alle Kanäle und Kontaktpunkte hinweg. Diese MERC-Faktoren erfordern eine weitere Erklärung, wie unten dargestellt.

Memory

Solange eine Person konsequent über einen exklusiven Kontaktpunkt mit einer Marke in Verbindung steht, ist es einfach zu verstehen, welche die aktuelle Phase der Customer Journey ist. Der Omni-Channel Ansatz erhöht die Menge an Daten und im Verhältnis dazu die Komplexität, sich

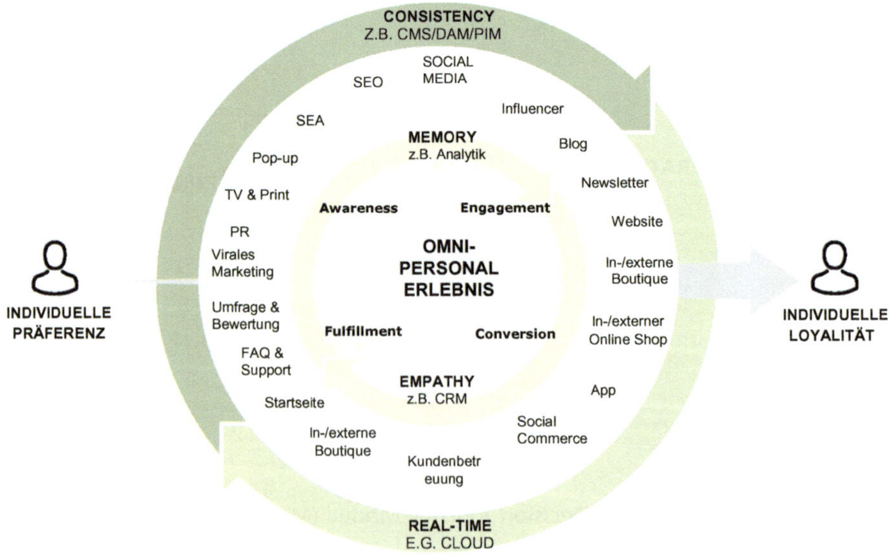

Abb. 5.3 Das Omni-personal Customer Journey Modell

an einen bestimmten Kunden erinnern zu können. Analytics ist unser bester Freund, um Kundeninteraktionen im großen Maßstab zu verfolgen. Es wird verwendet, um zu identifizieren, wo und wie ein Kunde mit welchem Produkt interagiert. Nachdem alle Anforderungen und relevanten Leistungskennzahlen (KPIs) für Analytics festgelegt wurden, besteht die größte Herausforderung darin, Big Data in Smart Data zu übersetzen, und überdies interne und externe Datenquellen zu aggregieren. Abschließend ist Analytics unser Memory-Werkzeug. Es ermöglicht uns, dem Kunden zuzuhören.

Empathy

Die besten Daten haben keinen Wert, wenn wir sie nicht nutzen, um individuelle Erkenntnisse abzuleiten. Um alle Kommunikation zu personalisieren, müssen wir das volle Potenzial von CRM ausschöpfen, um eine 360-Grad-Sicht auf unsere Kunden zu erhalten, möglicherweise mit Unterstützung einer Kunden-Datenplattform (CDP). Darüber hinaus müssen wir zeigen, dass wir unser Datenwissen in Empathie übersetzen können. Es ist erstaunlich, jemandes Geburtstag zu kennen, aber dieses Wissen ist völlig nutzlos, wenn wir eine super generische Geburtstags-E-Mail senden, die im Spam-Ordner des glücklichen Empfängers landet. Das CRM-Ökosystem ist das grundlegende Werkzeug, um Empathie im großen Maßstab zu ermöglichen.

Real-Time

In dem Moment, in dem ein Kunde einen Laden betritt, muss die Kommunikation relevant sein. Um angemessen auf den gegebenen Kontext zu reagieren, helfen vorab Daten und Empfehlungen dem Verkaufsmitarbeiter, die Relevanz zu erhöhen. Mit anderen Worten, bevor ein Kunde den Laden betritt, benötigt der Verkaufsmitarbeiter Zugang zu persönlichen Daten wie seinem Namen und sogar der Verkaufshistorie, falls vorhanden. Hier machen Echtzeitdaten den großen Unterschied, da es entscheidend ist, die Daten rechtzeitig zu erhalten. Sobald der Kunde den Laden verlassen hat, ist es zu spät, um sich über potenzielle Up- und Cross-Selling-Möglichkeiten bewusst zu werden. Bildlich gesprochen wäre es, als würde man eine Woche zu spät Geburtstagsgrüße erhalten. Das Vergnügen ist nicht dasselbe. Es hat nicht die gleiche Wirkung. Das richtige Wort zur richtigen Zeit zählt, und das bedeutet, dass wir mit dem Kunden fließend *kommunizieren* wollen, in der bevorzugten Sprache des Kunden und in Echtzeit. In einer Omni-Channel Welt ermöglichen uns Cloud Dienste dies, da sie die Echtzeitsynchronisation von Daten über Kanäle und Kontaktpunkte ermöglichen.

Consistency

Hier wiederholen wir uns. In einer kleinen Welt ist es einfach, konsistent zu sein, aber in einer großen Welt ist es eine komplexe Aufgabe, sicherzustellen, dass alle Kanäle und Kontaktpunkte zeigen, was wir dem Kunden zeigen wollen. Die CMS, DAM und PIM Plattformen adressieren dieses Bedürfnis, da sie als konsistente Quellen der Wahrheit für Content-Elemente wie Bilder, Videos und andere digitale Formate fungieren, die einen Ökosystemansatz zur Verteilung von Content auf unzählige Anwendungen, wie Produktkataloge oder Werbe-Tools, ermöglichen. Eine konsistente Marken- und Produktdarstellung fördert das Vertrauen.

Alle vier Faktoren sind wesentlich für einen relevanten, persönlichen, flüssigen und konsistenten Dialog und für den Aufbau von Beziehungen auf Augenhöhe zwischen einer Marke und einer Einzelperson. Daher müssen die MERC-Faktoren in allen Phasen des Customer Journey Zyklus (der innere Kreis) – Awareness, Engagement, Purchase und Fulfillment, einschließlich After Sales Aktivität – präsent sein, um die Loyalität des Einzelnen bei jeder direkten oder indirekten Interaktion mit einem Markenkontaktpunkt (äußerer Kreis) zu etablieren und zu verstärken.

Loyalität

Loyalität ist das Ergebnis eines sich selbst verstärkenden Zyklus, der die Beziehung zum ultimativen Status der Markenliebe vertieft. Sie macht den Unterschied zwischen einem Gewohnheitskäufer und einem Überzeugungskäufer. Beide sind treuverbunden mit der Marke: Sicherheit und Vereinfachung gegenüber Leidenschaft und Liebe. Eine Person, die jedoch in eine Marke verliebt ist, hat als Markenbotschafter viel mehr Einfluss als eine, die hauptsächlich aus rationalen Gründen konsumiert. Je mehr Omni-Personalisierung eine Einzelperson entlang der Customer Journey erlebt, desto größer ist ihre Neigung, von einer Marke *berührt* zu werden und sich zu verlieben und daher ist die emotionale Bindung, Loyalität und das damit verbundene Umsatzpotenzial bei dieser Einzelperson höher. Dass

Treue Gewinne und Wachstum antreibt, ist bewiesen,[1] aber wir wollen den Zusammenhang zwischen skalierter Omni-Personalisierung und Loyalität beweisen.

Wir haben über die goldene Seite der Münze gesprochen, um die Loyalität zu verstärken. Dennoch sollten wir nicht vergessen, dass Loyalität leicht verloren geht, wenn Marken die individuellen Vorlieben einer Person ignorieren. Stellen Sie sich vor, Sie haben bereits eine exklusive Uhr bei Marke X gekauft und mehrmals in der Boutique sowie in den Online Filtereinstellungen erwähnt, dass Sie Gelbgold-überhaupt nicht mögen. Trotzdem erhalten Sie eine Empfehlung nach der anderen für Uhren in Gelbgold. Die hart erarbeitete Loyalität ist gefährdet, wenn Sie die Wahrnehmung haben, dass niemand wirklich auf Sie hört – bis zu dem Punkt, an dem Sie offen für Gespräche mit Marke Y sind, vorausgesetzt, Marke Y kümmert sich bewusster um Ihre persönlichen Interessen.

Abgrenzung zum AIDA Modell und dem CDJ Modell

Die dynamische Auswirkung persönlicher Erfahrungen auf die Loyalität einer Person bedeutet nicht unbedingt, dass die Engagement- oder Evaluations- und Research-Phase übersprungen oder beschleunigt wird, wie es das CDJ-Modell von McKinsey nahelegt. Im Luxussegment bleibt die Produktengagement-Phase auch für loyale Kunden ein kritischer Teil des Kundenerlebnisses. Zum Beispiel bedeutet die Tatsache, dass Sie bereits einen Pomellato Nudo Ring mit blauem Topas besitzen, nicht, dass Sie die Produktanprobe überspringen, wenn Sie einen weiteren Nudo Ring mit weißem Topas kaufen. Sie möchten das volle Erlebnis genießen.

Zusammenfassend lässt das CDJ-Modell Luxusspezifika außer Acht, während das AIDA Modell nicht für die synchrone Interaktion über mehrere Kontaktpunkte konzipiert ist. Das bedeutet, dass Omni-Channel nicht in der AIDA-Logik abgebildet werden kann. Das ist auch der Grund, warum wir Kontaktpunkte nicht explizit den Quadranten der Customer Journey Phasen zuordnen. Social Meda ist beispielsweise in allen Phasen der Customer Journey relevant.

Die folgenden Unterabschnitte sind nach den Schlüsselphasen der Customer Journey strukturiert, um einen Überblick über das Innovations-

[1] Reichheld F (2006) Die ultimative Frage: gute Gewinne und wahres Wachstum fördern. Harvard Business School Press, Brighton; Reichheld F (1996) Der Treue-Effekt: die verborgene Kraft hinter Wachstum, Gewinnen und dauerhaftem Wert. Harvard Business School Press, Brighton.

potenzial, Anwendungsfälle und Vertiefungen zu geben, gewürzt mit Erkenntnissen aus Interviews, die wir mit Führungskräften der Luxusindustrie geführt haben.

5.1 Bewusstsein schaffen, um als Teil des relevanten Sets erinnert zu werden

Die Sache ist, ich möchte nicht direkt in eine Verkaufsaktion verwickelt werden, wenn ich einen Laden betrete. Ich möchte willkommen geheißen werden.
–Angela Ahrendts, ehemalige CEO bei Burberry und Senior Vice President bei Apple Retail

Sie sehen die Uhr Ihrer Träume am Handgelenk eines guten Freundes, und er erzählt Ihnen stolz, dass es eine Omega Speedmaster sei. Sie finden das Love-Armband in einer neuen Variation auf Instagram und geben ihm ein intuitives Like. Beim Durchblättern einer Zeitschrift bleibt ihr Blick an der Bulgari Octo hängen. Sie googeln ‚iconic diamond ring' und sehen Harry WinstonWerbung. Sie suchen nach ‚lightest automatic watch' und erkunden Blog-Artikel über Richard Mille's 32-Gramm RM 67-02. Stellen Sie sich vor, Sie sind ein Mann und haben nie daran gedacht, bei Tiffany für sich selbst einzukaufen, als Sie den Pop-up-Store in der East 57th Street in New York betreten. 2019 hat die Marke ihre erste offizielle Herrenkollektion eingeführt, einschließlich hochwertiger Schmuckstücke wie Ringe und Ohrringe für Männer, neben Spielen und ikonischen Sportpokalen.[2] Ihre Freundin schaut sich Schaufenster an und gibt Ihnen einen klaren Hinweis, dass ihr nächstes Weihnachtsgeschenk in einer Pomellato Einkaufstasche kommen sollte und dass natürlich der Inhalt zählt.

In diesen und vielen ähnlichen Situationen spielt es keine Rolle, ob Sie aktiv nach etwas suchen oder ob Sie von Schönheit oder vom Wunsch Ihrer Liebsten inspiriert sind. Der erste Moment der Wahrheit in der Customer Journey ist der Moment, in dem Sie zum ersten Mal mit einer Marke konfrontiert werden, weil Sie generell nach Unterhaltung oder etwas Bestimmtem suchen. Wie wir gesehen haben, können die Kontaktpunkte unglaublich vielfältig sein. All diese magischen Momente haben gemeinsam, dass Sie als Novize mit dem Markenuniversum in Verbindung treten und

[2] Hubbard L (2019) Tiffany & Co. hat gerade ihren ersten Herren-Pop-up-Shop in NYC eröffnet. https://www.townandcountrymag.com/style/jewelry-and-watches/a30153239/tiffany-mens-pop-up-shop-2019/. Zugriff am 6. Dezember 2020.

darin willkommen geheißen werden: Dies kann online, offline oder in einer direkt betriebenen oder franchisierten Boutique geschehen. Es ist, als würde man zum ersten Mal in die Augen eines potenziellen Partners schauen: Entweder weckt es die Neugier auf mehr oder nicht.

Letztendlich wird eine Marke Teil des relevanten Sets, das vom Kunden in Betracht gezogen wird, und tatsächlich ist das Bewusstsein für eine Marke nicht das Ende des Spiels. Das Bewusstsein für eine Marke setzt sich fort mit der Awareness für eine bestimmte Kollektion, der Awareness für ein bestimmtes Stück Kunst und dem Bewusstsein für etwas Einzigartiges und Persönliches, das nicht replizierbar ist. Deshalb bezieht sich Luxus nie auf Produkte als rein materiellen Wert: Es geht um emotional wertvolle Kreationen und Kunstwerke, ikonische Zeitmesser und Einzelstücke. In dieser ersten Phase ist der Marketing-Konsens einer Person das größte Engagement, das Sie erzielen können, da es die Tür für eine weitere Interaktion mit einer Marke öffnet.

5.1.1 In-Store Augmented und Virtual Reality Anwendungen machen das Markenuniversum greifbar

Die erste Transformation handelt von ‚integriertem Einzelhandel', nicht nur E-Commerce wird zu einem wichtigen Kanal, sonderndigital und physisch sind überdies völlig miteinander verwoben.

Die zweite Transformation ist, dass Einzelhandel Medien ist und Medien Einzelhandel sind.

–Cyrille Vigneron, CEO bei Cartier, Interview durchgeführt von den Autoren

Das In-Store-Erlebnis bleibt der Schlüssel zum Luxus, da es die Garantie für immersive Erfahrungen ist. Die Boutique ist der Ort, an dem Monsieur Cartier und Coco Chanel einen gemeinsamen Nenner fanden, um die volle Kontrolle über das Spiel zwischen Künstler und Bewunderer, zwischen Unternehmer und Kunde zu behalten. Das CRM-System zu dieser Zeit war noch eine mentale Festplatte, die mit Stift und Papier genährt wurde, aber es war bereits ein zentrales Element für den Aufbau empathischer Beziehungen. Heute sind die Vertriebskanäle zu komplex, um sich jeden Kunden zu merken, aber der Bedarf an maßgeschneiderten multisensorischen Erlebnissen bleibt bestehen. Mystery Shopping Besuche und Checklisten sind großartige Werkzeuge, um einen harmonisierten Service und eine konsistente Markenpräsentation zu gewährleisten. CRM-Plattformen fordern und fördern unser Gedächtnis, aber mehr ist erforderlich: Wir müssen alle Informationen in handlungsrelevante Erkenntnisse übersetzen, um personalisierte Erlebnisse zu schaffen.

Der erste In-Store-Besuch eines potenziellen Kunden ist eine perfekte Gelegenheit, um diese individuellen Bedürfnisse und Vorlieben besser zu verstehen. In-Store-Kameras und Sensoren erfassen Bewegungs- und Interaktionsprofile. Der Verkaufsmitarbeiter erfasst persönliche Interessen. Nicht zuletzt entschlüsseln Augmented und Virtual Reality Tools Motivationsmuster. Der Game Changer heißt Phygital Experience Design und zielt darauf ab, gegenseitige Empathie zu aktivieren. Dafür müssen Mensch und Technologie ihre Kräfte vereinen, um den Kunden zu verstehen, auch wenn das Handeln des Kunden nicht mit dem übereinstimmt, was er oder sie verbal kommuniziert hat.

Als einfaches Beispiel: betritt eine Dame den Laden und teilt Ihnen mit, dass sie sich nur umsehen möchte, um inspiriert zu werden, aber nach einem kurzen suchenden Blick bewegt sie sich sofort in Richtung eines bestimmten Stücks. Mit anderen Worten, ihr gezieltes Handeln signalisiert Ihnen, dass sie wahrscheinlich bereits über ihren Wunsch im Klaren ist, die Webseite im Voraus durchstöbert hat und nun wahrscheinlich nach einem Anprobe Erlebnis sucht. Als weiteres Beispiel: betritt ein Mann den Laden und fragt den Verkaufsmitarbeiter, ob das im Schaufenster ausgestellte Uhrenmodell mit einem Edelstahlarmband erhältlich ist. Der Verkaufsmitarbeiter berichtet, dass es derzeit nicht in der Boutique verfügbar ist, lädt den Mann jedoch ein, die Edelstahlversion im Rahmen einer virtual Reality-Sitzung auf einem interaktiven digitalen Bildschirm zu genießen. Überraschenderweise schenkt der Mann innerhalb dieser virtuellen Sitzung den Gummibändern besondere Aufmerksamkeit. Er bevorzugt wahrscheinlich einen modernen sportlichen Look oder sucht einfach nach Materialien, die unempfindlich gegen tropische Temperaturen sind. Diese Frage sollte ein Gespräch auslösen und einen Dateneintrag im CRM-System veranlassen.

Empathie, Begeisterung und Unterhaltung motivieren alle Willkommenszeremonien, und der Verkaufsmitarbeiter fungiert als Zeremonienmeister. Luxusgeschäfte haben typischerweise geschlossene Türen mit einer Klingel und einem Sicherheitsmitarbeiter. Die Fenster sind Produktausstellungen, die nicht verraten, was hinter ihnen im Showroom verborgen ist. Ein Juwelier oder Uhrmacher ist von außen wie eine geheimnisvolle Schatzkiste, verführerisch, aber nicht explizit einladend. Im Inneren erwartet den Besucher eine museale Präsentation – die Produkte werden großzügig, doch unzugänglich in Glasvitrinen ausgestellt.

Abb. 5.4 Computererzeugtes Bild, Oris SA, Watch inside a Watch, 2019. (Mit Genehmigung von Oris SA gedruckt)

Diese Installation ist Teil des Gesamtkunstwerks, und es liegt am Verkaufsmitarbeiter, das Eis zu brechen und dem potenziellen Kunden das Gefühl der Zugehörigkeit und Wertschätzung zu vermitteln, indem er Getränke anbietet, gute Gespräche führt und feierlich die Vitrinen öffnet. Der Münchner Juwelier Renèsim definierte eine Wohnzimmeratmosphäre als sein Ziel, um die Besucher sich wie zu Hause und nicht wie in einem Tempel fühlen zu lassen.[3] Besonders für jüngere Generationen ist diese Atmosphäre unerlässlich. Unabhängig von ihrem Alter stimmen jedoch alle Kunden zu, dass sie etwas Einzigartiges erleben möchten. Diese Einzigartigkeit basiert zunehmend auf erweiterter oder virtual Reality Innovation.

Virtual Reality

Wir haben fünf Sinne, aber sie in neuen Perspektiven zu nutzen, öffnet neue Welten, wie zum Beispiel durch das Tragen von Oculus Rift Brillen möglich. In der Annahme, dass junge Zielgruppen von virtual Reality (VR) Anwendungen begeistert sind und darauf vertrauend, dass 80 % von

[3] Assum A, Hemmerle M (2018) Multichannel-Strategie als Erfolgsfaktor für eine Luxusmarke. In: Böckenholt I, Mehn A (eds) Konzepte und Strategien für Omnichannel-Exzellenz: Innovatives Retail-Marketing mit mehrdimensionalen Vertriebs- und Kommunikationskanälen. Springer, Wiesbaden, Locations 3576–3858.

ihnen gerne ihren ersten VR-Kontaktpunkt mit ihren Freunden teilen,[4] hat die Uhrenmarke Oris eine Anwendung entwickelt, um in Zusammenarbeit mit Mackevision in das Innere einer Uhr zu sehen (Abb. 5.4).[5] Die VR-Anwendung unterstützte die Einführung der Skelettuhr ‚Big Crown ProPilot X Calibre 115 Sample 2' auf der Baselworld Messe und bot einen hyper-realistischen Blick auf die Funktionsweise des mechanischen Uhrwerks. Begleitet vom ständigen Ticken konnte der Benutzer die Ästhetik von Licht und Perspektive, Feder und Getriebe sowie die Magie der Zeit erkunden. Das immersive Erlebnis wurde auf der Grundlage eines digitalen Zwillings des Zeitmessers erstellt, was die Integration aller Visuals in eine omni-channel Kommunikationsstrategie ermöglichte. Die Marke zeigte 360-Grad-Videos im Geschäft, um jüngere Generationen anzuziehen und nutzte Visuals für PR und den online Shop.

Vertiefung: Digitale Zwillinge, Computer Generated Imagery (CGI) und Autonomous Sensory Meridian Response (ASMR)

Die Faszination für computererzeugte Bilder und digitale Zwillinge liegt in dem Sinneseindruck, mehr sehen zu können. Das Detailniveau ist enorm. Die hochauflösenden Bilder sind zum Anfassen gemacht und animiert, um neue Perspektiven und Emotionen im Kopf des Betrachters zu aktivieren. Deshalb sind computererzeugte Bilder ein großartiges Werkzeug für Luxusmarken, um den visuellen Effekt zu verstärken. Materialien erscheinen fotorealistisch und Farben können mit wenigen Mausklicks leicht angepasst werden. Bang & Olufsen gehört zu den Marken, die die Digitalisierung der Content Produktion als Schlüsselelement erkannt haben. Kristian Tear, CEO des dänischen High-End-Unternehmens für Unterhaltungselektronik, teilte uns mit:

Wir haben CGI genutzt, um3DModelle von Wohnsituationen, Materialtypen (Holzstrukturen,MetallVeredelungen usw.) und Produktvarianten zu erzeugen, um Tausende von Produkt- und Lifestyle-Assets zu generieren, ohne

[4] Rudeloff C, Müller N (2018) Virtual Reality in der Markenkommunikation am Point of Sale – Ergebnisse einer qualitativen Befragung. In: Pietzcker D, Vaih-Baur C (Hrsg.) Luxus als Distinktionsstrategie: Kommunikation in der internationalen Luxus- und Modeindustrie. Springer, Wiesbaden, S. 301–316.

[5] Mackevision (2019) Firmenwebsite. https://www.mackevision.com/de/referenzen/oris/. Zugriff am 31. Dezember 2020.

ein traditionelles Studio btreten zu müssen. Dies hat uns geholfen, erhebliche Kosteneinsparungen zu realisieren, schnellere Lieferzeiten und eine Steigerung des Absatzes zu erreichen und vor allem hat es uns ermöglicht, unsereMarketingKamp agnenaktivitäten während Zeiten von Reiseverboten und Lockdowns fortzusetzen, in denen traditionelle Kampagnenaufnahmen keine Option waren.

Digitale Zwillinge werden noch nicht flächendeckend verwendet, aber am Beispiel von Bang & Olufsen können wir sehen, wie nachhaltig sie Unternehmen entlang der Wertschöpfungskette unterstützen können. Sobald ein digitaler Zwilling erstellt wurde – möglicherweise sogar nur die Visualisierung eines Prototyps, der in der Realität noch nicht existiert – unterstützt er interne Prozesse wie Design und Fertigung sowie alle Markenkommunikation und Marketing Aktivitäten. Daher beziehen sich Experten wie Mackevision,the Fabricant,Point Flottant, Cyreal und Threedium auf die Kosteneffizienz und Zeitvorteile von CGI nach dem Prinzip der ‚Single Source Production'. Dies ermöglicht es Unternehmen, hochwertige Inhalte in großem Umfang zu produzieren, die über klassische CMS-Tools verwaltet werden können. CGI ermöglicht es uns, mehr zu sehen, als wir normalerweise dank der hohen Auflösung sehen würden. Folglich übersetzt sich CGI in eine Erweiterung unserer fünf Sinne.

Die Autonomous Sensory Meridian Response (ASMR) ergänzt CGI. Sie bezieht sich auf Konzepte der auditiven-taktilen Synästhesie und beschreibt kribbelnde Empfindungen, die vom Kopf ausgehend durch multisensorische Erfahrungen ausgelöst werden. ASMR ermöglicht es uns, über die fotorealistische Realität hinauszugehen, indem zusätzliche Wahrnehmungsebenen hinzugefügt werden. In einem digitalen Format sind die angewandten Klänge und Bilder mit weiteren Sinnen verknüpft, um den Effekt zu steigern. Sie hören die flüsternde Stimme und haben gleichzeitig das Gefühl, berührt zu werden. Sie sehen Diamanten auf einer Uhr, die wie süße Zuckerkrümel am Rand eines Martini-Glases sitzen. Sie genießen es, die flüssige Transformation von floralen Schmuckornamenten in einen zart duftenden Blumenstrauß zu beobachten. Das kann ASMR für uns tun: Es baut bewusste und unbewusste Analogien für unsere Sinne. Das bereichert natürlich die multisensorische Welt des Luxus.

Zusammenfassend kann CGI die Prinzipien von ASMR integrieren, um die multisensorische Wahrnehmung in der Produktpräsentation und Werbung über Kontaktpunkte und Kanäle zu stärken. Der resultierende Inhalt ist nicht mehr nur der fotorealistische digitale Zwilling eines Produkts, sondern ein einzigartiges emotionales Erlebnis, das surreale Elemente der Kreativität und Markenaktualisierung integriert. Wir können es als eine Art digitale

Markenmeditation verstehen, und Meditation ist hier nicht im Sinne von Entspannung gemeint, sondern im Sinne von Vertiefung.

Ein weiteres beeindruckendes Beispiel für virtuelle Realität im Geschäft und darüber hinaus ist die Frühjahr-Sommer-Kampagne 2018 von Gucci, die vom spanischen Künstler Ignasi Monreal erstellt wurde.[6] Der Künstler stellte die Gucci-Galerie im Video ‚Gucci Hallucination' vor. Er demonstrierte ihren immersiven Charakter, indem er Teil eines seiner Kunstwerke wurde und sich im Moment des Berührens des Gemäldes in virtual Reality verwandelte. Die Verschmelzung von Kunst und virtueller Realität ist die Hauptidee hinter der Kampagne und wird an verschiedenen Kontaktpunkten ausgedrückt: Die Gucci-Anwendung ermöglicht es Kunden, Anzeigen im Geschäft oder in Zeitschriften zu scannen, um Monreals animierte Gemälde virtuell zu betreten. Dieser Anwendungsfall ist besonders interessant, da er den nahtlosen Phygital Ansatz veranschaulicht. Schaufenster im Geschäft und sogar der Verkaufsbeleg zeigen scannbare Aufkleber und Kunstwerke, um Kunden zum weiteren Erkunden zu animieren.

Augmented/Erweiterte Reality und Hologramme
Augmented Reality (AR) beschreibt das bereichernde Spiel, virtuelle Elemente in die reale Welt einzufügen. Es kann ein intelligenter Spiegel sein, der Besuchern erlaubt, in der Zeit zu reisen und eine Produktgalerie zu sehen. Es könnte eine Produktanprobe (siehe Abschn. 5.2.2) über das Mobiltelefon oder sogar die Anzeige von Handlungsanleitungen in holographischen Headsets sein. Es bietet zusätzliche Informationen, um die Realität mit Daten, Visuals und Fiktion zu bereichern.

Augmented Reality kann auch genutzt werden, um Eigentum an digitalen Zwillingen, auch bekannt als nicht fungible Token (NFTs), zu erlangen. Gucci hat sich zum Beispiel mit der AR-Plattform Wanna zusammengetan, um virtuelle Sneakers zu erstellen.[7] Im April 2021 wurde die erste digitale Zwillings-Uhr in ein NFT über das Blockchain Protokol Ethereum verschlüsselt und über eine Aktion verkauft, während die physische Version des ‚Bigger Bang All Black Tourbillon Chronograph' im Eigentum des ehe-

[6] Riley D (2018) Gucci setzt CR und AR Erfahrungen für Frühjahrskampagne ein. https://thecurrentdaily.com/2018/03/01/gucci-spring2018-vr-ar-campaign/. Zugriff am 1. März 2020.

[7] Nanda MC (2021) Gucci verkauft $12 (virtuelle) Sneakers. https://www.businessoffashion.com/articles/technology/gucci-is-selling-12-virtual-sneakers. Zugriff am 16. März 2020.

maligen Vorsitzenden von Hublot, Jean-Claude Biver, verblieb.[8] In diesem Beispiel ging das Digitale über die Produktvisualisierung hinaus und wurde selbst zum Luxusgut. Dies bezieht sich auf Krypto-Luxus-Sammlerstücke und muss im Kontext von digitaler Identität und Blockchain gesehen werden (siehe Abschn. 5.4.1).

Zurück zur Hauptaufgabe der erweiterten Realität, die Realität zu bereichern, sind Hologramme eine Unterkategorie der augmented Reality. Sie sind eine reine Version der erweiterten Realität mit höherer Renderqualität. Marken wie Cartier sind bekannt für ihre Hologramm-Initiativen. 1972 erregte die Marke große Aufmerksamkeit für ihre 360-Grad-Fensterprojektion eines Damenhandgelenks mit einem Diamantarmband auf der Fifth Avenue in New York.[9] Mehrere Hologramm-Initiativen folgten und haben Cartier‘s Markenimage in den letzten Jahren aktualisiert, da die Technologie eine außergewöhnliche Präsentation ermöglicht und Aufmerksamkeit und Kunden in das Innere des Geschäfts lenkt. Kürzlich präsentierte Cartier eine Schmuck-Hologramm-Installation auf der Internationalen Importmesse von China.[10] Besucher steuern die Rotation und zoomen virtuell, um alle Details der 33 verschiedenen Kreationen zu erfassen. Die entsprechenden Skizzenbilder werden neben dem Hologramm auf einem interaktiven Bildschirm angezeigt, unter dem Titel ‚Do You Speak Cartier?‘

Unterscheidung zwischen virtual und augmented Reality

Alle vorhergehenden Beispiele beschreiben den fließenden Übergang von Awareness zu Engagement und zeigen, dass die individuelle Customer Journey durch die Anwendung von virtueller und erweiterter Realität beschleunigt wird. Während die virtual Reality den Benutzer in eine vollständig computergenerierte Umgebung versetzt, verbindet die augmented Realiy virtuelle Elemente mit der realen Umgebung. Wir finden sie zum Beispiel in digitalen Anproben. VR Anwendungen haben im Allgemeinen höhere technische Anforderungen als AR aufgrund der

[8] WiseKey (2021) WISeKey $WKEY versteigert die erste sichere Luxus-Nicht-Fungible-Token-Uhr #nft am 31. März 2021. https://www.wisekey.com/press/wisekey-wkey-to-auction-the-first-ever-secure-luxury-non-fungible-token-nft-watch-on-march-31-2021/. Zugriff am 26. März.

[9] Baxter N (2019) 7 Wege, wie Modemarken Hologramm-Technologie nutzen. https://thecurrentdaily.com/2019/10/01/7-ways-fashion-brands-are-harnessing-hologram-technology/. Zugriff am 01. Oktober 2020.

[10] Jiayun K (2020) Holographische Installation stellt Schmuck ins Bild. https://www.shine.cn/biz/event/2011079313/. Zugriff am 07. November 2020.

benötigten Grafikkarte, Prozessorleistung und RAM, um VR-Anwendungen auszuführen. AR und VR bieten eine perfekte Möglichkeit, die i n der Boutique verbrachte Zeit zu verlängern und Wartezeiten im Geschäft zu überbrücken. Es muss nicht betont werden, dass Interaktion für Kunden viel besser ist als nur zu warten. Falls eine Familie warten muss, während Papa eine Anprobesitzung genießt, oder der benötigte Experte noch mit einem anderen Kunden interagiert, oder falls der Interessent nach Inspiration sucht, könnte dies der perfekte Zeitpunkt für den Verkaufsmitarbeiter sein, den Besucher zu einer neuen Erfahrung einzuladen. Ob Wartezeit oder nicht, es wird dringend empfohlen, die Kunden durch das Erlebnis zu geleiten, um mögliche Frustrationen aufgrund technischer Komplexität oder Bewegungskrankheit zu vermeiden. Letztere nimmt mit hochwertigem Design und Bildauflösung ab, tritt aber immer noch so individuell auf wie Seekrankheit.

Wir haben auch gesehen, dass verschiedene Technologien im AR- und VR Kontext angewendet werden können: Headsets, mobile Geräte wie Smartphones und Projektionsdisplays für Hologramme. Verschiedene Mobilitätsstufen und Kosten sind mit diesen Technologien verbunden. Natürlich sind auch die Software, das Erfahrungsdesign und die 3D Inhalterstellung nicht kostenlos. Daher ist es wichtig, eine Strategie zu entwickeln, die auf Synergien und Skalierbarkeit aufbaut.

Erstellung virtueller Erlebnisse

Bevor Sie ein virtuelles Erlebnis erstellen, sollten Sie immer eine Strategie definieren und sich fragen, welchen Mehrwert dies für den Kunden hat. Das ist Ihr Ziel. Im besten Fall finden Sie eine emotionale Antwort wie Hedonismus oder Selbstwertgefühl sowie eine kognitive, die mit messbaren Werten wie Bequemlichkeit und Zeit- oder Kosteneffizienz verbunden ist.[11] Sie können den Anwendungsfall und das Storytelling eines Erlebnisses in Übereinstimmung mit dem Markenmythos definieren. Sie sollten auf jeden Fall alle bisher gemachten Annahmen testen und validieren, bevor Sie das richtige digitale Werkzeug auswählen und das virtuelle Erlebnis erstellen. Natürlich kommt der Moment der Wahrheit, wenn Sie sich die KPIs ansehen und das Konzept belegen. Im Falle eines Erfolgs machen Sie das Erlebnis für Kunden zugänglich und starten die Marketing Maschine. In einem idealen Erlebnis werden die Kunden durch ihr Engagement in den Social Media Teil dieses Prozesses und unterstützen die Reichweite zu skalieren.

[11] Batat W (2019) Das neue Luxuserlebnis: Schaffung des ultimativen Kundenerlebnisses. Springer, Wiesbaden, Standort 3188.

Zusammenfassend sind augmented Reality und virtual Realit y hilfreiche Werkzeuge, um In-Store-Erlebnisse neu zu erfinden, die nicht mehr produktgetriebene Präsentationen, sondern personalisierte, sinnliche und emotionale Erlebnisse sind. Diese Erlebnisse drücken die ganze Kreativität und Einzigartigkeit einer Marke und ihrer Kunden aus und unterscheiden sie deutlich vom Konkurrenten nebenan. Wenn sie jedoch schlecht ausgeführt werden, sind augmented und virtu al Reality nicht mehr als Gadgets. Grundsätzlich sollte das Ziel darin bestehen, über die Erstellung einer virtuellen Kopie der realen Welt hinauszugehen und eine parallele oder erweiterte Welt zu schaffen. Dort können Sie einzigartige Geschichten erstellen, die durch die verschiedenen virtuellen Erlebnisschichten koordiniert werden und so die Realität ergänzen. Ähnlich wie im Beispiel des Gucci Anwendungsfalls können Sie sich eine virtuelle Uhrenausstellung vorstellen. Über Zeitschriften, Außenwerbung, Werbung, digitale Fenster oder In-Store-Kampagnen können Sie Menschen in Ihre virtuelle Boutique einladen, indem Sie Erlebnisnuggets liefern – emotional stark genug, um auf Social Media teilbar zu sein. Letztendlich können Sie sich einen Phygital Raum in Ihre r Boutique vorstellen, um einen physischen Besuch der virtuellen Uhrenausstellung zu ermöglichen. Das ist besonders interessant in Bezug auf historische Zeitmesser, die nicht im Standard-Sortiment der Boutique erhältlich sind.

5.1.2 Wenn Pop-Up-Stores und Partnerschaften mit Museen Markenwissen aufbauen

Die Grenze zwischen Boutique und Museum ist oft fließend, wie die Grenze zwischen Luxus und Kunst. Pop-up-Stores und Kollaborationen mit Museen schaffen eine natürliche Erweiterung der Markenpräsentation im Geschäft, erfüllen den Hauptzweck, zu unterhalten und über die Marke und ihre ikonischen Artikel zu informieren. Ziel ist es, den einzelnen Interessenten und Kunden zu einem Markenexperten oder zumindest zu einem Insider der Community zu machen, der die Geschichte und Einzigartigkeit der Produkte versteht. Natürlich beziehen wir uns hier nicht nur auf Markenbewusstsein, sondern auch auf Loyalität.

Im Unterschied zu ihrer modernen Interpretation waren die ersten von Luxusmarken wie Cartier organisierten Pop-up-Stores reine offline Veranstaltungen: Im Zusammenhang mit saisonalen Highlights wie Weihnachten oder Valentinstag wurden Hunderte von persönlichen Einladungsbriefen handgeschrieben und an die Zielgruppe verschickt, um

Abb. 5.5 Pop-up-Events faszinieren mit Innovation und kreativen Erlebnissen (Bild: Fxquadro – stock.adobe.com)

Aufmerksamkeit für neue Kollektionen zu erregen. Heute faszinieren Pop-up-Events mit Innovation und ansprechenden Erlebnissen (Abb. 5.5). In der Einleitung zu diesem Kapitel haben wir den Pop-up-Store für Männer von Tiffany erwähnt. Weitere Beispiele sind der Pop-up-Store von Marc Jacobs im Jahr 2014, der Social-Media-Posts mit dem Hashtag #MJDaisyChain als virtuelle Währung für den Produktkauf akzeptierte,[12] und zwei Jahre später der vollständig personalisierte Pop-up-Store von Louis Vuitton in Markenfarben, der innerhalb von nur zwei Wochen vollständig in 3D-Technologie gedruckt wurde.[13] Im Jahr 2020 startete Louis Vuitton einen mobilen Store in einem Wohnwagen, um die COVID-19-Barrieren mit einem maximalen Personalisierung-Service zu überwinden.[14] Ganz nach dem Motto: Wenn der Prophet nicht zum Berg kommt, muss der Berg zum Propheten kommen.

---

[12] Webber J (2018) Luxuskonsum, gesehen unter einem zeitgenössischen Licht. In: Pietzcker D, Vaih-Baur C (Hrsg.) Luxus als Distinktionsstrategie: Kommunikation in der internationalen Luxus- und Modeindustrie. Springer, Wiesbaden, S. 83–94, S. 182, S. 174.

[13] Batat W (2019) Digitaler Luxus. Sage Publications, Los Angeles, S. 177.

[14] Journal Du Luxe (2020) Louis Vuitton: ein mobiler Store in einem Wohnwagen. https://journalduluxe.fr/louis-vuitton-mobile-store-us/. Zugriff am 30. November 2020.

Heute wissen wir alle, dass Online-Pop-ups mit der zunehmenden Nutzung von Mobiltelefonen zur gängigen Praxis geworden sind. Ein gutes Beispiel ist das Pop-up TmallLuxury Pavilion von Tiffany, das entwickelt wurde, um seine neue Tiffany Paper Flowers Kollektion im Jahr 2018 zu starten.[15] Seitdem haben viele andere Marken mit differenzierten Initiativen und Kampagnen nachgezogen, die zum Beispiel Plattformen wie Tmall nutzen.

Die Vorteile eines Pop-ups reichen von der Einführung neuer Kollektionen und dem Erreichen neuer Zielgruppen bis hin zur Markenbildung und dem Testen neuer Ladenkonzepte in einer Branche, die sonst keine Tests mit Kundenbeteiligung zulässt. Pop-ups eröffnen den Spielplatz für neue Erfahrungen und neue Zielgruppen, die sich gegen traditionelle Ladenformate verweigern würden. Sie sind eine Einladung zur Interaktion mit einer Marke. Darüber hinaus bieten Pop-ups im B2B-Kontext ein effektives Public-Relations-Tool, um sich mit relevanten Meinungsführern und Journalisten zu verbinden, während sie aufgrund des temporären Charakters der Bühne eine exklusive Szenerie für Produktstarts bieten.

Jenseits der Präsentation der neuesten Kollektion in geräumigen In-Store-Galerien sind spezielle Ausstellungen in Zusammenarbeit mit führenden KunstMuseen eine gängige Strategie im Luxussegment. Wir beziehen uns auf Luxusmarken, die ihre eigenen Kunststiftungen betreiben, wie die ‚Fondation Louis Vuitton pour la Création', ‚Foundation F Pinault for Modern and Contemporary Art', ‚Cartier Foundation for Contemporary Art' und ‚Prada Fondazione', sowie auf Uhrenhersteller, zum Beispiel das ‚Patek Philippe Museum'. Luxus baut auf seiner Vergangenheit und Geschichte Zeitlosigkeit auf. In Museen fühlt sich jeder wohl, da der Raum frei von Erwartungen ist und der Fokus sich darauf beschränkt Kunst in einer großartigen Umgebung zu genießen und zu schätzen. Chaumet und Boucheron demonstrieren ferner, dass private Museen, als Teil ihrer Flagship-Stores am Place Vendôme, die Herzen und Geldbörsen prestigeträchtiger Kunden öffnen können.

Während Online Pop-up-Stores nichts Neues sind, erfreuen sich virtuelle Museumsbesuche als logische Konsequenz der COVID-19 Beschränkungen immer größerer Beliebtheit. Daher haben der Louvre und das Centre Pompidou in Paris, das British Museum in London und das Museum of Fine Arts Boston neue Wege gesucht, um Kunst in die Wohnzimmer zu bringen. Sie können das British Museum auf Google Street View besuchen

---

[15] Luxury Daily (2018) Tiffany startet Paper Flowers in China über Tmall Pop-up. https://www.luxurydaily.com/tiffany-launches-paper-flowers-in-china-via-tmall-pop-up/. Zugriff am 16. August 2020.

und virtuell mehr als 60 Galerien entdecken, zusätzlich zu den Galerien auf der Website, einem Museums-Podcast und Audio-Touren auf Apple und YouTube Music.[16] Am Internationalen Museumstag hat das Museum of Fine Arts Boston mit der chinesischen Live-Streaming-Plattform Kuaishou eine vierstündige Live-Übertragung veranstaltet, in der es den Zuschauern eine Reihe von Monet-bezogenen Kulturprodukten anbot.[17] Diese Initiative unterschied sich von ähnlichen Initiativen internationaler Museen, da sie fast ausschließlich kommerziell war. Während sich frühere Museumslivestreams hauptsächlich auf Museumsführungen konzentrierten, legte das Museum of Fine Arts, Boston, den Schwerpunkt auf den Verkauf von T-Shirts und Tassen mit Monet-Motiven, Gesichtsmasken und Notizbüchern. Im Grunde genommen ging der Museumsshop online. Das inspiriert. Allerdings ist der Museumsshop nicht gleichzusetzen mit den heiligen Hallen des Museums selbst. Darüber hinaus ist das Museum nicht mehr der Ort, an dem Besucher zwangsläufig eine Kunstausstellung erwarten. Außergewöhnlich wie der Standort eines Pop-up-Stores hat die chinesische Stadt Changsha eine stark frequentierte U-Bahn-Station in ein digitales Kunstmuseum verwandelt. Das Museum zählt sechs großformatige 3D-LED-Kunstinstallationen, die den U-Bahn-Pendlerbereich in einen futuristischen Kunstraum verwandeln.[18] Basierend auf wechselnden Lichtern, Farben und Animationen kann diese Installation in Echtzeit kontinuierlich aktualisiert werden. Die 2000 Quadratmeter zwischen den Linien 2 und 4 verwandeln sich in ein immersives Universum mit einem starken Sinn für Fashion und Technologie. In dieser U-Bahn-Station wird Kunst für jeden zugänglich.

Kunst hat immer Luxus inspiriert. Daher können diese Beispiele neue Wege aufzeigen, um neue Zielgruppen zu erreichen. Die enge Verbindung zwischen Luxus und Kunst ist bekannt. Beide beanspruchen Einzigartigkeit – das ultimative Maß an Knappheit. Allerdings ist diese Knappheit im Luxus oft eine künstlich geschaffene – besonders in unserer Zeit der Luxusdemokratisierung. Kurz gesagt, Kunst ist Luxus in seiner besten Form. Noch mehr, Kunst kann Geschichten erzählen, wo Worte allein zu scheitern drohen.

[16] British Museum (2020) Wie man das British Museum von zu Hause aus erkundet. https://blog.britishmuseum.org/how-to-explore-the-british-museum-from-home/. Zugriff am 27. März 2020.

[17] Whiddington R (2021) Zeig mir das Monet: MFA Boston debütiert Livestreaming auf Kuaishou. https://jingculturecommerce.com/mfa-boston-kuaishou-international-museum-day-livestream/. Zugriff am 6. Juni 2021.

[18] Zhiwei F, Caixiong Z (2021) Changsha U-Bahn Digital Art Museum wird neues Top-Ziel. http://www.chinadaily.com.cn/a/202104/30/WS608b75f8a31024ad0babb87e.html. Zugriff am 6. Juni 2021.

5.1.3 Social Media und Gamification spielen eine wesentliche Rolle bei Unterhaltung und Inspiration

Es gibt neue Wege, um mit den jüngeren Generationen in Verbindung zu treten und Gaming wird ein entscheidender sein. Daran besteht kein Zweifel. (…) Es wäre verrückt, nicht darüber nachzudenken.

– François-Henry Bennahmias CEO bei Audemars Piguet, Interview durchgeführt von den Autoren

Wie in Abschn. 3.2 in Kap. 3 dargestellt, fungiert das Smartphone in unserer Tasche als Abkürzung zu diesem ultimativen Gefühl der Zugehörigkeit zu einer Gemeinschaft. Social Media sind der Ort, an dem wir leicht verdauliche Inhalte finden, die oft unterhaltsam und inspirierend sind, während die Magie in der dahinterliegenden Psychologie verwurzelt ist: Menschen lieben positives Feedback und Belohnungen. Social Media-Gemeinschaften bieten diese in Form von Likes, Kommentaren und Tweets, die uns genug Motivation geben, unser nächstes Selfie mit der Welt zu teilen. Dies erklärt die emotionale Sucht nach sozialen Netzwerken, die sich ständig weiterentwickelt und die Marken strategisch nutzen, um ihre Beziehung zu ihrenFollowern zu stärken. Spiele und Gamification, clever positioniert in sozialen Netzwerken, um die Reichweite zu erweitern, schaffen diese gewünschten Momente von Adrenalin.

Zum Beispiel ist Louis Vuitton im Jahr 2019 eine Partnerschaft mit Riot Games für die ‚League of Legends Championship' in Paris eingegangen. Für dieses Event hat der künstlerische Leiter Nicolas Ghesquière digitale Assets entworfen, wie neue Skins für das eSport Highlight, einschließlich einer Bekleidungskapselkollektion. Diese Nachricht verbreitete sich zuerst über Social Media und lenkte im zweiten Schritt die Aufmerksamkeit auf das Spiel selbst.

Als Hommage an das reiterliche Erbe der Marke hat Hermès eine mobile Gaming-Anwendung namens ‚H-pitchhh' gestartet, bei der die Nutzer virtuell ein Hufeisen auf ein Ziel werfen.[19] Alle Illustrationen wurden im einzigartigen Hermès-Look and Feel erstellt, und je mehr Credits verdient werden, desto mehr virtuelle Welten werden für den Nutzer freigeschaltet.

[19] Bezamat B (2018) Hermès startet mobiles Spiel als Teil der ganzjährigen Feier des Spiels. https://thecurrentdaily.com/2018/03/28/hermes-mobile-game-play/. Zugriff am 28. März 2020.

Was diese Spiele gemeinsam haben, ist, dass sie den Nutzer in Form eines Avatars in ein Narrativ einbetten. Der Nutzer wird befähigt, mit der Gemeinschaft in einer 3D Umgebung zu kommunizieren und zu interagieren. Belohnungen und Ränge ermutigen den Nutzer, sich mit fiktiven Währungen auseinanderzusetzen und ihn oder sie dazu zu motivieren, gegen den künstlichen Druck, der durch Zeitlimits erzeugt wird, zu konkurrieren und zu spielen. Diese Zeitlimits verstärken den unfreiwilligen Aspekt von Spielen und führen den Protagonisten Schritt für Schritt durch das Erlebnis.

Jenseits von Storytelling und dem Spielen mit Markenikonen ist es eine bewährte Praxis, Anprobe-Erfahrungen als nahtlosen Übergang zur Engagement-Phase anzubieten. Das ‚Sims Social'-Spiel wurde als Facebook-Videospiel-Erweiterung erstellt. Als Kopie des echten Lebens lädt das Spiel seine Spieler ein, virtuelle Produkte von Marken wie Moschino, Samsung und Toyota auszuprobieren. Das besondere Highlight in dieser Erfahrung ist, dass der Avatar selbst die Anprobe durchführt. Wie in der realen Welt probiert der Avatar Mode, Accessoires, Uhren und Schmuck an und bezahlt in virtuellen oder realen Währungen. Dieses Verfahren dient als spielerische und mentale Vorbereitung, bevor der Kunde in der realen Welt mit einem Produkt interagiert. Allerdings löst allein der digitale Besitz bereits starke Emotionen aus, und es ist nicht garantiert, dass ein physischer Besitzwunsch des Produkts eine automatische Konsequenz aus der virtuellen Erfahrung ist. Vielmehr fungiert das Spiel als Berührungspunkt, um die Markenwahrnehmung mit Werten aufzuladen.

Ähnlich, aber doch anders, ist eine neue Art von sozialem Netzwerk, das wir mit dem Aufstieg von Plattformen wie ‚IMVU' sehen. IMVU hat sieben Millionen aktive Nutzer pro Monat, hauptsächlich Frauen im Alter von 18 bis 24 Jahren. Als Online-Metaverse wuchs die soziale Plattform während der Pandemie um 44 %.[20] Nutzer chatten, vernetzen sich, gestalten ihre persönlichen Avatare in 3D und kleiden sie in Designs, die von anderen Plattformnutzern entworfen und mit echten Währungen bezahlten Credits gekauft wird. Die IMVU-Plattform arbeitet mit einem offenen Preisgestaltungsmodell. Die mehr als 200.000 Designer legen ihre eigenen Preise für die 50 Millionen digitalen Kreationen fest, die sie zur Inspiration und zum Verkauf erstellt haben. Die Plattform nutzt auch Plattformen wie OpenSea für NFTs und hat ihre eigene Kryptowährung ‚VCOIN'

[20] Phelps N (2021) Die erste Modenschau des Metaverse ist hier – Schauen Sie sich Collina Strada, Bruce Glen, My Mum Made It und Mowalolas IMVU-Debüt an. https://www.vogue.com/article/imvu-virtual-fashion-show-announcement. Zugriff am 5. Juni 2021.

Abb. 5.6 Spiele und spielerische Erfahrungen erfreuen sich wachsender Beliebtheit, insbesondere bei jüngeren Generationen (Bild: Gorodenkoff – stock.adobe.com)

erfunden, die auf der Plattform umgetauscht werden kann, um Designern zu ermöglichen, mit ihren digitalen Kreationen echtes Geld zu verdienen. Darüber hinaus organisieren Nutzer ihre eigenen Modenschauen auf IMVU und gründen virtuelle Modelagenturen. In Zusammenarbeit mit Modemarken hat die Plattform ihre erste Avatar-Modenschau veröffentlicht und die Session auf YouTube gestreamt. Dieses Beispiel zeigt, wie Avatare und virtuelle Produkte zu einem normalen Teil eines farbenfrohen phygitalen Lebens werden. Ein weiteres Beispiel ist der Verkauf der digitalen Version einer Gucci Dionysus Tasche mit Biene auf dem Roblox-Marktplatz für über 4100 US-Dollar, was den Preis der physischen Tasche von rund 3400 US-Dollar übersteigt.[21] Diese Geschichte ist bemerkenswert, da wir nur von einer digitalen Kopie sprechen. Es handelt sich nicht um ein NFT und ist daher nicht außerhalb der Roblox-Plattform übertragbar, was zu einer zusätzlichen Exklusivität für den Besitz der digitalen Version führt.

Zusammenfassend lässt sich sagen, dass Spiele und spielerische Erfahrungen, insbesondere bei Mitgliedern der Generation Y und Z, die mit digitalen Spielen aufgewachsen sind (Abb. 5.6), immer beliebter werden. Sie haben gelernt, wie man durch sie interagiert. Darüber hinaus ermög-

[21] Williams Gemma A. (2021) Wird Guccis digitale Tasche den Luxusmarkt durcheinanderbringen? https://jingdaily.com/gucci-roblox-dionysus-digital-fashion/. Zugriff am 31. Mai 2021.

licht die Verschmelzung mit Social Media die virale Kraft von Spielen und spielerischen Erfahrungen zu skalieren. Der enorme Erfolg dieses Ansatzes wird offensichtlich, wenn wir an E-Sport-Spiele wie ‚Pokémon Go' und ‚Fortnite' denken.

Eine Marke muss ein einziges und klares strategisches Ziel vor Augen haben, wenn sie ein Spiel oder ein Gamification-Konzept anwendet. Das gilt sowohl für markeneigene Anwendungen und Erfahrungen als auch für Kooperationen innerhalb der professionellen Gaming-Industrie. Der Nutzer hat immer ein berechtigtes Interesse daran, den Nutzen schnell und einfach zu verstehen. Die Vermischung von Unterhaltung mit Markenwissen und Verkauf kann für eine Marke riskant und für den Nutzer kontraproduktiv sein, wenn sie nicht mit großer Perfektion und Erfahrung umgesetzt wird. Daher ist die Nummer eins der Empfehlungen, das Konzept einfach und den Inhalt reichhaltig zu gestalten, um ein ausgewogenes Verhältnis zwischen Kundenerfahrung und Belohnung zu gewährleisten. Das ist der direkte Weg, um Menschen zu inspirieren und in ihrem Gedächtnis zu bleiben.

5.1.4 Online-Werbung fungiert als Türöffner für Websites und Online-Shops

Das Werben zu stoppen, um Geld zu sparen, ist wie das Anhalten Ihrer Uhr, um Zeit zu sparen.
–Henry Ford, Gründer der Ford Motor Company

Wir haben erwähnt, dass die Awareness-Phase darum geht, potenzielle Kunden in den Laden zu bringen und eine angemessene Begrüßungszeremonie zu bieten, um sie dazu zu ermutigen, zu verweilen. Menschen kommen in Kontakt mit der Markenwerbung über klassische Zeitschriften, exklusive Veranstaltungen, Außenwerbung, Social Media, Suchmaschinenwerbung (SEA) und Suchergebnisse als Folge der Suchmaschinenoptimierung (SEO).

Die Werbung für Schmuck und Uhren zielt auf das Herz und das Gehirn der Kunden ab, aber in der Regel ist die Suche nach Luxus emotional und markengetrieben und nicht auf die funktionalen Werte ausgerichtet. Sicherlich suchen die Menschen nach ‚Verlobungsringen', aber ein Blick auf Google Trends zeigt uns, dass eine gute Anzahl von Suchen sofort eine Marke in Kombination mit dem Produktnamen oder der Kollektionsbezeichnung anvisiert, wie zum Beispiel ‚Ring von Cartier', mit der Absicht, die Markenwebsite direkt zu besuchen.[22] Das bezeichnen wir als direkten Traffic.

Jedoch sind SEA und SEO auch im Luxussegment notwendig, um den Ruf einer Marke in Zeiten von Fälschungen zu schützen und sich gegen die Konkurrenz von anderen Marken und dem Multi-Brand-Store, der nur einen Mausklick entfernt ist, abzuheben. Es liegt im natürlichen Interesse einer Marke, dass ihre offizielle Markenwebsite an der Spitze der markenbezogenen Suchergebnisse bleibt, ganz gleich ob bezahlt oder organisch erfasst.

Bezahlte Werbung auf Partnerwebsites oder im Rahmen von Remarketing-Kampagnen muss sorgfältig überwacht werden. Eines Tages haben Sie dieses atemberaubende Bild von Audemars Piguet's ‚Grande Sonnerie' gesehen und sich sofort in sie verliebt. Beim nächsten Mal, wenn Sie nach Audemars Piguet's ‚Grande Sonnerie' suchen, finden Sie die Remarketing-Kampagne, die Sie durch das Web verfolgt. Das ist in Ordnung, solange kontextuelle Hinweise, wie das Logo, der Claim und die Farben, konsequent verwendet werden, um Ihre persönliche Erinnerung zu wecken. Außerdem sollte eine Anzeige niemals aufgrund ihres Platzierungsortes in einem moralischen Widerspruch erscheinen, zum Beispiel eine provokative Luxusanzeige neben einer Anzeige für die Welthungerhilfe, so dass Ausschluss- und Einschlusslisten aktiv verwaltet werden müssen. Sie verhindern, dass ein Markenname in einem irreführenden Kontext erscheint und vermeiden, dass Konkurrenten auf markeneigene Keywords bieten. Das bedeutet, dass die Marke bei Google Ads registriert werden muss, um sicherzustellen, dass andere nicht auf den Markennamen, seine Kollektionen und seine ikonischen Produktnamen bieten können.

Am Ende ist SEO nur eine andere Art von bezahlter Sichtbarkeit. Wir denken zuerst an Google, aber das ist regionsabhängig, und je nach Zielgeographie sollten wir Bing, Yahoo, Baidu oder Yandex nicht vergessen. Unabhängig von der verwendeten Suchmaschine gibt es verschiedene Möglichkeiten, die SEO-Ränge künstlich zu erhöhen – immer unter Berücksichtigung, dass jede Suchmaschine ihren eigenen Algorithmus hat, um die angezeigten Ergebnisse zu bewerten. Im wahrsten Sinne des Wortes hat das ‚Oben sein' immer einen Preis. Im Gegenzug ist die freie Suche gefährdet, da die Markensichtbarkeit von Algorithmen abhängt. Diese Algorithmen verbessern sich ständig, um den echten Nutzen für den Web-

[22] Google Trends (2021) ‚Verlobungsring' versus ‚Cartier Ring' in den letzten 12 Monaten. https://trends.google.de/trends/explore%3Fq=engagement%2520ring,cartier%2520ring. Zugriff am 14. März 2021.

site-Besucher von einem simulierten zu unterscheiden. Am Ende des Tages gibt es keinen Ersatz für echten Mehrwert und Benutzerfreundlichkeit. In Bezug auf SEO sind Experten-Blogs und Online-Enzyklopädien, die häufig gestellte Fragen zu Schmuck, Uhren, Edelsteinen und Diamanten beantworten, eine intelligente Möglichkeit, den organischen Suchanteil nachhaltig zu erhöhen, vorausgesetzt, der Inhalt ist einzigartig und für den Besucher relevant. Starten Sie eine Suche nach den 4 Cs der Diamanten und finden Sie Tiffany's ‚The Guide to Diamonds'.

Darüber hinaus zählen Empfehlungslinks von Affiliate-Partnern oder Social Media dazu, potenzielle Kunden in das Markenuniversum einzuladen. Social Media schaffen eine einladende und sozialere Variante einer Suchmaschine. Wie viele Menschen gehen direkt zu Pinterest und Instagram, um nach Inspiration zu suchen, anstatt sich Google Bilder anzusehen? Marken wie A. Lange & Söhne schaffen es, ihre Nutzer auf WeChat dazu zu verleiten, ihre Kontaktdaten zu hinterlassen, damit sie die neuesten Markennachrichten erhalten können. Ähnlich positioniert Swarovski Call to Actions in seiner Willkommensreise und leitet Nutzer zu seinem Loyalists-Programm und Store Locator weiter.

Sobald eine Person einen Online-Shop betreten hat, ist der erste Eindruck entscheidend, um ihre Aufmerksamkeit zu sichern. Hat die Landing Page ein luxuriöses Aussehen? Erfüllt sie die Bedürfnisse des Kunden? Eine inspirierende Kampagnen-Mikroseite wird nicht erwartet, wenn nach Produktdetails und der Verfügbarkeit eines bestimmten Artikels gesucht wird. Eine Produktdetailseite ist nicht erforderlich, wenn man eine Kategorieseite sucht, um sich von verschiedenen Kollektionen inspirieren zu lassen. Der angezeigte Inhalt muss auf das in der Werbung oder SEO Seitentitel gegebene Markenversprechen verweisen, um die Fragen nach dem Was und Warum zu beantworten und zu verhindern, dass der Nutzer die Seite aufgrund irrelevanter Informationen verlässt.

Von der Seitenzugänglichkeit über Geräte und Browser hinweg über intuitive Navigation bis hin zu Layout und Inhalts-Konsistenz, ist die Benutzerfreundlichkeit entscheidend für die Darstellung der Website. Jenseits des Erwarteten sucht unser Gehirn immer nach der Unterscheidung, um unsere Aufmerksamkeit zu erregen; dies ist auch als der Von Restorff-Effekt bekannt.[23] Der Auslöser ist eine außergewöhnliche Wortwahl, ein überraschender Call to Action oder ein interaktives Element, das direkt

[23] Spreer P (2018) PsyConversion: 101 Verhaltensmuster für eine bessere User Experience und höhere Conversion-Rate im E-Commerce. Springer, Wiesbaden, S. 208.

nach dem Laden der Seite erscheint. Im Falle, dass bestimmte Bereiche der Webseite besondere Aufmerksamkeit erregen sollen, hilft eine pfeilähnliche Anordnung von Inhalten oder die Blickrichtung der abgebildeten Personen, den gewünschten Zweck zu erreichen. Dieser Effekt reduziert folglich die Absprungraten. Mit anderen Worten, die Show kann beginnen.

Zusammenfassend macht es keinen Unterschied, ob Kunden offline oder online sind. Die Regeln der Sichtbarkeit sind festgelegt und die Grenzen des Möglichen werden durch Plattformen definiert: Suchmaschinen, Social Media Netzwerke und Werbungs portale. Solange Sie keinen viralen Superhit landen, zahlen Sie, um an der Spitze zu sein. Das ist kein schlechter Deal in Zeiten chronischer Informationsüberlastung und allgegenwärtiger Ablenkung.

5.2 Inspire Engagement, um für Kaufentscheidungen relevant zu sein

Stellen Sie sich vor, Sie folgen Chopard aktiv auf Instagram und liken und kommentieren regelmäßig, was Sie sehen. Seit der Einführung der Instagram Shopping Erweiterung öffnen Sie auch die getaggten Artikel in den Bildern, um ihre Preise zu sehen und über die verlinkten Detailseiten vollständige Produktinformationen abzurufen. Ihr Begleiter bittet Sie, auf die Audemars Piguet Website zu gehen und den Store Locator zu öffnen, um seine ‚Wo kaufen'-Neugier zu befriedigen. Alternativ stimmt Ihre Mutter zu, monatlich und ausschließlich per E-Mail von ihrer Lieblingsmarke über Markennews und Events kontaktiert zu werden. Beim Öffnen ihres personalisierten Newsletters erhält sie eine Einladung von ihrem Verkaufsberater zu einer Vorschau der neuen Kollektion. Es liegt an ihr, zwischen einer Veranstaltung im Geschäft und einem virtual Reality-Event zu wählen. In der Boutique angekommen, wird sie eingeladen, ausgewählte Stücke der neuen Kollektion anzusehen. Als besonderes Extra nutzt sie die Gelegenheit, historische Schmuckkreationen mit einem digitalen Spiegel anzuprobieren. Schließlich ermöglicht Bulgari Kunden, durch seine nur auf Einladung zugängliche App, die Barocko Kollektion virtuell anzuprobieren.

Sobald die Menschen das Markenuniversum betreten haben und sie wissen, wer Sie sind und umgekehrt, gehen sie zur Engagement-Phase über, in der die Marke sie überzeugen und ihre letzten verbleibenden Zweifel ausräumen wird. Das ultimative Ziel dieser Phase ist es, nahtlos in eine Verkaufszeremonie überzuleiten. Die Kunst im Luxus besteht darin, in diesem Schritt Druck zu vermeiden und dem Einzelnen die notwendige Zeit, Raum und Freiheit zu geben, sich emotional auf den Traum und das Verlangen nach einem bestimmten Kunstwerk zu konzentrieren. Das Ziel hinter Produkt- und Markenengagement besteht darin, den Traum von vollständigem oder zumindest temporärem Besitz greifbar zu machen, auch wenn dies bedeutet, dass einige Menschen ihre lebenslangen Ersparnisse benötigen, um sich die gewünschte Kreation zu leisten.

5.2.1 In-Store-Innovation ist eine Einladung zur Interaktion mit Marke und Produkt

Monsieur Cartier und Mademoiselle Chanel erinnerten sich, mit wem sie gesprochen hatten und wer ihre neuesten Kreationen anprobiert hatte. Sie bemerkten, wenn bestimmte Personen zweimal nach demselben Kreationen fragten. Sie verbanden die Informationspunkte, was zu den richtigen Worten zum richtigen Zeitpunkt führte. Die Gründer schufen eine Möglichkeit zu überraschen, weil sie die Vorlieben ihrer Kunden verinnerlicht hatten und von Innovation im Produktdesign angetrieben wurden.

Heutzutage erweitern wir dieses Verständnis in Richtung Innovation im Erlebnisdesign. Das Bedürfnis, den Kunden zu überraschen, wird durch Pop-up-Store-Erlebnisse angegangen, aber auch zunehmend durch Flagship- und klassische Geschäfte, die als Pop-in-Stores bekannt sind. Diese Geschäfte fordern Flexibilität und Offenheit für häufige und skalierbare Innovationen. Sie sind eine Einladung für Kunden, sich in Phygital und immersive Produktinteraktion zu engagieren. Das traditionelle Geschäftserlebnis wird in einen Omni-Channel Kontext eingebettet, indem digitale Technologien wie Streaming und Broadcasting, Smart Screens, Radiofrequenzidentifikation (RFID), QR Codes, iBeacon und GPS integriert werden, um neue Erlebnisse zu realisieren.

Streaming, Broadcasting und Co-Browsing

Cross-Channel-Events erscheinen als eine dieser Erfahrungen. Denken Sie nur an einen virtuellen Boutiquebesuch, bei dem der Kunde einen Skype, Zoom, FaceTime oder Samesurf Co-Browsing-Termin mit seinem persönlichen Verkaufsberater bucht, der via Videoübertragung durch ein 360-Grad-Erlebnis leitet. Der Kunde folgt in Echtzeit einer geführten Tour durch die Boutique und ihre Produktkreationen. Hochauflösende

Kameras, Videos und digitale Zwillinge visualisieren, was sonst nur im physischen Geschäft erlebbar wäre. Am Beispiel des Uhrmachers Hublot wählt der Kunde im Voraus die drei interessantesten Zeitmesser aus, und der Verkaufsberater bereitet das gesamte relevante Material für die virtuelle Zeremonie vor. Cartier bietet einen ähnlichen Service an, präsentiert die Stücke auf echten Modellen und bezieht Expertengespräche ein,[24] um mit VIP-Kunden in Kontakt zu treten. Die Marke hat sich mit der Kreativagentur Prodject zusammengetan, um ein einzigartiges Erlebnis zu schaffen, indem sie Filmemachen und Kunst Performance mit Marketing verbindet. Nichts wurde dem Zufall überlassen: Um das Catering-Erlebnis nachzubilden, erhielten die Gäste im Voraus eine Geschenkbox, um das Erlebnis mit Champagner, Kaviar und Schokolade zu kombinieren.[25] Offensichtlich sind diese hochwertigen Erlebnisse für VIPs konzipiert. Zurück zur Verkaufszeremonie im großen Stil: Marken wie Piaget und IWC haben begonnen, virtuelle Ladenbesuche mit Verkaufsmitarbeitern anzubieten. Für eine Einzelberatung bieten Plattformen wie Hero, Beehivr, Inspify, Lode und Bambuser Lösungen an, obwohl letztere auch in einem One-to-many-Streaming-Kontext anwendbar ist. In diesem Fall wird das Streaming-Fenster direkt in eine Markenwebsite eingebettet, um qualifizierte Leads in einer markeneigenen und markenkontrollierten Umgebung zu generieren. Im Gegensatz dazu profitieren Streams, die auf Drittanbieterplattformen wie Tmall und JD gehostet werden, mehr vom Zugang zu einer breiten Plattformnutzerbasis. Darüber hinaus bietet Accenture eine virtuelle Showcase-Plattform mit E-Commerce, CRM und Analyseintegration, die die Kundenbindung in einem One-to-one- und One-to-many-Setup freischaltet (Abb. 5.7).[26]

Smart Screens

Ob im Geschäft oder durch ein Fenster, digitale Wände, Spiegel, Tische und Tablets können genutzt werden, um spielerisch Markenwissen zu teilen. Es

---

[24] Guiltbault L (2020) Der Schmuckverkauf ist rückläufig. Es ist immer noch eine gute Wette. https://www.voguebusiness.com/companies/jewellery-spending-is-down-its-still-a-good-bet. Zugriff am 3. Juli 2020.

[25] Binkley C (2021) Private Übertragungen sind die neue Geheimwaffe von Luxusmarken. https://www.voguebusiness.com/companies/private-broadcasts-are-luxury-brands-new-secret-weapon. Zugriff am 17. März 2021.

[26] Accenture (2021) Virtuelles Schaufenster von Accenture. https://www.youtube.com/watch%3Fv=JZPcSg-9Swc. Zugriff am 18. März 2021.

Abb. 5.7 Virtuelle Showcase-Plattform, Accenture, 2021. (Gedruckt mit Genehmigung von Accenture)

gibt eine riesige Vielfalt an intelligenten Touchscreen-Formaten. Im Kontext von Schmuck und Uhren bieten Edelsteinkunde, Uhrmacherexpertise, Stilberater, Markenursprung, historische Kreationen, königliche Kunden, ikonische Kreationen oder Nachhaltigkeit Einblicke, die Inspiration bieten, um ein starkes Narrativ um die Einzigartigkeit der Marke zu bauen, eingebettet in Spiel, Quiz oder Wettbewerb. Der Engagement-Effekt beschleunigt sich mit Bewegungssteuerungs-Add-ons wie dem ‚Leap Motion Controller' von Ultraleap, der vorbei-gehenden Passanten ermöglicht, durch Handgesten mit dem Bildschirm zu interagieren, sowie dem Engagement-Faktor, der natürlich auch Awareness schafft.

Zum Beispiel erleichtern intelligente Spiegel das Durchsuchen von Katalogen und ermögkichen das virtuelle Anprobieren von Kreationen, die derzeit nicht im Bestand sind; diese Innovationen werden zum Beispiel von Prada, Rebecca Minkoff, Ralph Lauren, Helzberg Diamonds und dem chinesischen High-End-Schmuckhändler Chow Sang Sang angeboten. Sogar das Anprobieren mehrerer Stücke gleichzeitig wurde von der Schmuckmarke Djula angeboten.[27] Die Marken arbeiten mit vernetzten Umkleide-

[27] Jiayun K (2020) Holographische Installation stellt Schmuck ins Bild. https://www.shine.cn/biz/event/2011079313/. Zugriff am 7. November 2020.

kabinen, einschließlich einem intelligenten Spiegel.[28] Dank des an jedem Produkt angebrachten RFID Chips erkennt der Spiegel die Artikel, die in die Umkleidekabine gebracht werden. Darüber hinaus können zusätzliche Produktdetails, Varianten und Größen in verschiedenen Sprachen basierend auf den individuellen Kundenpräferenzen angezeigt werden. Die Lichtstimmung in der Umkleidekabine simuliert verschiedene Einstellungen zwischen Morgen und Abend. Darüber hinaus werden all die Kundenvorlieben vom intelligenten Spiegel erfasst – kombiniert mit Daten über die Länge der Sitzung oder die Konversionsrate. Diese Daten ermöglichen es Geschäftsanalysten, wertvolle Erkenntnisse zu sammeln und bessere Entscheidungen zur weiteren Personalisierung der Interaktion zu treffen. Die Anzeige des Namens des Benutzers, um den Besucher auf persönlichere Weise zu begrüßen, gibt jedem Anprobe-Erlebnis einen positiven Eingangspunkt.

Darüber hinaus können social Media Integrationen digitale Spiegel, Wände oder Tische erweitern. Die Helzberg Virtual Ring Experience verwendet beispielsweise Bewegungssensoren, um Ringe auf der Hand eines Benutzers aus verschiedenen Winkeln darzustellen und erlaubt es, dabei Bilder zu machen. Diese Bilder können sofort über social Media oder E-Mail geteilt werden.

Im Allgemeinen sollten weder intelligente Spiegel noch digitale Wände als Selbstbedienungstool fungieren, sondern sollten immer in die In-Store-Zeremonie und Kommunikation mit dem Verkaufsmitarbeiter eingebettet sein. Der Verkaufsmitarbeiter führt den Kunden durch das Erlebnis und hilft, wenn eine andere Farbe, Größe oder Materialvariante gewünscht wird. Er oder sie stellt die persönliche Verbindung sicher und mindert das Risiko, dass der Kunde durch technische Einschränkungen eingeschränkt wird. Ein Kunde sollte sich in dieser Erfahrung nie alleine fühlen, solange er oder sie nicht darum gebeten hat.

QR Codes

Mit Unterstützung eines Smartphones fungieren QR Codes als Abkürzung zwischen Marke, Produkt und Kunde. Ein Scan genügt, um den Kunden mit Produktdetails zu verbinden oder die Nutzung digitaler Garantiekarten zu fördern. Die relevanten QR-Codes werden beispielsweise auf den Garantiekarten gedruckt oder verfolgen einen rein digitalen Ansatz. Marken

[28] Daugherty P, Wilson H (2018) Mensch + Maschine: Arbeit im Zeitalter der KI neu denken. Harvard Business Review, Boston.

positionieren auch QR-Codes in Geschäften, um Beziehungen herzustellen, indem sie den Verkaufsmitarbeiter und den Kunden auf Social Media Plattformen wie WeChat verbinden, um qualifizierte Follower zu schaffen. QR-Codes werden auf Produktschilder gedruckt und kostenlos an potenzielle Kunden ausgegeben, die ein erhebliches Interesse an einer bestimmten Kreation zeigen. Die QR-Technologie selbst erfordert keine zusätzlichen Marketing Investitionen, aber natürlich ist die klare Vision der Customer Journey der Schlüssel zur angemessenen Schulung der Verkaufsmitarbeiter. Im besten Fall führen die QR-Codes im Geschäft den Traffic zur Website und die Website generiert Umsatz für die Geschäfte. Es sollte auch nicht vergessen werden, dass QR-Codes, die in einem physischen Schaufenster positioniert sind, den Traffic rund um die Uhr auf die Website umleiten können, unabhängig von den klassischen Öffnungszeiten eines physischen Geschäfts.

iBeacon und GPS

Apple hat iBeacon als Positionierungstechnologie eingeführt. Es bezieht sich auf einen Protokollstandard für Bluetooth Low-Energy-Sensing basierend auf einer eindeutigen Kennung. Es ermöglicht Geräten, im Geschäft oder in der Nähe lokalisiert zu werden, vorausgesetzt, die notwendige Anwendung wurde im Voraus auf dem Gerät installiert. Mit seiner Installation stimmt der Benutzer den Allgemeinen Geschäftsbedingungen zu und gibt die gesetzlich erforderliche Zustimmung, über die mobile Anwendung kontaktiert zu werden. Einmal bestätigt, ermöglicht iBeacon das Überwachen der Bewegungspfade des Kunden und das Auslösen von Push-Benachrichtigungen oder Social Media Aktionen basierend auf dem Standort des mobilen Geräts, was eine interessante Möglichkeit ist, dem Kunden VIP-Services anzubieten. Der Benutzer muss nur nahe genug an einen iBeacon-Sender herankommen, und ein Signal wird an das Benutzergerät gesendet. Alle Benutzerdaten, wie Indoor-Positionierung und Produktinteraktion, werden auf der mobilen Anwendung und nicht auf dem iBeacon-Sender gespeichert, was dem Benutzer weitere Datensicherheit bietet. Erweiterungen zum mobilen Marketing, Handel und kontaktlose Zahlung über Apple Pay sind möglich. Im Gegensatz zur GPS Verfolgung ist der iBeacon-Gerätestandort genauer und weniger energieintensiv.

Kurz gesagt, Technologien eröffnen neue Erfahrungen, wie Cross-Channel-Events, interaktives Lernen, virtuelles Anprobieren und VIP-Services im Geschäft. Darüber hinaus gibt das Tracking des Kundenverhaltens und der Nutzerpfade Einblicke in das optimale Ladenlayout und die ideale Produktplatzierung. Es geht jedoch nie um High-Tech; es geht rein um die Gewährleistung von High-Touch.

5.2.2 Die Webmosphäre und relevante Online-Funktionen treiben Aktionen an

E-Commerce ist der am schnellsten wachsende Kanal in der Luxusindustrie, aber es ist nicht nur ein Kanal zusätzlich zu den bestehenden (Großhandel, Einzelhandel, Reiseeinzelhandel). Es ist nicht mehr das Sahnehäubchen auf dem Kuchen, sondern wird zum Kuchen, insbesondere wenn es um die Nettoergebnisse und das Eigenkapital geht.

–Antonio Carriero, Chief Digital und Technology Officer von Breitling, Interview durchgeführt von den Autoren

Fast jede zweite Offline-Kaufaktion wurde durch Online Engagement vorbereitet,[29] auch als ROPO Effekt bekannt: online recherchieren, offline kaufen (purchase). Das verdeutlicht die Bedeutung der Online-Präsenz und der Markenwebsite als erste Adresse im Web. Es besteht kein Zweifel daran, dass die visuelle Ästhetik von Luxus-Websites markenkonsistent erscheinen muss. Die Liebe zum Detail und die Produktexzellenz müssen über alle Kanäle hinweg omni-präsent sein. Neben einer luxuriösen Webmosphäre und dem Wissen über Verhaltensmuster, müssen im omni-personal Sinne Interaktion und Erfahrung auf der Markenwebsite und in ihrem jeweiligen Online-Shop integriert werden.

Responsive AI Web Design

Ihr Shop erinnert sich an Sie. Beim letzten Mal haben Sie im Online Shop nach Goldringen in Rosé gesucht. Beim erneuten Öffnen des Storefronts begrüßen Sie Roségoldringe. Mit Responsive AI Webdesign passen sich die Inhaltsblöcke und das Layout einer Website oder eines Storefronts dynamisch in Echtzeit an. Der Knackpunkt beim AI Webdesign ist, dass der Kunde bereits über Cookies oder Login bekannt sein muss, um namentlich begrüßt zu werden. Die Schmuckmarke Chaumet zum Beispiel, bindet

[29] Sigmund R, Thomas-Dingemann T (2018) Die Bedeutung des Lieferanten für den Erfolg der Omnichannel-Händler am Beispiel des selektiven Kosmetikmarktes in Deutschland. In: Böckenholt I, Mehn A (Hrsg) Konzepte und Strategien für Omnichannel-Exzellenz: Innovatives Retail-Marketing mit mehrdimensionalen Vertriebs- und Kommunikationskanälen. Springer, Wiesbaden, Locations 3143–3575.

den Kundennamen elegant in ihre ‚Inimitable Joséphine' Mikroseite ein, den virtuellen Besuch des 12 Vendôme Hotel Particulier. Beim Betreten der Experience fragt die Marke die Besucher nach ihrem Namen, der sich gemerkt und später in der digitalen Zeremonie angezeigt wird.[30]

Im Allgemeinen werden Präferenzen, die auf der Grundlage von Kunden-Wunschlisten, Verkaufshistorie, mobiler Anwendungsnutzung und anderen Informationen identifiziert wurden, verwendet, um Kunden über Tools wie ein CDP zu segmentieren und den angezeigten Inhalt zu personalisieren. Mood Boards zielen darauf ab, den individuellen Stil und die Kollektionspräferenzen widerzuspiegeln.

Eine Dame, die in die ‚Secret' Kollektion von Harry Winston verliebt ist, wird es zu schätzen wissen, die neueste Interpretation der ‚Secret' Ohrringe auf ihrer personalisierten Landing Page zu sehen, aber wahrscheinlich nur so lange, wie die Kreation auf ihrer Wunschliste steht und sie das gewünschte Stück noch nicht besitzt. Wenn sie die Ohrringe einmal gekauft hat, ist sie wahrscheinlich mehr daran interessiert. Falls ihr Begleiter die Ohrringe als Geschenk für sie gekauft hat, ist dies nur relevant, wenn sie oder er diese Information mit der Marke geteilt hat. Treueprogramme und digitale Pässe sind eine Möglichkeit, die mit Geschenkkäufen verbundenen Eigentums-Komplexitäten zu verfolgen. Andernfalls riskiert die Marke, einen Artikel zu bewerben, der bereits erfolgreich verkauft wurde, und das bedeutet verpasstes Potenzial. Dieses Beispiel soll die Bedeutung der richtigen Filtereinstellungen im AI Webdesign und die Berücksichtigung der geteilten Kundendaten für die laufende Optimierung hervorheben. Vor Ihrem Kunden sollten Sie auf dem neuesten Stand sein und die gemeinsame Verkaufs- und Wunschlistengeschichte kennen.

Website-Funktionen

Bestimmte Funktionen werden auf einer Luxus-Website erwartet, um die Online- und Offline-Umgebungen zu einem nahtlosen Erlebnis zu verschmelzen. Die Suche nach Kollektionen, ikonischen Produkten, Geschäftsstandorten und Markenwerten sollte in jedem Fall schnell sein. Als erweiterte Funktion kann ein visuelles Suchwerkzeug, wie das von Forevermark (Abb. 5.8), die Reise bereichern. Darüber hinaus müssen Produktdetailseiten umfassende Produktinformationen liefern, einschließlich reichhaltiger Inhalte wie hochauflösende Bilder, Videos und 360-Grad-Ansichten. Darüber hinaus

[30] Chaumet (2021) Unternehmenshomepage. https://inimitablejosephine.chaumet.com/en/. Zugriff am 28. März 2021.

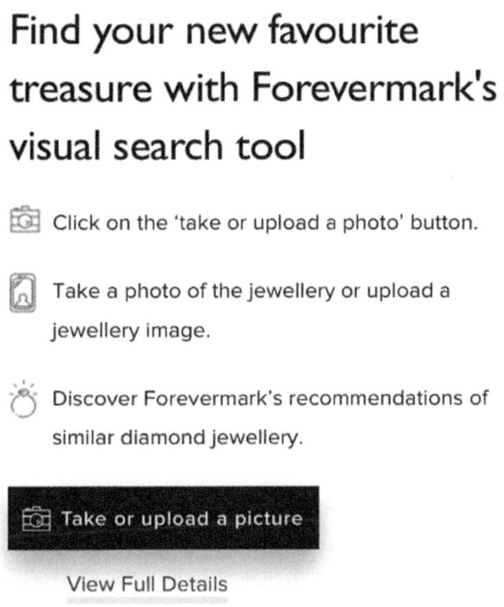

Abb. 5.8 Visuelles Suchwerkzeug, Forevermark, 2021. (Gedruckt mit Erlaubnis von Forevermark)

schafft die Click-and-Collect-Funktion eine benutzerfreundliche Möglichkeit, einen Artikel im Geschäft basierend auf dem vom Kunden ausgewählten Standort zu reservieren. Die Wunschliste bietet eine einfache Möglichkeit, Kaufentscheidungen vorzubereiten. Darüber hinaus ermöglicht sie indirekte Produktvergleiche, die im Luxussegment nicht als eigenständige Funktion angesehen werden.

Wir sind uns einig, dass Kunstwerke unvergleichlich sind. Kunst muss präsentiert, bewundert, geschätzt, gefeiert, begehrt und schließlich angefragt werden. Deshalb vermeiden viele hochwertige Schmuck- und Uhrenmarken ‚Kaufen'-Schaltflächen auf ihrer Website und fügen ‚Preis auf Anfrage'-Hinweise für Stücke über dem Einstiegsniveau auf den entsprechenden Produktseiten hinzu. Der Call to Action reicht von ‚Finde einen Laden', ‚Jetzt anfordern' oder ‚Einen Termin buchen' bis hin zu ‚Klicken zum Anprobieren', ‚Virtuelle Anprobe' oder ‚Per Telefon bestellen'. Der einfache Grund dafür ist, die persönliche Verbindung zu wahrenund eine luxuriöse Verkaufszeremonie zu bieten. Menschen lieben die persönliche Wertschätzung und Anerkennung, die sie während der Präsentation einer Kunst-Schöpfung erfahren, unabhängig von Faktoren wie Kultur, Generation und Alter. Dennoch sind jüngere Generationen daran gewöhnt, online zu kaufen, und sie zu lange in einer Warteschlange zu halten, ist eine überraschende und schmerzhafte Erfahrung, die ihre Geduld fordert. Das Risiko besteht darin, dass sie sich während des Wartens in ein zugänglicheres Substitut verlieben und sich dafür entscheiden, während frühere Generationen weiter gewartet hätten, bis der Traum wahr wurde. Daher ist es wichtig, die Art und Weise, wie Kreationen online präsentiert werden, neu zu überdenken – nicht nur für bestimmte Einstiegskollektionen, sondern auch für bestimmte Kundensegmente.

Virtuelle Agenten

Während virtuelle Agenten und Chatbots als interessante Leistungsoptimierer für die interne Kommunikation im Luxusbereich angesehen werden, werden sie in diesem Stadium nicht als geeignet für die Kommunikation mit dem Endkunden angesehen – insbesondere für emotionale und erklärungsintensive Interaktionen. Die Kundenbeziehung ist zu wertvoll, um sie durch eine automatisierte Kommunikation zu gefährden, die möglicherweise nicht persönlich oder relevant genug erscheint. Für reine Informations- und Verwaltungsanfragen, wie ‚Wo ist meine Rechnung' oder ‚Sagen Sie mir die Öffnungszeiten des Zenith-Geschäfts in Zürich' oder sogar für schrittweise Produktkonfiguration, kann die Anwendung von virtuellen Agenten und Chatbots Effizienzen freisetzen, da sie 24/7 verfügbar sind und nie außer Betrieb sind. Die Hauptaufgabe besteht jedoch darin, den richtigen Moment zu identifizieren, in dem der Gesprächsfluss an einen menschlichen Agenten übergeben werden muss. Die neue Generation sozialer virtueller Agenten ist darauf ausgelegt, diese Herausforderung auf der Grundlage von künstlicher Intelligenz, semantischer Analyse und natürlicher Sprachverarbeitung (NLP) zu bewältigen. Das gilt auch im Luxuskontext, aber es ist ein gewisse r Einsatz erforderlich, um den Algorithmus zu trainieren – auch in Bezug auf markenkonforme Tonart und Mehrsprachigkeit. Online-Live-Chats, die von menschlichen Agenten verwaltet werden, scheinen weniger kritisch zu sein, aber auch hier ist es nicht einfach, den Eindruck von sofortiger Serviceverfügbarkeit bei steigender Anzahl von Gesprächen und mangelnder Skalierbarkeit aufrechtzuerhalten. Trotz der zunehmenden Anzahl virtueller Termine bleiben Telefonanrufe für viele Marken der bevorzugte Kontaktweg, da sie eine persönliche Note und Kontrolle gewährleisten.

Terminbuchung

Wie virtuelle Agenten schlafen auch Terminbuchungs-Tools nie. Trotzdem unterstützen die Werkzeuge nur Menschen; sie übernehmen nicht deren

Arbeit. Webbasierte Systeme, wie Timify oder SimplyBook.me, binden Terminbuchungsfunktionalität in die Website ein. Beide Werkzeuge führen Kunden Schritt für Schritt durch den Prozess: Wählen Sie das Termindatum, den Verkaufsmitarbeiter und das Zeitfenster aus; führen Sie die Benutzerauthentifizierung durch; und erhalten Sie die Buchungsbestätigung sofort als Kalendereintrag per E-Mail (Abb. 5.9). Erinnerungsmails werden oft 24 Stunden und 30 Minuten vor dem geplanten Termin ausgelöst, einschließlich einer Vorschau der Sitzung, einer Terminbearbeitungsoption oder technischer Ratschläge, wie die beste Benutzererfahrung garantiert werden kann. Terminbuchungswerkzeuge sind heutzutage sehr gefragt – nicht zuletzt wegen der COVID-19 Situation und den Besuchereinschränkungen in der Boutique. Sie bieten eine einfache und intuitive Möglichkeit, one-to-one mit Kunden in Verbindung zu treten.

Virtuelles Anprobieren

In Abschn. 5.1.1 haben wir AR und VR Anwendungen als Möglichkeit beschrieben, Produkte aus einer neuen Perspektive darzustellen. Darüber hinaus ermöglichen AR-Anwendungen neue Interaktionsmöglichkeiten mit einem Produkt, wie zum Beispiel das virtuelle Anprobieren. Dank augmented Realiy können Kunden auf spielerische Weise visualisieren, wie Schmuck oder Uhren an ihrem eigenen Handgelenk, Hals oder Ohr aussehen würden. Dies bietet J*Art, ein auf KI basiertes mobiles und Web-Bilderkennungsprodukt, das von Moqod entwickelt wurde. Es gibt jedoch

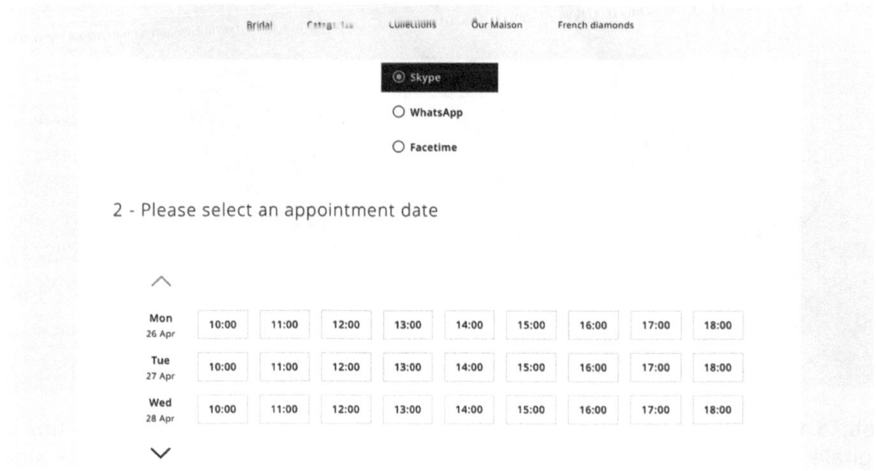

Abb. 5.9 Terminbuchungstool, Courbet, 2021. (Mit Erlaubnis von Courbet gedruckt)

mehrere Anbieter mit einem Fokus auf Schmuck und Uhren, darunter Tryon und Quytech, um nur einige zu nennen.

Virtuelle Anprobeanwendungen zeigen ein großes Potenzial, um die digitale Verkaufszeremonie interaktiver und individueller zu gestalten (Abb. 5.10). Dennoch haben diese Anwendungen derzeit bestimmte Einschränkungen. Die Herausforderungen bestehen in der präzisen Positionierung des Artikels, der Renderzeit, der Kompatibilität über Betriebssysteme hinweg und der Tatsache, dass einige Anwendungen nur mit Bildinput arbeiten.

Für den Fall, dass eine KI-Lösung zu komplex ist, um eine der Schlüsselfragen im Leben zu beantworten – wie finde ich die richtige Ringgröße – steht ein vereinfachter Ansatz zur Verfügung. Getestet über den Valentinstag in China, hat Chaumet sein WeChat Smart Size Guide Mini-Programm gestartet, um Fingergrößen in 360 Grad zu messen. In dieser Lösung legt der Benutzer einen Finger auf das mobile Gerät, und Balken rechts und links messen den Durchmesser des Fingers an verschiedenen Referenzpunkten. Basierend auf einer Berechnung wird die Ringgröße ermittelt. Dieser Ansatz erfordert keine AR und komplexe KI, ist aber weniger interactiv und nicht unmittelbar teilbar in sozialen Netzwerken.

Abb. 5.10 Virtuelle Anprobeanwendungen zeigen ein großes Potenzial, um die digitale Verkaufszeremonie interaktiver zu gestalten (Bild: Andrey Popov – stock.adobe.com)

Virtuelle Geschäfte

Virtuelle Geschäfte begannen, als Burberry die visionäre Idee hatte, den klassischen Laufsteg in ein digitales Ereignis zu verwandeln. Die Idee der Echtzeit-Marken-Kunden-Interaktion in einer phygital Aufstellung wurde geboren. Heute können nicht nur komplette Fashion Weeks virtuell genossen werden, sondern die gesamte Boutique kann in einen virtuellen Ort verwandelt werden, der weit über das hinausgeht, was in einem traditionellen Geschäft möglich ist. Virtual Reality Boutiquen sind dazu gemacht, neue Welten für immersive Erfahrungen zu eröffnen. Die virtuelle Realität wird selbst zu einem Markenuniversum, das nur durch Kreativität und die menschliche Vorstellungskraft begrenzt ist. In einer virtual Boutique kann Schmuck schwerelos herumfliegen, da physische Gesetze wie die Schwerkraft nicht mehr einschränken. Uhren können ihre Farbe und Form ändern, um die verfügbaren Varianten in einer endlos fließenden Metamorphose darzustellen. Der Kunde wird in Co-Kreation Teil des Markennarrativs. Sie schauen in den Spiegel und treffen historische Kunden, um mit ihnen über ikonische Kreationen zu sprechen. Sie werden zu einem Piloten, der den Himmel anvisiert; wenn Sie auf Ihr Handgelenk schauen, sagt Ihnen der Zeitmesser die Zeit. Sie tauchen in ein Schiffswrack und überprüfen die Zeit auf Ihrer Luminor. Wir sind nicht länger Beobachter von Helden. Wir wollen Teil der Geschichte sein – unsere eigene Geschichte mit einer Marke schaffen. Das ist der unbezahlbare Traum von Heute. Von reinem Konsum gehen wir den Weg zur Co-Kreation. Der Verkaufsmitarbeiter fungiert auf dieser Reise als virtueller Concierge, und der geografische Standort des Verkaufsmitarbeiters oder des Kunden spielt keine Rolle mehr. Alles, was benötigt wird, ist eine stabile Internetverbindung. Mit anderen Worten, ein Kunde mit Wohnsitz in Genf kann sich für einen virtuellen Boutiquebesuch mit seinem persönlichen Concierge in Genf verbinden, auch wenn er sich auf einer abgelegenen Insel im Indischen Ozean aufhält.

Avatare als animierte Charaktere unterstützen alle sozialen Interaktionen in diesem Markenuniversum. Sie chatten und teilen, handeln und reagieren, bewegen sich und arbeiten mit anderen Avataren zusammen. Schließlich, im Moment, in dem wir uns wieder in die Realität zwingen, verlassen wir die Markenwelt mit starken Emotionen und noch stärkeren Träumen sowie dem Vorsatz, bald zurückzukehren, um ein neues Abenteuer zu beginnen. Technologieseitig haben die virtuellen Showroom-Anbieter Obsess und Lode besondere Expertise im Luxuskontext gezeigt. Klar ist, dass wir noch mehr erwarten können.

Zusammenfassend lässt sich sagen, dass die luxuriöse Webmosphäre allein nicht ausreicht, um Kundenaktionen auf der Website auszulösen. Es ist wichtig, nutzerrelevante Online Funktionen zu aktivieren, um mit dem Kunden in Kontakt zu treten. Responsive AI Webdesign, Wunschlisten, individuelle Termine im physischen oder virtuellen Geschäft und sogar die Nutzung von Avataren personalisieren das Erlebnis. Jenseits der Website und des Webshops fungiert das gesamte Marketing-Ökosystem, einschließlich Social Media und Social Commerce (siehe Abschn. 3.2. in Kap. 3), als eine einnehmende Erweiterung, um die Webmosphäre in das Bewusstsein der Kunden zu bringen. Tatsächlich ist das unabhängig vom Gerät und dem Inhaltsformat: von Produktvisualisierungen über Videos bis hin zu Sprachinhalten.

5.2.3 Influencer Marketing und rich Content

Die Errungenschaft unserer Zeit besteht darin, dass der Markenmonolog zu einem Dialog geworden ist: Die Marke inspiriert Anhänger und die Anhänger inspirieren die Marke. Sie interagieren mit der Gemeinschaft und erstellen nutzergenerierten Content. Wenn Markenanhänger mit ihrem Content zunehmend mehr Menschen erreichen, verwandeln sie sich in Influencer. Mit anderen Worten, sie entwickeln sich zu professionellen Marketing-Partnern für eine Marke. Influencer werden mit Produktproben und Geld bezahlt, um Werbung in ihren Kanal einzubetten, ihre Meinung im Format von Bildposts, Blogs und Vlogs zu teilen oder sogar als Markenbotschafter zu fungieren. Botschafter agieren exklusiv als Gesicht der Marke innerhalb eines bestimmten Zeitrahmens. In der Vergangenheit war das ein Privileg für Royals, herausragende Sportler und Hollywood-Stars. Heutzutage sind die Barrieren fließender geworden. Kleine Mädchen träumen nicht unbedingt mehr davon, eines Tages Prinzessin zu werden. Der neue Traum ist es, eine erfolgreiche Geschäftsfrau zu werden – schön, autonom und mit der Freiheit, überall hin zu reisen, wo sie wollen. Das könnte dem Profil eines erfolgreichen Influencers entsprechen. Markenbotschafter zu werden, ist nicht mehr unmöglich.

Marken wie Tiffany und Bulgari haben erfolgreich gezeigt, wie ein ansprechender Hashtag genutzt werden kann, um nutzergenerierten Content zu fördern. Die Tiffany-Kampagne #LoveNotLike auf Snapchat im Jahr 2016 löste einen spielerischen Selfie-Hype aus, bei dem Markenikonen die Kreativität der Nutzer inspirierten. Buccellati arbeitete mit Noonoouri zusammen, einem digitalen Model und Influencer mit etwa

400.000 Followern auf Instagram. Balenciaga schuf einen von Science-Fiction inspirierten Laufsteg, indem es einen digitalen Zwilling des Models Elisa Douglas für den Start seiner neuen SP22-Kollektion nutzte. Breguet arbeitete mit lokalen Influencern zusammen, um Uhrenliebhaber in Taiwan und auf den Philippinen anzusprechen.[31] All diese Beispiele untermauern die starke Beziehung zwischen Luxusmarken und Influencern, vereint in dem gemeinsamen Ziel, reichhaltigen, ansprechenden Content zu generieren.

5.2.4 Kundenbetreuung bringt die Kommunikation auf die nächste Stufe

Monsieur Cartier schrieb handschriftliche Einladungsbriefe an seine VIP-Kunden. Seitdem hat sich nichts geändert. Luxus-VIP-Kunden erhalten immer noch handgeschriebene Briefe von ihrem persönlichen Verkaufsmitarbeiter. Das ist eine erstaunliche Methode der Personalisierung und wird in einer Welt, in der das Handschriftliche selbst zu einem seltenen Luxus wird, als noch luxuriöser empfunden. Es gibt jedoch bestimmte Einschränkungen, wie die Lesbarkeit, Effizienz und Skalierbarkeit dieser Kommunikation. Hier ist eine digital unterstützte und ermöglichte Kommunikation eine unverzichtbare Erweiterung für Luxusmarken, um ein nahtloses Engagement zu bieten.

Wie können Marken sicherstellen, dass die bereitgestellten Informationen für den Einzelnen relevant sind? Wie können sie vermeiden, ihre Fans und Follower mit einseitiger Massenkommunikation zu spammen? Wie können sie garantieren, dass die Kommunikation mit dem Interesse der Kunden resoniert und Emotionen und Handlungen hervorruft?

CRM-Clienteling Erweiterungen, wie die Lösungen von Salesforce und Microsoft, beantworten diese Fragen, und das Start-up Seer bietet eine mobile App zur Erstellung von personalisierten Inhalten im luxuriösen Magazinstil, die mit Kunden über Social Media Plattformen wie WeChat und E-Mail geteilt werden können. Im Allgemeinen beschreibt Clienteling die Erfassung der persönlichen Vorlieben der Kunden bezüglich Produkte, Kontaktwege, Einkaufsanlässe und -häufigkeit, durchschnittliche Warenkorbgröße und besondere Interessen, einschließlich ihrer Wunschliste und Hobbys. Der Verkaufsmitarbeiter gibt diese Daten über eine mobile

[31] Nason S, Salvacruz J (2017) Fallstudie: Wettbewerb gegen Bling. Harvard Business Review. Mai–Juni:155–159.

App im Geschäft ein, oder der Kunde selbst gibt einem Online Shop die notwendigen Details, um die Relevanz der Interaktionen zu erhöhen. Oder um Antonio Carriero, Chief Digital und Technologie Officer von Breitling, zu zitieren:

Clienteling ist die Kunst der Interaktion mit dem Kunden, über jeden Kanal und jedes Medium hinweg, physisch oder digital. Clienteling steht im Mittelpunkt des Einzelhandels, des vernetzten Einzelhandels und wir sind vernetzte Einzelhändler. Wir bauen langfristige Beziehungen zu unseren Kunden auf, basierend auf den Werten, die wir mit ihnen teilen, und natürlich den Produkten!

Eine Clienteling Lösung bietet Funktionen für Business Analysten, Marketing und Handelsmanager, Boutique Manager und Verkaufsmitarbeiter. Sie ermöglicht die Identifizierung von Verhaltensmustern und die Gruppierung in Kundensegmente, wie VIP-Kunden, Uhren- und Schmuckenthusiasten, häufige Kunden, potenzielle Kunden, Markenneulinge, Anhänger bestimmter Kollektionen und ausschließlich kategoriespezifische oder Kundendienstkunden. Natürlich wird die entsprechende Segmentierung von der Marke definiert. Für diese Segmente werden verschiedene Kommunikationsstrategien und Ziele definiert, um Marketingkampagnen besser zu steuern. Darüber hinaus können die Nutzer mehrere Filter anwenden, um beispielsweise eine Rangliste der Top-Ten-VIP-Kunden einer bestimmten Boutique zu erhalten. Weitere Mehrwerte werden durch die Einbindung des Produktkatalogs, Event- und Terminverwaltungsfunktionen, E-Mail und Social Media Integration oder Analysen mit aggregierten Ansichten auf KPIs gewährt.

Die grundlegende Voraussetzung für Clienteling ist vor allem, dass der Kunde im Voraus registriert wurde, was typischerweise über einen der drei verfügbaren Kanäle erfolgt: in der Boutique (Einzel- und Großhandel), auf der Website (E-Commerce) und auf Social Media (Marketing). Im Gegenzug für die Registrierung erhält der Kunde personalisierte Dienstleistungen, wie Geburtstagsüberraschungen, eine Begrüßungszeremonie mit Namen, Einladungen zu Veranstaltungen oder Newsletter. Die zweite Voraussetzung ist, dass alle Kundendaten, die in verschiedenen Datenbanken nach Kanal, regionaler Berechtigungsgruppe und Marke erfasst wurden, in einer gemeinsamen Datenbank zusammengeführt werden. Diese aggregierte ganzheitliche Sicht auf den Kunden wird auch als ‚Golden Record' bezeichnet. Schließlich ist die dritte Voraussetzung, dass der Nutzer im Kanal erkannt und nachverfolgbar ist. Im Geschäft nennt der Kunde seinen Namen. Online wird der Kunde über den Login oder Cookies identifiziert. Marketing Automatisierungssysteme verfolgen jeden Besuch und jede Aktion. Sie können jedoch nicht kontrollieren, was passiert, wenn Benutzer nicht eingeloggt sind und verschiedene IP-Adressen verwenden, während sie über verschiedene Geräte interagieren. Das führt zu Datenungenauigkeiten, die berücksichtigt werden müssen.[32]

Lassen Sie uns bildhafter werden: Kürzlich erhielt einer unserer Autoren eine E-Mail von seiner persönlichen Tiffany Verkaufsberaterin. Sie war in der Tonlage eines guten Freundes geschrieben, der sich nach seinem und dem Wohlergehen seiner Familie erkundigte. Darüber hinaus skizzierte die Verkaufsberaterin, dass sie an ihn gedacht hatte und sich freuen würde, von ihm zu hören. In der letzten Notiz teilte sie ihre besten Wünsche für seinen bevorstehenden Hochzeitstag mit. Nur der Tiffany-Name in der Unterschrift und die E-Mail-Adresse deuteten auf die Verbindung zur Marke hin und verwies auf eine tiefere Absicht: ein Jubiläumsgeschenk für die Partnerin zu erwerben. Die persönliche Schlussfolgerung, dass Tiffany-Schmuck genau richtig wäre, da der Ehering von derselben Marke stammt, blieb dem Kunden überlassen. Natürlich hatte die Verkaufsberaterin ein CDP und ein Clienteling Werkzeug, um an den Hochzeitstag zu erinnern. Wir betrachten dies als einen ausgezeichneten Anwendungsfall, um zu zeigen, wie E-Mail Marketing auf der Grundlage von Clienteling eine hochpersönliche und markenkonsistente Kommunikation ermöglicht und neues Potenzial erschließt.

E-Mail Marketing ist nur ein Kanal, in dem Clienteling einen großen Unterschied macht. Darüber hinaus gibt es verschiedene Anwendungsfälle: in diesem Buch haben wir bereits die Terminbuchung und VR Produktpräsentationen betrachtet. Es ist selbstverständlich, dass ein Clienteling-Werkzeug wertvolle Einblicke für die Personalisierung der Erfahrung liefert. Die Verkaufsberaterin überprüft das Kundensegment, die Verkaufshistorie und die Kundenpräferenzen vor der VR-Sitzung, um ein relevantes Erlebnis zu gestalten. Ein weiteres Beispiel ist die Berücksichtigung von Kundensegmenten zur Optimierung von Inhalten für Social Media Kanäle wie WeChat. Es ist keine Überraschung, dass Inhalte, die den individuellen

[32] Aminoff J (2016) Social Selling Luxury: Umsatzsteigerung durch Engagement in der digitalen Welt. Luxury Sales Academy.

Kundenpräferenzen entsprechen, besser abschneiden und die Marketingkosten erheblich reduzieren. Dies bedeutet nicht, den Inhalt von Grund auf neu zu erstellen, sondern hilft, Details der Formulierung oder Positionierung anzupassen.[33]

5.3 Conversion und Kundenzufriedenheit

Zu ihrem Geburtstag wünscht sich Ihre Partnerin eine Reverso-Uhr von Jaeger-LeCoultre. Sie besuchen zusammen die Boutique, um die Uhr zu konfigurieren, den Kauf zu tätigen, dem Treueprogramm beizutreten und das Armband anzupassen, um sicherzustellen, dass es perfekt passt. Ihr Verkaufsberater teilt sein Fachwissen und gibt hilfreiche Pflegeanweisungen für die Uhr. Beim Durchstöbern des Chopard-Online Shops, halten Sie erneut bei der ‚Happy Diamonds' Kollektion an, um den ikonischen Ring mit dem tanzenden Diamanten in Ihren Warenkorb zu legen. Er passt einfach perfekt zu Ihrer Happy Diamonds Uhr und Halskette. Kürzlich wurden Sie befördert, und der Chopard Ring steht immer noch auf Ihrer Wunschliste. Sie erhalten eine E-Mail Erinnerung und denken, dass es eine gute Zeit für eine Selbstbelohnung ist. Ihr Freund nach einem Verlobungsring. Er ist weniger markenbewusst als seine Geliebte. Allerdings weiß er, dass der Ring von Cartier sein soll. Um den perfekten Verlobungsring zu finden, bucht er einen virtuellen Verkaufstermin.

Das rationale Ziel in dieser Phase ist der Verkauf. Das emotionale Ziel ist Aufregung und Zufriedenheit, während und sobald die Transaktion abgeschlossen ist. In dieser Phase ist jedes Detail wichtig, denn eines ist sicher: Der Kunde kauft nur, wenn er absolut überzeugt ist. Solange das wahrgenommene Risiko stärker ist als der Kaufwunsch, ist die einfachste Lösung, die Kaufentscheidung zu vetagen. Dieses Verhalten ist in unserer menschlichen Natur verwurzelt: Entscheidungen erzeugen Spannungen. Spannungen aktivieren unsere Instinkte, im schlimmsten Fall den Fluchtinstinkt. Ein guter Verkaufsmitarbeiter ist sich dieser Verhaltensmuster bewusst und erkennt, wann der Kunde Zeit oder beruhigende Argumente

[33] Chang A, Mauron P (2020) JingDigital und Digital Luxury Group – WeChat Luxusindex 2020. JingDigital. https://www.jingdigital.com/en/articles/8255/, S. 74. Zugriff am 3. April 2021.

	WIEDERKEHRENDER ANLASS	EINZIGARTIGE GELEGENHEIT
Vertraut mit der Marke	**Online-Verkauf** für einen Folge- oder Aktualisierungskauf mit hoher Markenkenntnis	**Online- oder In-Store-Verkauf** für einen besonderen Anlass mit hoher Markenkenntnis
Neu bei der Marke	**Online- oder In-Store-Verkauf** für einen rationalen Best-in-Class-Kauf mit geringem Markenwissen	**In-Store-Verkäufe** für einen besonderen Anlass wie einen Geburtstag oder ein Jubiläum mit geringer Markenkenntnis

Abb. 5.11 Übersicht über Verkaufsszenarien

benötigt, um eine Kaufentscheidung zu treffen (Abb. 5.11).[34] Aufgrund der Preispunkte bei Schmuck und Uhren ist eine sorgfältige Bewertung der Investition ein wichtiger und sehr persönlicher Prozess.

5.3.1 Produkt- und Servicepersonalisierung im Geschäft erfordert ein Upgrade

Die Produkt- und Service Personalisierung im Geschäft bildet die Brücke zwischen der Engagement- und der Conversion-Phase. Monsieur Cartier und Mademoiselle Chanel boten ihren VIP-Kunden personalisierten Service und maßgeschneiderte Kreationen an. Das ist nichts Neues in der Luxusbranche, aber die Ausweitung dieser besonderen Behandlungen auf breitere Kundensegmente ist neu. Das passiert, wenn wir an Produkt Konfigurationstools, 3D Druck und die Berücksichtigung von bevorzugten Checkout-Kanälen und Zahlungspräferenzen denken.

[34] Srun F (2017) Luxury selling: lessons from the world of luxury in selling high quality goods and services to high value clients. Palgrave Macmillan, Hampshire, Locations 1855, 2588.

Checkout-Präferenzen

Falls ein Produkt im Geschäft nicht verfügbar ist, aber der Kunde von seiner Wahl überzeugt ist, sollte das entsprechende Omni-Channel Szenario aktiviert werden. Das ermöglicht es dem Endkunden, die gewünschte Kreation im Geschäft zur Abholung im Geschäft oder zur Lieferung nach Hause zu bestellen. Natürlich ist auch das Pendant in der heutigen Welt üblich: die Bestellung des Artikels online und die Abholung im Geschäft. Dieses Szenario ist bekannt als Click and Collect. Ob ein Verkauf im Geschäft oder online stattfindet, erst die Verkaufsdeklaration führt zur Aktivierung der Garantie. Im Falle von Uhren beträgt diese Garantiezeit in der Regel zwei Jahre.

Aus psychologischer Sicht gibt die Aktivierung der Garantie der Kaufentscheidung eine Endgültigkeit und beruhigt den Kunden hinsichtlich des After-Sales Service. Auf diese Weise kann das Risiko von Rücksendungen bereits während des Verkaufs nachhaltig reduziert werden. Noch wichtiger als eine beruhigende Garantie ist jedoch die Vorab-Recherche und die Interaktion zwischen Verkaufsmitarbeiter und Kunde in digitalen und physischen Räumen. Typischerweise erfordert ein Kauf von Luxusgütern eine intensive Vorab-Recherche. Sie suchen online, besuchen das Geschäft für eine Beratung, probieren aus, schauen erneut online und probieren ein zweites und sogar ein drittes Mal aus, bevor Sie eine Kaufentscheidung treffen. Dies ist ein Beispiel für eine Customer Journey, aber die Garantie ersetzt sie nicht. Schließlich ist diese intensive Recherche- und Engagement-Phase der beste Weg, um Produktretouren zu verhindern, zumindest solange der Kauf nicht von der Mentalität ‚nur einmal tragen, bevor es zurückgeschickt wird' motiviert ist.

Zahlungspräferenzen

Die superreichen Royals der Vergangenheit haben selten selbst Geld berührt. Sie hatten Diener, die die Zahlungen in ihrem Namen verwalteten. Kreditkartenzahlungen schaffen eine Methode, um den Schmerz der Zahlung von der Freude des Kaufs zu entkoppeln. Nur das Positive sollte dauerhaft im Gedächtnis des Kunden verankert sein. Dies wird noch effektiver, wenn die physische Zahlungstheke aus dem Geschäft entfernt und durch eine intelligente Check-out-Lösung ersetzt wird. Als Pionier hat Apple gezeigt, wie das funktioniert. Jede Etage ist mit einem separaten Wi-Fi-basierten Hub ausgestattet. Mitarbeiter verbinden sich mit ihren iPads mit diesem Hub, um mobile elektronische Zahlungen über Apple Pay oder eine Kreditkarte oder Bankkarte freizuschalten. Marken reagieren auf die vorherrschende Nutzung von Alipay und WeChat Pay unter chinesischen Kunden mit erweiterten mobilen Zahlungsoptionen, um auch diese

Präferenzen zu berücksichtigen. Die einzige Ausnahme vom intelligenten Check-out bleibt die Barzahlung, da sie immer noch eine zentralisierte Kasse erfordert. Eine weitere Möglichkeit, den Schmerz der physischen Zahlung zu vermeiden, ist die Zahlung über AfterPay oder Klarna oder das Click-and-Collect Szenario, bei dem der Kunde online bezahlt, bevor er die Kreation aus dem Geschäft abholt. Nicht zuletzt trennt das Abonnement Modell die Zahlung vollständig vom glücklichen Moment des Empfangs einer Kreation in einer geschenkähnlichen emotionalen Situation. Das beste Geschenk ist das, das man sich selbst macht.

Produktkonfiguration im Geschäft

Ein personalisiertes Produkt-Konfigurationerlebnis ist unterhaltsam und löst Co-Kreation aus. Wie bereits früher in diesem Buch erwähnt (Abschn. 2.2.1 in Kap. 2), erklärt der Labour-Love-Effekt die emotionale Verbindung zu einem Artikel, der aktive Beteiligung erfordert. Produktkonfigurationstools oder Namensgravursimulationen geben uns einen ersten Eindruck davon, wie ein Produkt aussehen wird, wenn es uns gehört. Dieser Effekt wird durch VR Tools verstärkt, die eine fotorealistische Visualisierung und Animation der endgültigen Kreation bieten. Marken wie Ferrari und Hermès nutzen die überzeugende Kraft der personalisierten Konfiguration in ihren Geschäften. Produktkonfiguratoren wurden in der Automobilindustrie verwendet, um die Produktkomplexität eines neuen Autos abzubilden. Oft hat der Kunde bereits seine eigene Konfiguration auf dem Heimcomputer gemacht, bevor er die Details mit dem Verkaufsmitarbeiter im Geschäft im Detail abstimmt. Das macht bei Artikeln, die erklärt werden müssen, viel Sinn. Dennoch profitieren Luxuskreationen aller Art von einer visuellen Simulation, die so nah wie möglich an der Realität bleibt. Neben der angenehmen Vorfreude und Aufregung hilft es, Stornierungs- und Rückgabequoten zu reduzieren. Darüber hinaus sind personalisierte Produkte in der Regel von der Möglichkeit der Rückgabe ausgeschlossen.

Marken wie Burberry und Louis Vuitton haben Monogramm-Dienste eingeführt, und Hermès hat 2011 seine ‚Custom Silk Corner' Initiative eingeführt, um Kunden die Co-Kreation einzigartiger Schals zu ermöglichen. Dieser Service war ausschließlich in ausgewählten Boutiquen verfügbar.

Während Produktkonfiguratoren im Geschäft als nettes Gadget wahrgenommen werden, da sie die physische Produktpräsentation unterstützen, werden sie im Online Kanal zu einer klaren Notwendigkeit. Ein Online-Shop ohne die Möglichkeit, ein Produkt virtuell anzuprobieren oder einen Produktkonfigurator zu verwenden, fehlt ein solides Argument, das zeigt, wie das Produkt in Ihre Welt passt und Ihrer Persönlichkeit entspricht. Warum sind Sie zuversichtlich, dass Sie das positive Momentum nutzen, um jetzt online und nicht später in der Boutique zu kaufen? Produktkonfiguratoren pflegen eine wesentliche Eigenschaft von Luxus: Einzigartigkeit in dem Sinne, dass der Kunde den Eindruck hat, dass das Produkt vollständig für ihn oder sie personalisiert ist. Technisch gesehen führt der Produktkonfigurator den Benutzer Schritt für Schritt durch einen Entscheidungsbaum, um die passendste Produkt Empfehlung aus einem Produktkatalog abzurufen. Aus Markensicht ist es ein relativ einfacher und kostengünstiger Weg, allen Kunden das ultimative VIP-Gefühl zu geben. Tatsächlich handelt es sich um ein intelligentes Suchtool, das durch Freitextgravur bereichert wird – oft auf bestimmte Schriftarten und Zeichen beschränkt. Zusammenfassend machen Produktkonfiguratoren die teure High-End-Emotion von personalisierten Maßanfertigungen zu einem erschwinglichen Vergnügen für eine breitere Zielgruppe. Wenn ein Konfigurator zu einer Empfehlung führt, fühlt sich der Kunde respektiert und persönlich in die Entscheidung einbezogen.

5.3.2 Ein Online-Shop ist ein spielerischer und kreativer Ort

Online Produktkonfiguration

Ein Online Shop ohne die Simulation des Endprodukts steht vor einer unmöglichen Aufgabe. Menschen sind kreativ in Bezug auf Details, aber ihre Kreativität muss mit Informationen über Farbe, Stil, Größe und Material genährt werden. Sie wollen ein 3D Objekt nach links und rechts, nach oben und unten drehen, um das Meisterwerk aus verschiedenen Winkeln zu sehen. Menschen wollen erkunden und sie wollen das Produkt in seiner perfekten Konfiguration mitgestalten. Perfekt ist nicht perfekt aus rein markenbezogener Sicht. Perfekt ist das perfekt in den Augen des Kunden. Andernfalls wird er oder sie nicht kaufen.

Baume war eine Unter-Marke von Baume und Mercier, die sich an junge Generationen – nämlich Digital Natives – richtete. Die Kollektion konzentriert sich auf nachhaltige Materialien, minimalistisches Design und Personalisierung und ist nur online erhältlich. Bevor die Marke 2020 offiziell zu Baume und Mercier stieß, unterhielt Baume seine eigene Website und seinen Online-Shop, einschließlich eines 3D Produktkonfigurators. Wie der Produktkonfigurator der französischen Schmuckmarke Courbet (Abb.

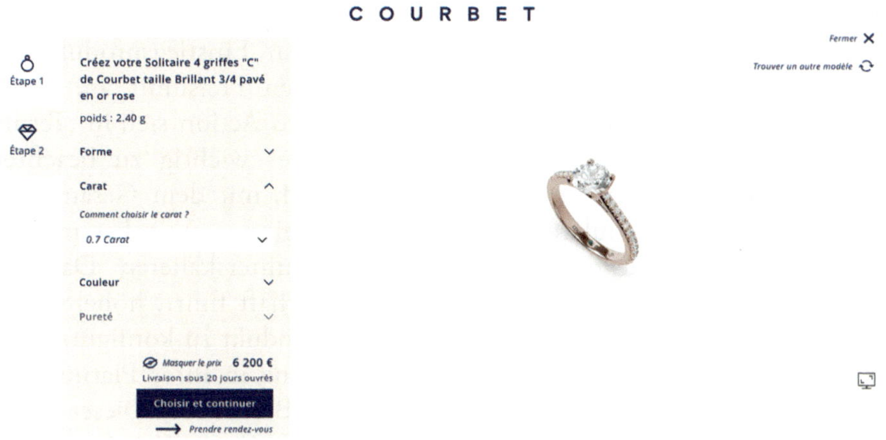

Abb. 5.12 Online Produktfinder, Courbet, 2021. (Gedruckt mit Erlaubnis von Courbet und Hapticmedia)

5.12), wurde Baumes Konfigurator mit der Apviz Software as a Service (SaaS) Plattform von Hapticmedia erstellt, die als Webanwendung system- und browserübergreifend kompatibel ist.[35] Alternative Anbieter sind Verenia oder eRep, abhängig von den Bedürfnissen der Marke. Die Baume-Lösung enthielt 2200 verfügbare Uhrendesigns, strukturiert in Konfigurationsabschnitten für Zifferblattstil und -farbe, Gehäusefarbe, Zeigerstil, Armbandmaterial und -farbe und personalisierte Gravuren. Die Marke folgte neuen Regeln, um ihr Zielpublikum online anzusprechen, indem sie ein ansprechendes und spielerisches Konfigurationserlebnis bot.

Die Situation ist anders für etablierte Marken wie Rolex oder Ferrari: Beide bieten einen fortschrittlichen Online Produktfinder, der im Grunde eine Produkt Konfiguration ohne Online-Bestellfunktion ist, aber mit einer Wunschliste Funktion und einer ‚ An Händler senden' Option, um die Kaufaktion kognitiv vorzubereiten. Schritt für Schritt identifiziert der Benutzer seine bevorzugte Konfiguration basierend auf Stil, Kollektion, Modell, Material, Lünette und Zifferblatt oder entsprechende Lackierung, Räder und Bremssättel, Karosserieelemente, Auspuffrohre und so weiter. Im letzten Schritt sucht der Benutzer nach dem nächstgelegenen Partnergeschäft.

[35] Hapticmedia (2020) Konfigurieren Sie Ihre Uhr in 3D. https://hapticmedia.fr/en/clients-projects/3d-configurator-watch-baume/. Zugriff am 21. Dezember 2020.

Preise Online

Mehrere Uhren- und Schmuckmarken bieten nur Einstiegsprodukte für Online Bestellungen bis zu einem vordefinierten Preislimit an. Dieses Preislimit bestimmt, ab welchem Wert der Call to Action sich in ‚Termin vereinbaren' umstellt. Bei der Preisangabe ist es wichtig zu beachten, dass es im Luxuskontext immer empfohlen wird, mit dem Gesamtpreis, einschließlich aller modularen Funktionen, zu beginnen. Mit diesem Preisanker wird der Kunde die Artikelmerkmale herunterskalieren. Das Fazit ist, dass dieser Ansatz zu einer größeren Bereitschaft führt, höhere Preise zu zahlen als der umgekehrte Ansatz, ein Basisprodukt zu konfigurieren.[36] Um es bildlicher auszudrücken, setzt die Daytona in ihrer Platinversion standardmäßig einen Preisanker im Kopf des Besuchers. Dieser Anker vermittelt den Eindruck, dass die Gold Version erschwinglich ist und die Edelstahlversion vielleicht sogar nicht ausreichen könnte. Im besten Fall entscheiden wir uns für die mittlere Option, die in unserem Beispiel die Goldversion ist. Dieses Beispiel dient nur zur Veranschaulichung des Prinzips. Aus dem gleichen Grund ist es sinnvoll, eine breite Auswahl an hochpreisigen Referenzen auf einer Kategorieseite zu positionieren und sie nach absteigendem Preis zu sortieren. Das unterstützt ein exklusives Erscheinungsbild und natürlich schürt das Label ‚Preis auf Anfrage' den Mythos des Unerschwinglichen.

Vertiefung: 3D Druck

In den letzten Jahren wurde der 3D Druck oft als Schlüssel zur Überwindung von Produktionsbeschränkungen für einzigartige Kreationen in großem Maßstab gesehen. Sicherlich ist es ein Paradoxon zwischen Industrialisierung einerseits und Echtzeit, maßgeschneiderter Einzigartigkeit andererseits – und der Tatsache, dass wir das ‚handgemachte' Charakteristikum von Schmuck riskieren zu verlieren. Das führt zu grundlegenden Fragen wie der nach der wahren Urheberschaft von Luxus. Geht es um den Designer? Geht es um das Design? Geht es um die Involvierung des Besitzers? Geht es um den persönlichen Bezug zum Besitzer? Der 3D-Druck eröffnet zweifellos die Möglichkeit neuer Interpretationen von Luxus.

[36] Husemann-Kopetzky M (2018) Handbuch zur Psychologie der Preisgestaltung: 100+ Effekte auf Überzeugung und Einfluss, die jeder Unternehmer, Vermarkter und Preismanager kennen muss. Pricing School Press, S. 196.

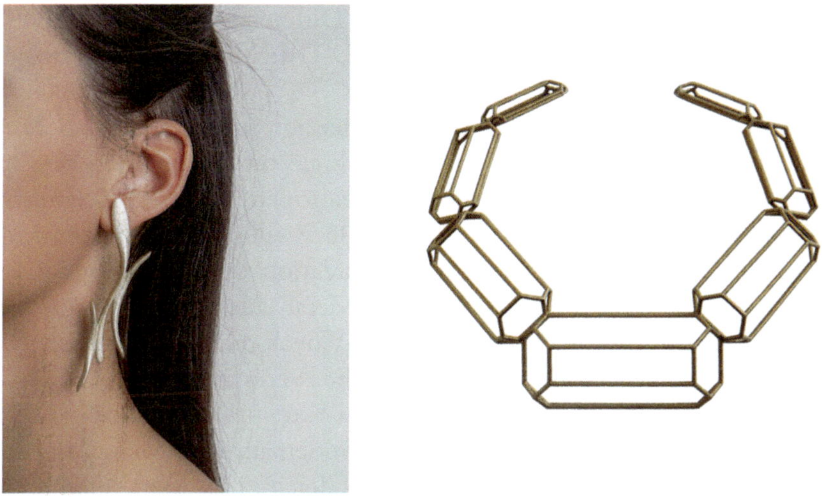

Abb. 5.13 3D-gedruckter Schmuck, Maison 203, 2021. (Gedruckt mit Erlaubnis von Maison 203)

Interessanterweise führt der steigende Grad der Digitalisierung in den 3D Druck-Wertschöpfungsketten zu einer zunehmenden Anzahl von Fällen, die sein Potenzial für den Maßstab belegen. Derzeit ist die Wirtschaftlichkeit des 3D-Drucks stark abhängig von der Branche und dem Anwendungsbereich. Im Context von Uhren und Schmuck ist der 3D-Druck bestimmten Materialien und Anwendungsbereichen vorbehalten, in denen Prototypen oder einzelne Ersatzteile keine rentablen Mengen für die Massenproduktion erreichen.
Auf der Grundlage des Prinzips, dass ein 3D Drucker jede Art von Form herstellen kann, führt die sogenannte Designfreiheit zu einem Paradigmenwechsel für Designer, die nun bislang ungesehene Formen erkunden können. Darüber hinaus führt die Fähigkeit, alles im Drucker zu erstellen, zur Einführung einer größeren Individualisierung von Objekten. Dies ist auch eine bemerkenswerte Ergänzung für Kunst-Kreationen, wie wir sie in der Luxusuhren- und Schmuckherstellung sehen, aber auch bei der Erstellung von Gussformen für futuristische und filigrane Formen.
Modedesigner wie Iris van Herpen gehörten zu den Pionieren, die mit den neuen Möglichkeiten des 3D Drucks experimentierten. Unter den Uhrmachern begann Officine Panerai, Titanuhrenrahmen zu drucken, um das Gewicht der Uhren um 40 % zu reduzieren.[37] Italienische Schmuckmarken

[37] Batat W (2019) Digitaler Luxus. Sage Publications, Los Angeles, S. 180.

wie Bijouets und Maison 203 bauten ihre Differenzierungsstrategie auf die neue Vielfalt von Formen, die durch 3D-Drucktechnologien freigesetzt wurden (Abb. 5.13).
Das französische Start-up Gemmyo hat gezeigt, wie man das Schmuck-Geschäftsmodell auf Basis von 3D Technologie revolutioniert: Der Online Juwelier verkauft nur maßgeschneiderte Kreationen.[38] Alle 5500 Kreationen im Gemmyo's Online Katalog sind digitale Zwillinge zur Inspiration. Es liegt am Kunden, seine oder ihre Lieblingskreation weiter zu personalisieren, indem er oder sie den Edelstein und das Metall auswählt sowie die Größe definiert. Sobald das Design und der Check-out abgeschlossen sind, kann der 3D-Druck beginnen. Durch die Verknüpfung des Webs mit 3D-Modellierung und -Druck bindet das Start-up den Kunden als Co-Schöpfer in den Designprozess ein – die Kundenzufriedenheitsrate profitiert von diesem kundenorientierten Ansatz. Gleichzeitig spart Gemmyo an Ladenmiete, Personalkosten und Lagerkosten neben den Ausgaben für Verwaltung und Sicherheit.
Vorerst sind Stratasys und 3D Systems die größten Anbieter von 3D-Druckern und Druckmaterialien. 3D-Druck erfordert eine digitale Quelldatei (computergeneriertes 3D-Objekt), den Drucker und die Druckmaterialien, die von Schokolade bis Harz und von Kunststoff bis Metall, wie Titan, Edelstahl, Aluminium, Gold, Silber, Bronze oder Kupfer reichen.
In der Uhren- und Schmuckindustrie können verschiedene Technologien angewendet werden, von denen die wichtigsten unten beschrieben sind:

- *Fused Deposition Modeling (FDM)* wird verwendet, um Harz- oder Kunststoffprototypen oder Gussformen zu drucken. Diese Technologie eignet sich am besten für Proof-of-Concept und einfaches Prototyping, da sie weniger genau und weniger teuer ist als alternative Verfahren.
- *Stereolithographie (SLA)* basiert auf UV-Licht und fügt dünne Materialschichten übereinander, um Prototypen oder Gussformen mit hoher Präzision und feinen Details zu drucken. Es ist teurer als FDM.
- *Direct Metal Laser Sintering (DMLS)* Technologie ermöglicht 3D Druck auf Basis von Metall Pulver oder Granulat. Es kann verwendet werden, um Prototypen und Gussformen zu drucken, darüber hinaus hat EOS

[38] Batat W (2019) Digitaler Luxus. Sage Publications, Los Angeles, S. 176.

einen neuen DMLS-Prozess für den direkten Gold-Druck entwickelt.[39] Dieser Prozess erfordert eine bestimmte Art von Granulat und Laser, um das Metall schneller zu durchdringen als ein Standardlaser.

Unabhängig von der gewählten 3D Technologie setzt ein Juwelier oder Uhrmacher Edelsteine in die Kreation ein und bleibt für den abschließenden Feinschliff und das Polieren verantwortlich, einschließlich der Entfernung von Stützkonstruktionen.

Die ultimative Stufe der Produkt Personalisierung ist die maßgeschneiderte Erstellung einzigartiger Stücke für eine Einzelperson. Produkt Konfiguration und 3D Modellierung unterstützen die Visualisierung und Co-Kreation des endgültigen Designs. Aus produktionstechnischer Sicht ist die 3D-Drucktechnologie ein innovativer Ansatz, um diesen Traum kostengünstig und prompt zu verwirklichen.

5.3.3 Eine E-Mail-Erinnerung kann entscheiden, ob Wunschliste oder Bestellung

Manchmal reichen ein Besuch im Geschäft und die Produkt Konfiguration nicht aus, damit Kunden eine endgültige Kaufentscheidung treffen. Große Investitionen müssen gut durchdacht sein und manchmal brauchen die Menschen eine weitere Nacht, um eine Entscheidung zu durchdenken. Für eine Marke gibt es zwei Aufgaben: warten und sich diskret erinnern, ohne Druck aufzubauen und die individuellen Kommunikationspräferenzen des Kunden respektierend.

In einem Szenario hat der Kunde eine Referenz zu seinem Warenkorb oder Wunschliste hinzugefügt, ohne den Check-out abzuschließen. Es gibt verschiedene mögliche Gründe für dieses Verhalten, wie ein unvorhergesehenes Ereignis, das den Kauf unterbricht, fehlende Details in der mobilen Version, alternative Optionen oder einfach eine fehlende Kaufüberzeugung. Angenommen, der Kunde hat das Marketing Einverständnis gegeben, sollte eine Marke nicht tatenlos die Gelegenheit eines Kaufs vorbeiziehen lassen. Während klassisches Retargeting als zu invasiv wahrgenommen werden kann, erinnern personalisierte E-Mails galant an ver-

[39] EOS (2012) Glänzende Aussichten mit additiver Fertigung von Gold. https://www.eos.info/01_parts-and-applications/case_studies_applications_parts/_case_studies_pdf/de_cases/cs_m_cookson_gold_cpm.pdf. Zugriff am 1. November 2021.

gessene Referenzen im Warenkorb oder lenken die Aufmerksamkeit auf eine Wunschliste. Im Zuge dessen kann eine neue Kreation präsentiert werden, die besser zum individuellen Geschmack des Kunden passt.

In einem anderen Szenario fehlt dem Kunden die physische Produktpräsentation, weil die gewünschte Referenz nicht vorrätig ist. In diesem Fall sollte der Verkaufsmitarbeiter um die Zustimmung des Kunden bitten, ihn zu informieren, sobald die Referenz wieder im Geschäft ist. Die Folgekommunikation per Telefon, E-Mail oder einem anderen bevorzugten Kontaktweg kann mit einer Einladung für den Kunden kombiniert werden, einen Termin zu buchen.

In beiden Szenarien dient die Folgekommunikation als Erinnerung, das Interesse an einer bestimmten Kreation am Leben zu erhalten und dieses Interesse schließlich in einen Kauf umzuwandeln. Erinnerungs-E-Mails sind eine personalisierte Form der Marketing Kommunikation. Wahrscheinlich der wichtigste Faktor bei dieser Art von Marken-Kunden-Kommunikation ist das richtige Timing. So offensichtlich es auch sein mag, dass transaktionale Kommunikationen wie Bestellbestätigungen ofort nach dem Check-out an den Geschäftspartner oder Kunden gesendet werden, ist es wichtig, den besten Zeitpunkt für den Empfang einer Marketing E-Mail aus Sicht des Kunden zu bestimmen. In vielen Unternehmen bestimmt immer noch die technisch schnellstmögliche Zeit den Versandzeitpunkt anstelle der Relevanz für den Kunden.

5.3.4 Live Commerce ist der neue virtuelle Showroom

Wir werden dieses Kapitel kurz halten, da wir bereits die Bedeutung von Social Commerce und Live-Streaming in China in Abschn. 3.2 in Kap. 3 besprochen haben und im folgenden Kapitel skizziert haben, wie das neue Format die Welt erobert. Wir schlossen das Kapitel mit einer Liste von Fragen zur Relevanz für Luxusmarken. Während der Echtzeitaspekt von Live-Streaming und Live-Commerce-Events sicherlich ein Vorteil ist, bleibt der Mangel an Exklusivität eine Herausforderung, die durch kontinuierliche Innovation bewältigt werden muss. Der Game Changer ist nicht, dass Teleshopping online geht, sondern dass online über das Produkt hinausgeht.

5.4 Nahtloses Fulfillment und Kundenerwartungen übertreffen

In einer omni-personal Welt stehen Sie neuen Customer Journeys gegenüber. Ihr Kunde erwartet nahtlose Erfahrungen entlang von Kanälen und Kontaktpunkten sowie in Bezug auf das Fulfillment eine reibungslose Bestellabwicklung aus Sicht der Marke und die Erfüllung der Erwartungen aus Kundensicht (Abb. 5.14).

Zur Veranschaulichung stellen Sie sich einen Herrn vor, der die Münchner Boutique mit besonderem Interesse an einer bestimmten

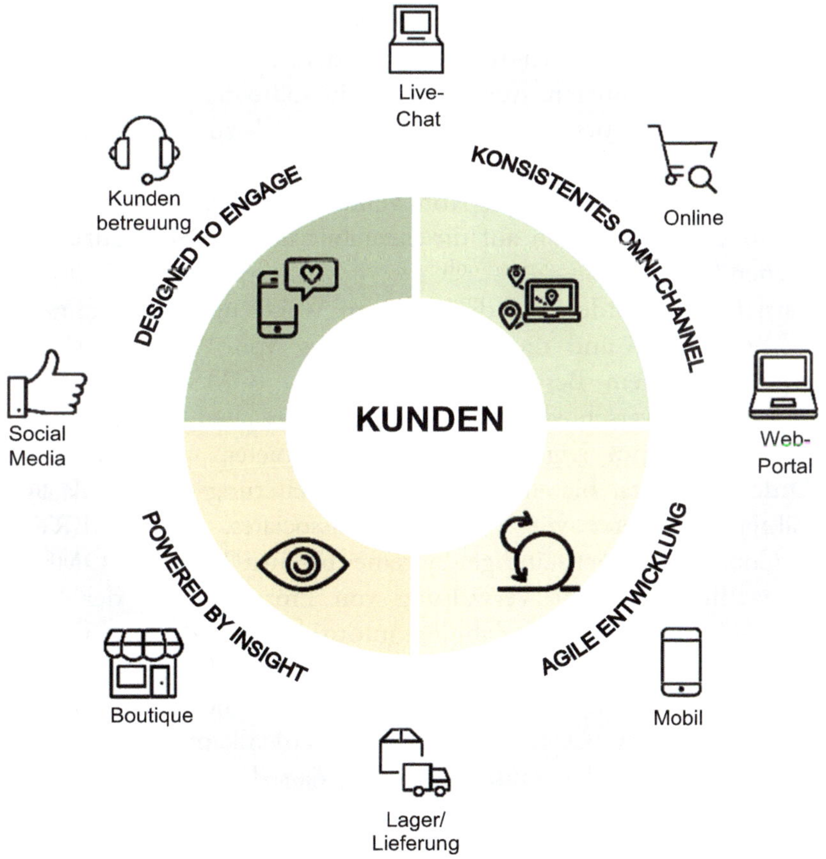

Abb. 5.14 Nahtlose Omni-Channel-Erfahrungen entlang von Kanälen und Kontaktpunkten

Uhr betritt. Er ist sich noch nicht sicher, ob er sie kaufen soll, weil er mehr Zeit zur Entscheidungsfindung benötigt oder weil die Uhr in seiner TraumKonfiguration für ein sofortiges Anprobe-erlebnis nicht im Geschäft verfügbar ist. Erstens sollte der Verkaufsmitarbeiter einen Überblick über die Bestandssituation in den Netzwerken haben. Das beinhaltet zum Beispiel interne und externe Netzwerke sowie das E-Com-Inventar, das oft zentral verwaltet wird. Zweitens sollte der Verkaufsmitarbeiter unabhängig vom Konversionskanal incentiviert werden. Ohne beides wird der Verkaufsmitarbeiter nicht unbedingt dazu ermutigt, kundenorientiert zu handeln.

Bestellverwaltungssysteme

Um omni-channel zu werden, benötigt man die richtige Geschäftsaufstellung, einschließlich rechtlicher Verträge, um unabhängig vom Verkaufskanal Verkäufe zu ermöglichen und zu fördern. Bei Omni-Channel geht es darum, mit isolierten Strukturen zu brechen, mit dem ultimativen Ziel, Verkaufschancen zu nutzen. Aus Kundensicht sollte der Verkaufsmitarbeiter in der Lage sein, die Bestandssituation ganzheitlich zu überprüfen, um die Wartezeit für den Kunden zu optimieren. Neben der verbesserten Kundenerfahrung und der Maximierung von Verkaufschancen hat Omni-Channel auch positive Auswirkungen auf die Rentabilität und die Reduzierung des gebundenen Kapitals.

Offensichtlich erfordert das die richtigen Werkzeuge und Technologien. Bestandssichtbarkeit und die Automatisierung von Prozessen werden in der Regel mit einem Bestellverwaltungssystem (OMS) angegangen, das seine Wurzeln in verschiedenen Schwerpunktbereichen hat: E-Commerce, im Geschäft und im Lager. Einige OMS-Anbieter, wie IBM (Sterling) und OrderDynamics, bieten Module als Erweiterung eines ERP Systems an, während Anbieter wie Manhattan Associates, Kibo, KBRW und Fluent Commerce eigenständige Systeme bereitstellen. Ein OMS bietet Workflow-Fähigkeiten zur Verwaltung von Prozessen von der Auftragserfassung, Validierung und Zahlungsautorisierung über Betrugsprüfung, Beschaffung und Backorder-Management bis hin zu Pick, Pack, Ship und transaktionalen Bestellbenachrichtigungen. Rücksendungs management, dasauch mit einem OMS angegangen werden kann. Der wichtigste Punkt, der betont werden muss, ist jedoch, dass die Bestandspriorität und -zuweisung über die Beschaffungsregeln verwaltbar sind. Offensichtlich hat jede dieser OMS-Lösungen ihre eigenen Stärken und Schwächen, und die perfekte Übereinstimmung erfordert eine Bewertung der individuellen Anforderungen, wie die Gesamtkosten des Eigentums; der Grad der Automatisierung; die Omni-Channel Szenarien, die out of the box abgedeckt sind; der Umfang der Kanäle, Geographien und Währungen; die Unterstützung mehrerer Lagerstandorte; API Zugang und Schnittstellen; und die Roadmap für die weitere Entwicklung. Darüber hinaus muss die potenzielle Auswirkung neuer Netzwerkstrategien auf Altsysteme bewertet werden.

Omni-Channel-Implementierung

Für die grundlegende Einrichtung sind verschiedene Komponenten für die integrierte Omni-ChannelErfüllung unerlässlich: Auftragsorchestrierung, Bestandsmanagement, Ladenabwicklung, Kundenservice und Integration:

- *Auftragsorchestrierung* beinhaltet die Verfolgung des Auftragsstatus, intelligente Auftragsweiterleitung, Workflow-Definitionen und Benachrichtigungen, Auftragsausnahmen, das Management von Teillieferungen, Auftragssplitting, Drop Shipping, wiederkehrende Aufträge, Vorverkauf und Nachbestellungen, Auftragsversionierung, Steuerberechnung, Rückgabe- und Betrugsmanagement und Zahlungsabwicklung.
- *Bestandsmanagement* umfasst Geschäfte, Drop-Ship-Anbieter, Verteilungszentren, unterwegs befindliches Inventar, Sichtbarkeit der Lieferkette und Fähigkeit zur Zusage (ATP).
- *LadenErfüllung* bezieht sich auf die Omni-Channel Szenarien: Versand aus dem Geschäft, Abholungim Laden, Click and Collect, von Laden zu Laden, Versand an den Laden und Kommissionieren und Verpacken.
- *Kundenservice* bezieht sich auf den Zugang zu Auftragsdetails, Auftragserfassung, Änderung, Stornierung und Rückerstattungen sowie den Auftragseskalations-Workflow.
- *Integration* ist unerlässlich für die nahtlose Interaktion mit Spediteuren, Geschäften, Merchandising-Systemen und Lagerverwaltung.

Der Weg zu Omni-Channel basiert auf vier Bausteinen: Planung, Bestandssichtbarkeit, Zuweisung und Erfüllung, doch alles beginnt mit Daten. Um Bestände effizient zu planen und zu positionieren, müssen Sie die Nachfragesituation auf der Grundlage eines datengesteuerten Ansatzes verstehen, idealerweise unterstützt durch ein CDP. Mit anderen Worten, die Produktverfolgung muss anhand einer eindeutigen Kennung, wie der Seriennummer, ermöglicht werden. Sobald die eindeutige Produktidentifikation sichergestellt ist, visualisieren Analysetools Ihre Verkäufe und genauen Bestände. Sie sollten beeinflussende Ereignisse berücksichtigen, wie kanalspezifische Marketing Kampagnen, um Ihre Entscheidungen auf validen Daten zu stützen. Zweitens ist die Bestandssichtbarkeit die Grundlage, um Ihr Lieferkettennetzwerk zu überdenken und zu verbessern. Diese

Sichtbarkeit unterstützt den Einsatz von individualisierten Sortimenten auf Boutique-Ebene, um die Nachfrage genauer zu adressieren. Drittens geht dies Hand in Hand mit einer optimierten Bestandszuweisung, um sicherzustellen, dass der Kunde seine Bestellung auf die relevanteste Weise erhält, durch dynamische Beschaffungs regeln. Durch Beschaffungs- und Prioritätsregeln können Sie verschiedene Prioritätskriterien festlegen, wie den schnellsten Auftragsweg, den kosteneffizientesten und den geographisch geeignetsten. Sogar erwartete Spitzen aufgrund von Marketingkampagnen können berücksichtigt werden. Basierend auf diesen Kriterien identifiziert das OMS automatisch die beste Erfüllungsmethode, um die Kundennachfrage zu erfüllen und gleichzeitig Ihr Rentabilitätsziel zu sichern. Schließlich können Sie auf der Grundlage der Planung, Bestandssichtbarkeit und Zuweisung strategisch gut positionierte Schattenbestände etablieren. Um die Kosten und den Aufwand unter Kontrolle zu halten, wird das Schatteninventar oft in bestehende Geschäfte integriert und dynamisch, ausgelöst durch die Nachfrage, bewegt.

Als Gegenleistung für die Verwaltung des Schattenbestands in ausgewählten Boutiquen, incentivieren zusätzliche Vorteile, wie eine Auftragspriorität oder exklusiver Zugang zu ausgewählten Kreationen. Eine alternative Möglichkeit, Omni-Channel zu incentivieren, ist über die Marge. Die Verfügbarkeit des Bestands ist ein Vermögenswert. Der Zugang zum Kunden ist ein weiterer, aber sein wahrer Wert wird freigesetzt, wenn beide Vermögenswerte aufeinandertreffen. Daher besteht eine Option darin, die Marge zwischen dem Bestandszugang eines Partners und dem Kundenzugang eines anderen Partners aufzuteilen. Es gibt mehrere Möglichkeiten, kundenorientiertes Handeln zu incentivieren, und jede Marke definiert ihre eigenen Regeln.

Anwendungsbeispiel

Wenn wir zu unserem Herrn in der Münchner Boutique zurückkehren, hat der Verkaufsmitarbeiter in der Zwischenzeit die Verfügbarkeit des gewünschten Zeitmessers überprüft. Er konnte diesen weder in einer internen noch in einer externen Boutique finden, leitet den Kunden jedoch an den Online Shop weiter. Aufgrund des markeneigenen Affiliate-Programms für Mitarbeiter, das mit dem CDP verknüpft ist, hat der Verkaufsmitarbeiter seine eigene ID, die als eindeutiger Identifikator fungiert, wenn sie zu geteilten URLs hinzugefügt wird.

Daher fragt der Verkaufsmitarbeiter den Kunden: ‚Darf ich Ihnen alle Details des Zeitmessers, an dem Sie interessiert sind, mitteilen?‘ Nach der Bestätigung des Kunden navigiert der Verkaufsmitarbeiter zur relevanten

Referenz online im markeneigenen Online-Shop. Er fügt seine Affiliate-ID zum Link hinzu und generiert beispielsweise einen QR Code für den Kunden. Der Verkaufsmitarbeiter druckt diesen QR-Code im Geschäft auf die Rückseite seiner Visitenkarte. In einem papierlosen Szenario wird der QR-Code auf dem Gerät im Geschäft angezeigt, damit der Kunde den Code direkt vom Bildschirm scannen kann. Im nächsten Schritt wird der Besuch im Geschäft über einen eindeutigen Identifikator, wie die persönliche Affiliate-ID des Verkaufsmitarbeiters, mit einer Online-Shop-Sitzung verknüpft. Sobald der Kunde den Artikel in den Warenkorb legt und den Check-out-Prozess durchläuft, wird die Affiliate-Provision dem Verkaufsmitarbeiter gutgeschrieben.

Weiter gedacht, ermöglicht eine In-Store-Rückgabeoption eine weitere persönliche Interaktion zwischen dem Verkaufsmitarbeiter und dem individuellen Kunden. Zunächst muss der Verkaufsmitarbeiter den Grund für die Rückgabe verstehen. Dementsprechend versucht er oder sie, eine alternative Artikelvariante zu finden, die besser den Erwartungen des Kunden entspricht. Der Zyklus beginnt von Neuem. Die Bindung zwischen dem Verkaufsmitarbeiter und dem individuellen Kunden entwickelt sich fort.

Im besten Fall übertrifft der angebotene Service das erwartete Niveau, um einen Unterschied zu machen. Das wird aus dem Kano-Modell deutlich, das besagt, dass einige Kundenanforderungen wenig oder keinen Einfluss auf die Kundenzufriedenheit haben.[40] Diese Anforderungen werden auch als Grundanforderungen bezeichnet. Eine Markendifferenzierung über Grundanforderungen, wie einen funktionierenden Online Shop oder ein nahtloses Fulfillment Erlebnis, ändert das Spiel nicht: der Service versteht sich von selbst. Bisher haben wir Omni-Channel Verkaufsszenarien diskutiert, die auch Omni-Channel-Rückgabeszenarien beinhalten. Das ist wesentlich, um in einer kundenorientierten Weise zu handeln, übertrifft aber nicht die Erwartungen, solange keine Service-Personalisierung abgebildet wird.

Der Knackpunkt ist, dass die Nicht-Erfüllung von Grundanforderungen zu Unzufriedenheit führt, ihre Erfüllung jedoch nicht zu Begeisterung führt. Die entscheidenden Faktoren sind die Begeisterungsanforderungen, die den Kunden positiv überraschen, weil sie nicht erwartet wurden oder innovativ erfüllt werden. Wie können Marken die Erwartungen der Kunden übertreffen? Wie kann Omni-Channel Fulfillment in ein Omni-Personal

[40] Kreutzer R (2018) Customer Experience Management – wie man Kunden begeistern kann. In: Rusnjak A, Schallmo R (Hrsg) Customer Experience im Zeitalter des Kunden: Best Practices, Lessons Learned und Forschungsergebnisse. Springer, Wiesbaden, S. 193–241.

Erlebnis umgewandelt werden? In den nächsten beiden Unterkapiteln untersuchen wir Differenzierungsstrategien, die in Produkt-Transparenz und Personalisierung verwurzelt sind.

5.4.1 End-to-End-Rückverfolgbarkeit zur Vereinfachung von Lieferketten- und Bestandsmanagement

Chopard startete 2013 seine erste Green Carpet Collection aus fair gehandeltem Gold aus zertifizierten Minen und Edelsteinen, die vom Responsible Jewellery Council überprüft wurden.[41]Tiffany hat eigene Diamantwerkstätten und kauft nicht bei Zwischenhändlern. In seinen Werkstätten bringt der vertikal integrierter Schmuckhersteller Laserinschriften an, um alle Diamanten größer als 0,18 Karat dank mikroskopischer Codes zu verfolgen.[42]Cartier hat sein Interesse an Blockchain Technologie zur Rückverfolgung der Herkunft von Edelsteinen und Metallen angekündigt.[43]

François-Henry Bennahmias, CEO von Audemars Piguet, erklärte in unserem Interview: ‚Marken müssen transparent sein, ohne Einschränkungen. Sie müssen auch mehr denn je fürsorglich sein.' Woher kommt die Kreation? Aus was besteht sie? Wer hat sie zuvor besessen? Diese Fragen sind nicht neu. In einer Zeit, in der Nachhaltigkeit, soziale und ökologische Verantwortung, faire Arbeitsbedingungen und transparente Lieferketten in den Fokus der Kunden rücken, wird es immer wichtiger, Werte und Verantwortlichkeiten klar an Kunden zu kommunizieren. Auf der einen Seite geht es um Transparenz und Verantwortung gegenüber den Kunden. Auf der anderen Seite steht es im Zentrum der Sicherstellung der Lieferketten- und Bestandsübersicht, um Omni-Channel zu nutzen und die Rentabilität auf der Grundlage der Prinzipien der Kreislaufwirtschaft zu steigern.

Das Ziel der durchgängigen Rückverfolgbarkeit besteht darin, jedem Produkt eine digitale Produktidentität durch einen digitalen Zwilling, NFT

[41] Cappellieri A, Tenuta L (2020) Schmuck zwischen Produkt und Erlebnis: Luxus im einundzwanzigsten Jahrhundert. In: Gardetti MÁ, Coste-Manière I (Hrsg.) Nachhaltiger Luxus und Handwerkskunst: Umweltbilanzen und Ökodesign von Produkten und Prozessen. Springer Nature Singapore Pte Ltd, Singapur, S. 1–23.

[42] Cumenal F (2017) Wie ich es gemacht habe: Der CEO von Tiffany über die Schaffung einer nachhaltigen Lieferkette. Harvard Business Review. März–April:41–46.

[43] Corder R. (2018) Schweizer Uhrenhersteller verfolgt Zeitmesser für das Leben mit Blockchain-Technologie. https://www.watchpro.com/swiss-watchmaker-tracks-timepieces-for-life-using-blockchain-technology/. Zugriff am 24. September 2020.

oder digitalen Pass zu verleihen, der alle produktbezogenen Informationen trägt. Typischerweise wird ein digitaler Identifikator an das Produkt gekoppelt, um alle Informationen entlang der Wertschöpfungskette – von Rohstoff bis zum fertigen Produkt und sogar darüber hinaus – zu erfassen und eine Kreislaufwirtschaft zu ermöglichen. Bei der Betrachtung der durchgängigen Rückverfolgbarkeit ist es wichtig, zwischen dem Up- und Downstream-Produktlebenszyklus zu unterscheiden (Abb. 5.15).

Der Upstream-Produktlebenszyklus umfasst den Prozess von der Rohstoffbeschaffung, Produktion und Herstellung bis zur fertigen Kreation im Lager. Der größte Vorteil der Rückverfolgbarkeit im Upstream-Teil ist die Transparenz über die Herkunft des Produkts und die genaue Bestandsübersicht. Hard-Luxury-Player beginnen, RFID und Blockchain im Upstream-Teil einzusetzen. Ihr Hauptaugenmerk liegt jedoch auf dem Downstream-Teil als Voraussetzung für Omni-Channel.

Der Produktlebenszyklus nachgelagerter Produkte bezieht sich auf die Produktverteilung innerhalb eines Markennetzwerks über den Betrieb im Geschäft und die Kundenbindung bis hin zum After-Sales-Service und der Eigentumsübertragung. Die Vorteile der Rückverfolgbarkeit im nachgelagerten Teil sind mit der Produktauthentizität und erweiterten Kundendienstleistungen verbunden.

Im Allgemeinen sollte für maximale Transparenz der Transponder oder Identifikator so früh wie möglich im Produktionsprozess an den Wertträger

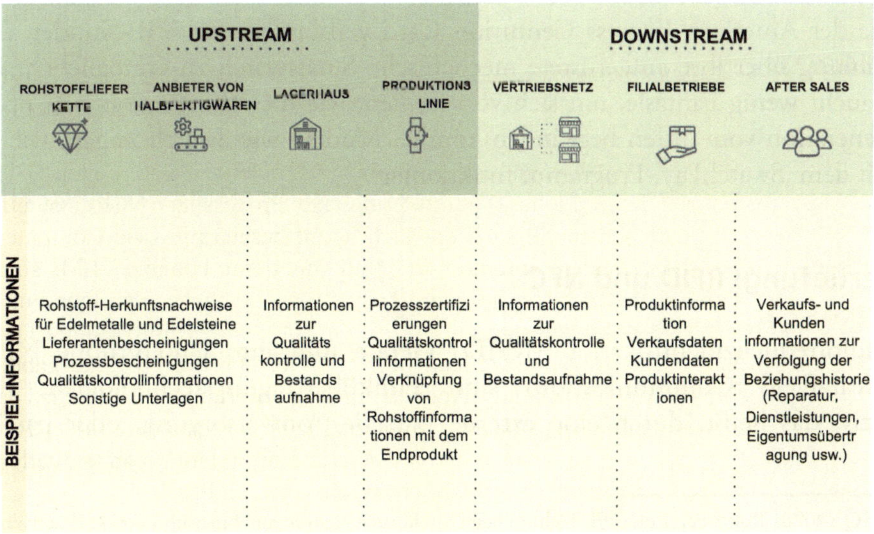

Abb. 5.15 Rückverfolgbarkeit

angebracht werden. Es gibt verschiedene Tracking-Technologien, wie RFID, NFC, QR-Codes und Barcodes, um Produkte zu verfolgen, aber nicht alle diese Technologien funktionieren auf Metall und Edelsteinen, wie es im Schmuck- und Uhrensegment benötigt wird. Alle Tracking-Technologien ermöglichen es Unternehmen, auf den digitalen Zwilling des Produkts zuzugreifen und ihn mit zusätzlichen Informationen zu aktualisieren.

RFID, NFC, QR-Codes und Barcodes

NFC, QR-Codes oder Barcodes werden oft auf separate Aufkleber oder Karten aufgebracht oder gedruckt, da sie sichtbar und scanbar sein sollten. Daher müssen sie manuell mit der Referenz gepaart werden, da sie kein fertiger Produktbestandteil sind. Anders sind RFID oder NFC-Mikrochips, die direkt in das Armband oder die Rückseite einer Uhr oder Schmuckkreation eingebettet werden können. Grundsätzlich werden Chips in Materialien wie Glas, Keramik oder Kunststoff eingebettet. Die direkte Einbettung des Chips in Metall ist aufgrund des Spannungskoeffizienten nicht möglich. Infolgedessen kann der Chip für ein Zeitmessgerät in die Mitte des Kristallgehäuses, das das Zifferblatt oder die Rückseite einer Uhr abdeckt, eingebaut werden. Mit dem Meilenstein dieser Fähigkeit, Produkt und Mikrochip zu einer Einheit zu verschmelzen, erweitern sich die Anwendungsmöglichkeiten auf das Niveau von Smartwatches. Das innovative STISS-Glas zum Beispiel – STISS steht für ‚Swiss Technology Inside Smart Sapphire' – fügt einer analogen Uhr eine kontaktlose Zahlungsfunktion hinzu.[44] Wenn wir diese Entwicklung weiter betrachten, kann die Uhrenwelt sich mit exklusiven Programmen wie der American Express Centurion Card verbünden, um VIP-Kunden die Zahlung über ihre aufgerüstete mechanische Smartwatch zu ermöglichen. Es braucht wenig Fantasie, um sich vorzustellen, wie diese Innovation eine neue Generation von Uhren begründen könnte. Marken wie Swatch zeigen, wie es mit dem ‚SwatchPay'-Programm funktioniert.

Vertiefung: RFID und NFC

Radiofrequenzidentifikation (RFID) Geräte und ihre Untergruppe NFC (Near-Field Communication) sind Funkübertragungstechnologien, die aktiv, das heißt, durch eine externe Batteriestromversorgung, oder passiv,

[44] GQ (2020) Rolex der Zukunft? Technischer Durchbruch könnte aus Luxusuhren eine Smartwatch machen. https://www.gq-magazin.de/mode/artikel/rolex-der-zukunft-technischer-durchbruch-macht-luxusuhren-zu-smartwatch. Zugriff am 5. August 2020.

durch elektromagnetische induktive Stromübertragung, arbeiten. Das ist wie bei heutigen Smartphones oder EarPods, die drahtlos aufgeladen werden. RFID-Geräte gibt es seit dem Ende des Zweiten Weltkriegs und sie wurden im Laufe der Jahre immer kleiner. Die ursprüngliche militärische Anwendung verlagerte sich in industrielle und Verbraucheranwendungen, zum Beispiel Kreditkarten, Smartphones, elektronische Zugangssysteme und Preis- und Tracking-Tags, sowie Uhren. Die Miniaturisierung der neuesten RFID-Chip-Generation ist beeindruckend und liegt heute im Bereich eines Quadratmillimeters oder sogar weniger. Jeder RFID Mikrochip ist mit einer Antenne ausgestattet, die auch zur Stromversorgung dient, deren Hauptzweck jedoch darin besteht, die Daten des Chips über eine bestimmte Entfernung jederzeit per Funk zu lesen. Fortgeschrittene RFID-Geräte können Mikroprozessoren, programmierbare Verschlüsselungsinformationen und verschiedene Sicherheits- und Verschlüsselungsmethoden enthalten, wie zum Beispiel Blockchain Technologie, um sicherzustellen, dass nur autorisierte Benutzer die Daten lesen können.

Um Materialien und Produkte zu identifizieren und zu verfolgen, kann ein RFIDMikrochip an jede einzelne Produktkomponente angebracht werden. Dieser Chip verfolgt verschiedene Ereignisse, wie zum Beispiel die Daten der Qualitätskontrolle, des Verkaufs, und der Rückgabe. Diese Daten liefern zahlreiche Erkenntnisse und beschleunigen den Inventur Prozess enorm. Parallel dazu profitiert die Datenpräzision von RFID, da die Inventur eine Genauigkeit von 99 % im Vergleich zur manuellen Inventur erreicht.[45]

Diese Zahlen führen uns zu einer der großen Fragen der Rückverfolgungstechnologien: Wie kann ihre Rentabilität quantifiziert werden?[46] Für den Moment gibt es darauf keine allgemeingültige Antwort. Die Rentabilität hängt vom individuellen Anwendungsfall und dem Unternehmenskontext ab. Im Allgemeinen ist eine Technologie wie RFID am besten am Anfang der Wertschöpfungskette, das heißt, direkt im Rohstoff, integriert. Dies ermöglicht es, am Ende der Kette den größtmöglichen Erfolg zu erzielen. Innerhalb der Lieferkette und des Vertriebsnetzwerks erfordert dies eine enge Zusammenarbeit und ganzheitliches Denken. Daher empfehlen wir, eine Bewertung durchzuführen, um Ihr Kosteneinsparpotenzial zu identifizieren und abzuschätzen.

[45] Jahn M (2017) Industrie 4.0 konkret: Ein Wegweiser in die Praxis. Springer, Wiesbaden, Standort 370.

[46] Jahn M (2017) Industrie 4.0 konkret: Ein Wegweiser in die Praxis. Springer, Wiesbaden, Standort 169.

Zum Beispiel legt der chinesische Juwelier Chow Tai Fook die Schmuckkreationen, die von Interesse sind, auf ein intelligentes Tablett, um die Kreation dem Besucher zu präsentieren.[47] Jedes Tablett ist mit einem RFID Tag ausgestattet; ebenso hat jedes Schmuckstück seinen eigenen RFID-Tag. Auf diese Weise hat das Geschäft Transparenz über die Interaktionshistorie jeder Kreation. Es ermöglicht auch die Identifizierung von potenziellen Bestandsverbesserungen, was besonders wertvoll ist, wenn Sie mit begrenztem Regalplatz in Ihren Boutiquen konfrontiert sind. A/B-Tests zur besten Positionierung im Geschäft sind möglich. Im Falle von Chow Tai Fook werden langsam drehende Produkte in ein anderes Geschäft transferiert und sogar eingeschmolzen, um in neue Kreationen umgewandelt zu werden, wenn der Bestandstransfer keinen Verkauf auslöst. Diese drastischen Entscheidungen erfordern eine klare Datenbasis, die in diesem Fall durch die RFID-Tags gewährleistet ist.

Blockchain

Wenn Sie nach Daten Transparenz und Sicherheit suchen, könnte Blockchain eine ausgezeichnete Wahl sein. Diese Technologie ermöglicht es Ihnen, alle erfassten Datenpunkte entlang der Wertschöpfungskette transparent und sicher zu verbinden und zu speichern. Blockchain wird in einer dezentralen Datenbank von verschiedenen Benutzern verwendet, die die Gültigkeit der Kette vom Produktursprung und allen Übertragungen bis zur letzten Transaktion überprüfen. Wann immer ein neues Blockelement validiert wird, wird die Blockchain durch den neuen zeitgestempelten Block erweitert und bleibt für das Benutzernetzwerk zugänglich.[48] Dank der Transparenz innerhalb der Blockchain hat der tatsächliche Eigentümer eines gestohlenen Gegenstandes die Kontrolle, indem er dieses Ereignis markieren und mit dem gesamten Netzwerk teilen kann. Wenn eine gestohlene Uhr in Ihrem markenkontrollierten internen oder externen Markengeschäft wieder auftaucht, ist der Verkaufsmitarbeiter in der Lage, den rechtmäßigen Eigentümer zu identifizieren. Es versteht sich von selbst, dass dieser Authentifizierungsprozess auch Fälschungen erkennt. Abschließend gewährt die Blockchain-Technologie die ultimative Transparenz, indem sie eine gemeinsame Geschichte zwischen Marke und Kunde kodiert und

[47] Zhang W, Chen J (2020) Digging for gold with data analytics at Chow Tai Fook. https://store.hbr.org/product/digging-for-gold-with-data-analytics-at-chow-tai-fook/HK1211. Zugriff am 3. April 2021.

[48] Batat W (2019) Digitaler Luxus. Sage Publications, Los Angeles, S. 131.

dekodiert. Diese Beziehung lässt sich leicht für zusätzliche Loyalitäts-Dienstleistungen nutzen. Spezialisierte Blockchain-Anbieter im Luxussegment sind Everledger, Aura, Arianee, WIseKey, Tracr und Adresta.

Vertiefung: Blockchain Spezialisten Everledger, WIseKey, Tracr und Adresta

Everledger ist ein Technologieunternehmen, das sich auf Blockchain und intelligente Kennzeichnung konzentriert, um die Transparenz hinsichtlich der Herkunft und des Eigentums von Artikeln zu erhöhen. Everledger stellt diese Daten Kunden und Stakeholdern entlang der Wertschöpfungskette, wie Produzenten, Herstellern, Zertifizierungshäusern und Einzelhändlern, zur Verfügung. In Zusammenarbeit mit Chow Tai Fook und dem Gemological Institute of America (GIA) hat das Unternehmen eine digitale Lösung eingeführt, um Diamantgraduierungsberichte über die Blockchain mit Kunden zu teilen.[49]
Aura ist eine Plattform, die darauf abzielt, die digitale Sicherheit für Kunden zu vereinfachen. Sie gewährt Kunden Zugang zur Historie eines Produkts und zum Nachweis seiner Authentizität.[50] Die Plattform ist ein Konsortium des EthereumBlockchain Spezialisten ConsenSys, Microsoft und des Luxuskonglomerats LVMH. Die Plattform richtet sich an die gesamte Luxusindustrie und nach den ersten Zusammenarbeiten mit Louis Vuitton und Parfums Christian Dior wurde das Aura Blockchain Konsortium in Partnerschaft mit LVMH, Richemont und der Prada Gruppe vorgestellt, kürzlich trat auch OTB dem Club bei.
Das in Paris ansässige Arianee Projekt ist eine unabhängige Open-Source-Initiative mit der Mission, einen globalen Blockchain Standard für digitale Zertifizierung in der Luxusindustrie zu schaffen.[51] Die Uhrmacher Breitling und Vacheron Constantin vertrauen auf die dezentrale und sichere Uhren-Verifizierung, die das Arianee-Protokoll bietet, um eine erweiterte digitale Identität für ihre Kreationen zu liefern.

[49] Everledger (2020) Firmenwebsite. https://www.everledger.io/case-study/everledger-with-gia-and-chow-tai-fook/. Zugriff am 27. Dezember 2020.

[50] ConsenSys (2019) LVMH, ConsenSys und Microsoft kündigen Konsortium für Luxusindustrie an. https://consensys.net/blog/press-release/lvmh-microsoft-consensys-announce-aura-to-power-luxury-industry/. Zugriff am 16. Mai 2020.

[51] Arianee (2021) Unternehmenswebsite. https://www.arianee.org. Zugriff am 28. Februar 2021.

Der Cybersicherheitsspezialist WIseKey bietet unter dem Produktnamen ‚WIseAuthentic' eine spezielle Lösung für Uhrmacher wie Hublot, Bulgari und Favre-Leuba.[52] Die Methode kombiniert sichere NFC WIseKey NanoSealRT® Mikrochips mit Cloud-basierter Track-and-Trace-Software, um alle ihre Zeitmesser mit Hilfe von Blockchain Technologie zu registrieren und zu authentifizieren. In diesem Zusammenhang ist es wichtig zu bedenken, dass NFC hauptsächlich für sichere Transaktionsfunktionalität genutzt wird, wie zum Beispiel die Aktivierung einer Uhrengarantie und den Fälschungsschutz (siehe auch Abschn. 5.5.4).
Tracr ist eine auf die Diamantenindustrie ausgerichtete Rückverfolgbarkeits Plattform, die zum Diamantenmarktführer De Beers gehört (Abb. 5.16).[53] Die Plattform beansprucht, die erste Organisation zu sein, die einen Diamanten sicher entlang der Diamanten Wertschöpfungskette verfolgt – von der Mine über den Schleifer und Polierer bis zum Juwelier. Es ist gut zu wissen, dass Chow Tai Fook an Tracr's Pilotprogramm teilnimmt.
Schließlich erstellt das Schweizer Start-up Adresta Blockchain-basierte digitale Zertifikate für Zeitmesser.[54] Diese Zertifikate werden sicher auf der Webanwendung gespeichert, zusammen mit der Geschichte der Uhr vom Hersteller bis zum Service und Reparatur, einschließlich Vorbesitzerverkäufen. Adresta hat sich dem Ziel verschrieben, das Kundenerlebnis in der Luxusgüterindustrie durch Schaffung von Vertrauen und Transparenz mit Hilfe neuer Technologien zu verändern.

Die Liste der Anbieter zeigt die Vielfalt der Optionen. Allerdings ist das individuelle Spiel einzelner Unternehmen durch die fehlende Skalierbarkeit und die damit verbundenen zusätzlichen Kosten eingeschränkt. Daher war die Gründung eines Konsortiums ein grundlegender Schritt, um den Industriestandard in Bezug auf das angewandte blockchain Protokoll zu setzen. Das ist die Grundlage, um Skalierbarkeit zu ermöglichen.

Neben der gewonnenen Transparenz in der Kommunikation gegenüber dem Kunden erleichtert die End-to-End-Verfolgung eines Artikels die Analyse des Kundenverhaltens und damit die Ableitung neuer, kundenorientierter Dienstleistungen. Es ist letztlich die einzige Methode, um die

[52] WIseKey (2020) Unternehmenswebsite. https://www.wisekey.com/solutions/brand-protection/authentic-customer-engagement/. Zugriff am 27. Dezember 2020.

[53] Tracr (2020) Unternehmenswebsite. https://www.tracr.com. Zugriff am 31. Dezember 2020.

[54] Adresta (2020) Unternehmenswebsite. https://adresta.ch/en. Zugriff am 31. Dezember 2020.

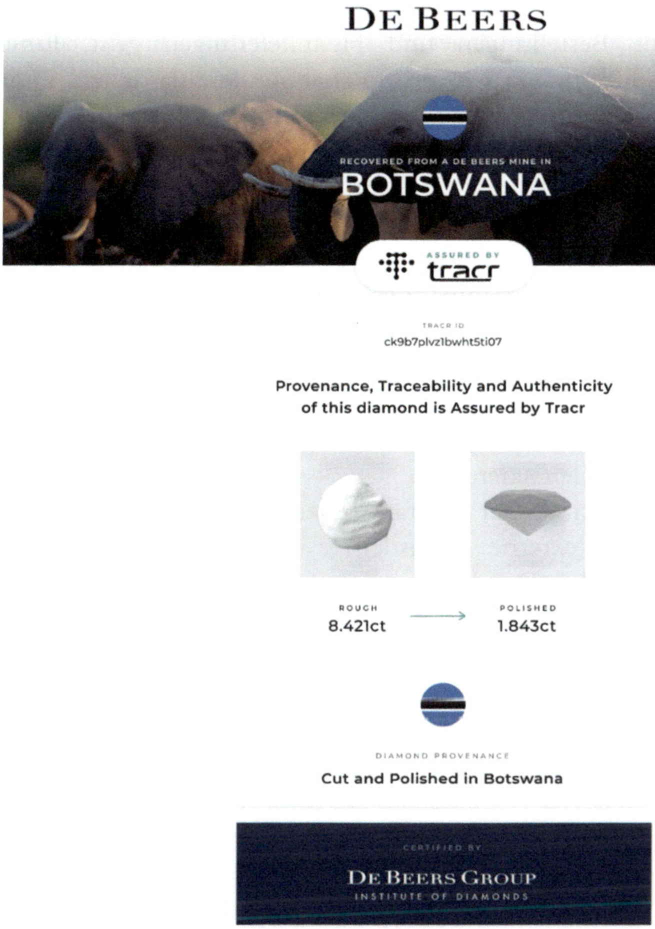

Abb. 5.16 Ten/ten Kollektion, De Beers Group, 2021. (Mit Genehmigung der De Beers Group gedruckt)

schnelle und flexible Bearbeitung von Bestellungen zu realisieren, die in einem omni-channel Kontext unverzichtbar ist.

5.4.2 Das Management der letzten Meile

Marken investieren eine erhebliche Menge an Geld und Mühe in exklusives Marketing, einzigartiges Produktdesign und aufwendige Verpackungen. Sie behalten die volle Kontrolle über die In-Store-Zeremonie.

Dooh das Management der letzten Meile ist der Engpass für Luxus, wenn es um Online Bestellungen und Heimlieferungen geht. Einerseits haben Amazon und andere Unternehmen hohe Standards mit same-Day Lieferungen gesetzt; andererseits sind Luxusmarken oft auf externe Lieferdienste angewiesen. Mit diesem Ansatz ist immer ein gewisses Risiko verbunden, dass das Liefererlebnis die Kundenerwartungen nicht erfüllt. Ein noch größeres Risiko ergibt sich aus der Tatsache, dass der Kunde nicht zwischen dem Produkt- und dem Liefer erlebnis unterscheidet. Für den Kunden zählen sie als ein Erlebnis. Die Lieferung wirkt als der neueste und daher relevanteste Markeneindruck, auch bekannt als der Neuheitseffekt. Aufgrund dieser entscheidenden Position innerhalb der Customer Journey i st es umso wichtiger, bei der Produktübergabe einen überzeugenden Eindruck zu hinterlassen – niemand möchte die Loyalität buchstäblich auf der letzten Meile riskieren.

Luxusmarken begegnen dieser Herausforderung mit eigenen VIP-Lieferdiensten; und auch externe Dienstleister verstehen die gehobenen Anforderungen der Branche. Der Luxury Express von JD in China bietet einen White-Glove Service, der Bestellungen mit einem Elektrofahrzeug statt dem Standardroller zum Kunden nach Hause liefert.[55]YNAP, Bulgari, Gucci und Hermès bieten ebenfalls VIP-Dienste an, wie Rolls Royce Lieferung, Übergabe durch einen uniformierten Verkaufsmitarbeiter mit Bodyguard oder Lieferung am selben Tag mit einer ‚Sie probieren, wir warten' Option. Letzteres setzt voraus, dass der Kunde und seine Vorlieben bereits bekannt sind, so dass die Auswahl der vom persönlichen Verkaufsmitarbeiter mitgebrachten und präsentierten Kreationen relevant ist. Es ist für die VIP-Kunden zugeschnitten, die bereit sind, online oder telefonisch zu bestellen, aber nicht auf die Verkaufszeremonie verzichten wollen. Im Falle von Präsentationen von hochwertigem Schmuck oder Zeitmessern kann eine solche private Verkaufszeremonie am Ort des Kunden oder in einer Hotelsuite eine glückliche Stunde dauern, einschließlich eines Glases Champagner oder einer Tasse Tee.[56] Das Erlebnis lässt nichts missen und bietet höchste Diskretion. Der einzige Nachteil ist, dass diese zusätzlichen Dienstleistungen nur in Metropolen wie London oder Paris verfügbar sind,

---

[55] Santhiram S (2020) Wie Luxusmarken den E-Commerce nutzen können, um nach COVID-19 wieder auf die Beine zu kommen. https://www.luxurysociety.com/en/articles/2020/04/how-can-luxury-brands-their-e-commerce-game-post-covid19/. Zugriff am 27. April 2020.

[56] Guiltbault L (2020) Der Schmuckverkauf ist rückläufig. Es ist immer noch eine gute Wette. https://www.voguebusiness.com/companies/jewellery-spending-is-down-its-still-a-good-bet. Zugriff am 3. Juli 2020.

wo die direkte Nähe zum Kunden eine einfache Implementierung mit der bestehenden Infrastruktur ermöglicht.

Die beschriebenen persönlichen Dienstleistungen für die letzte Meile sind sicherlich ein Unterscheidungsmerkmal, aber schwer auf ein breiteres Publikum zu skalieren. Dennoch sehen wir einige interessante Versuche, personalisierte Lieferungen im großen Maßstab anzugehen. Einer davon wird durch das Unternehmen YNAP getrieben, das lokale Premium-Lieferoptionen anbietet innerhalb vom Kunden vordefinierter Lieferfenster, Abendlieferungen möglich. Zweitens stellt dies sicher, dass der Kunde zum Zeitpunkt der Lieferung persönlich anwesend ist. Es gibt auch erste Pilotprojekte, die eine Lieferung à la ‚Lieferando' über eine App nachverfolgbar machen und eine Echtzeitkommunikation mit dem Lieferanten ermöglichen.[57] Beide Ideen helfen, ein positives Liefererlebnis zu gewährleisten, um den Wunsch des Kunden zu erfüllen und die Erwartungen zu übertreffen.

5.5 After-Sales-Service, um eine verbesserte Kunden-Loyalität zu erreichen

Mit der Demokratisierung des Luxus ließ sich das Geschäft skalieren, aber nicht die After-Sales Dienstleistungen. Kunden freuten sich sich endlich als Kunden der Marke X bezeichnen zu können., doch hinsichtlich After Sales Service leistete sichLuxus einen gewissen Grad an Ignoranz – oder fühlte sich zumindest in dieser Hinsicht sicher. Das Potenzial des Kundenlebenszyklusmanagements blieb lange ungenutzt. Das ändert sich jetzt.

Als einer der Autoren vor drei Jahren eine Uhr von einer in Paris ansässigen Luxusmarke kaufte, wurde die Nachbestellung des Armbands zu einem besonderen Erlebnis. Das modulare Prinzip der Kollektion wurde online beworben: Kombinieren Sie die Uhr beliebig mit verschiedenen Armbändern. Diese Idee versprach Vielfalt und Abwechslung. Das einzige Hindernis war, dass die Bestellung der austauschbaren Armbänder online nicht möglich war. Dies führte dazu, dass der Kunde einen externen Partnerladen in München besuchte. Dort wurde ihr mitgeteilt, dass die Kollektion

[57] Heinemann, G (Hrsg.) (2019) Der neue Online Handel. Springer, Wiesbaden, S. 379.

nicht vorrätig und nicht bestellbar sei. Der zweite Versuch führte zu eBay in der Hoffnung, einen autorisierten Online-Händler zu finden, aber es wurden nur Vintage-Armbänder angeboten. Schließlich schrieb sie eine Anfrage an den offiziellen Kundendienst der Marke. Einige Tage später erhielt sie eine Antwort per E-Mail. Nachdem die Produktdetails und der Preis geklärt waren, gab der Kunde die Bestellung auf und überwies den Betrag. Während die gesamte E-Mail-Kommunikation auf Englisch war, wurde die Bestellung auf Französisch bestätigt – ohne den Gesamtwert anzugeben oder die Produktreferenzen zur Bestätigung des Bestellungsumfangs aufzulisten.

Dieses ereignete sich vor drei Jahren; heute wäre die Geschichte wahrscheinlich – und hoffentlich – eine andere. Dennoch zeigt es, dass omnipersonal Kommunikation auf gegenseitigem Respekt und Professionalität über Touchpoints basiert. Wenn eine Marke austauschbare Uhrenarmbänder online bewirbt, warum bietet sie diese nicht im bestehenden Online-Shop an? Wenn ein offiziell autorisierter externer Markenpartner nicht bereit ist, das gewünschte Armband zu bestellen, wer dann? Wenn eine Marke weiß, dass der Kunde Englisch spricht, warum sendet sie eine französische Bestellbestätigung? Wenn eine Marke befürchtet, dass es Zweifel über den Gesamtwert oder die Referenzen im Bestellumfang gibt, warum klärt sie nicht alle Bestelldetails in der Bestellbestätigung? All diese Momente sind potenzielle Showstopper und testen wirklich, ob der Kunde, trotz allem, immer noch kaufen will – unter Berücksichtigung, dass wir von einem Folgekauf sprechen.

Die Geschichte zeigt, dass die Schaffung einer verbesserten Marken-Loyalität durch kundenorientierteAfter-Sales Dienstleistungen eine hohe Kunst ist. Beziehungsaufbau ist zweifellos die größte Herausforderung und gleichzeitig die größte Chance. Wir alle wissen jedoch, dass wir ohne stabile Beziehungen und das Prinzip der Gegenseitigkeit nichts erreichen würden. Das gilt für Monsieur Cartier und Mademoiselle Chanel, für Marken und Konglomerate, für Sie und mich. Wir wissen auch, dass es fünfmal mehr kostet, einen neuen Kunden zu gewinnen, als einen bestehenden Kunden zu halten.[58]

Wir werden einige einleitende Szenarien in den folgenden Unterabschnitten detailliert diskutieren. Erstens ist Ihre Freundin eine treue Kundin und Bewunderin von Van Cleef & Arpels. Für den Start neuer Kollektionen erhält sie personalisierte Einladungen zu Vorabveranstaltungen

[58] Morgan B (2019) Der Kunde der Zukunft: 10 Leitprinzipien für den Gewinn des Geschäfts von morgen. Harper Collins, New York, S. 176.

in der Boutique. Zweitens, als treuer Tiffany Kunde, müssen Sie sich keine Sorgen machen, mit irrelevanten Marketing E-Mails überschwemmt zu werden. Ihr persönlicher Verkaufsberater ist für Sie da, wenn es darauf ankommt. Wie wir in Abschn. 5.2.4 beschrieben haben, erinnert Sie der Verkaufsberater sogar an Ihren Hochzeitstag und merkt sich Ihre Interessen. Drittens hat Bulgari sein glamouröses Markenimage auf Inneneinrichtung und Luxushotels ausgedehnt, um Körper und Seele mit strahlender Schönheit zu umgeben. Jeder, der in einem der Bulgari Hotels übernachtet, wird wahrscheinlich ein oder zwei Social Media Beiträge mit Freunden teilen. Zuletzt liebt Ihr Onkel Breitling Uhren und installiert die offizielle Breitling App, um alle seine Sammlerstücke zu seiner digitalen Sammlung hinzuzufügen. Es macht ihn glücklich, Serviceerinnerungen per Push-Benachrichtigung zu erhalten.

5.5.1 Kundenservice in der Boutique bereitet sich auf neue Services vor

Jenseits von Verkaufszeremonien ist der Service im Geschäft eine wichtige Phase für den After Sales Beziehungsaufbau. Dies geschieht durch spezielle Loyalitätsprogramme wie VIP-Events, erweiterte Dienstleistungen – Wartung, Reparatur, Rückgabe und Abholservice – oder innovative Erlebnisse. Eine Marke hat die Verantwortung, den Kunden genügend gute Gründe zu geben, ein Geschäft regelmäßig zu besuchen. All diese Initiativen verleihen dem Einzelnen Respekt und ein Gefühl der Zugehörigkeit.

VIP-Events sind eine großartige Möglichkeit, VIP-Kunden zu sagen, dass sie etwas Besonderes sind. Marken wie Boucheron organisieren regelmäßig exklusive Dinner-Events für VIP-Kunden, um ihnen die Möglichkeit zu geben, sich persönlich kennenzulernen, über die Zukunftspläne der Marke zu diskutieren und direktes Kundenfeedback zu erhalten. Das Geheimnis dieser Events ist es, die Runde klein und exklusiv zu halten, um den Menschen die Möglichkeit zu geben, auf individueller Ebene in Kontakt zu treten. Daher lädt Boucheron maximal 20 Personen ein.[59] Eine Vergrößerung des Publikums mindert den Prestigefaktor. Daher sind VIP-Events allein nicht ausreichend, um alle treuen Kunden zu erreichen. Natür-

[59] Kramer L (2010) Der Globus: Wie französische Innovatoren das „Soziale" in sozialen Netzwerken zurückbringen. Harvard Business Review. Oktober:1–3.

lich planen Marken Kollektionsvorschauen oder Sonderinitiativen für ein breiteres Publikum von markentreuen Personen.

Luxusmarken wie Louis Vuitton und Ferrari haben erkannt, dass die Gewährung einer lebenslangen Garantie für einen gekauften Artikel das Vertrauen der Kunden in die Marke stärkt. Bei Bedarf reparieren sie Artikel professionell und markenkonform. Ein positiver Nebeneffekt eines solchen ‚Wartungs'-Besuchs ist, dass der Kunde einen direkten Kontakt mit dem Verkaufsmitarbeiter hat. Dies bedeutet sofortiges Feedback, wenn der Kunde noch nicht zu 100 % zufrieden ist. Es bietet auch situative Möglichkeiten, neue Kollektionen vorzustellen. Der Juwelier Renésim bietet keine lebenslange Garantie an, aber der Kunde hat das Recht, ein Schmuckstück nach dem Kauf zweimal kostenlos zu ändern.[60]

In den letzten Jahren ist es eine Strategie von Luxusuhrenherstellern wie Ulysse Nardin, Breitling, Jaeger-LeCoultre, Cartier, Officine Panerai, IWC Schaffhausen, Rolex und Hublot geworden, Garantieverlängerungen von bis zu zehn Jahren über die Standardgarantiedauer hinaus anzubieten. Im Gegenzug erfassen die Marken die Kontaktdaten der Kunden, wie ihre E-Mail Adresse oder Telefonnummer und deren Marketing Zustimmung. Dies ist ein grundlegender Schritt, um einen Dialog mit einem Kunden einzugehen. Gleichzeitig führt es zu einer Abfrage von persönlichen Daten, um sich für eine Garantieverlängerung zu qualifizieren. Abhängig von Kultur und Kontext müssen Marken lokale Unterschiede berücksichtigen, um Kundenunbehagen und unerwünschte Notlösungen zu vermeiden. Zum Beispiel macht es wenig Sinn, einen Kunden aus Shanghai nach seiner E-Mail-Adresse zu fragen. Diese Person verwendet möglicherweise ihr Mobiltelefon unzählige Male am Tag, aber den E-Mail-Posteingang nur sehr selten. Die gleiche Logik gilt, wenn Sie einen 80-jährigen Mann, der weder eine Handynummer noch eine E-Mail-Adresse hat, nach einem von beidem fragen. Im schlimmsten Fall fängt der externe Partner an, Dummy-Kundendaten zu erfinden, um die Garantieverlängerung gewährt zu bekommen.

Typischerweise wird der Kunde während der Verkaufszeremonie im Geschäft proaktiv gefragt, ob er von einer Garantieverlängerung profitieren möchte. Das gleiche Prinzip wird verwendet, um Geburtstagsüberraschungen im Austausch für Geburtstagsinformationen anzubieten.

[60] Assum A, Hemmerle M (2018) Multichannel-Strategie als Erfolgsfaktor für eine Luxusmarke. In: Böckenholt I, Mehn A (Hrsg.) Konzepte und Strategien für Omnichannel-Exzellenz: Innovatives Einzelhandelsmarketing mit mehrdimensionalen Vertriebs- und Kommunikationskanälen. Springer, Wiesbaden, Standorte 3576–3858.

5.5.2 Abonnement für Kommunikation, Dienstleistungen und Produkte im Beziehungsaufbau

Ständiges Reden bedeutet nicht unbedingt Kommunikation.
–Charlie Kaufman, amerikanischer Autor

Entsprechend Kaufmans Worten sind einseitige Nachrichten und Nichtigkeitennicht im eigentlichen Sinne Kommunikation. Nur Dialog und die Relevanz der Nachricht für den Empfänger erzeugen Resonanz. Daher ist es wesentlich, dem Kunden zuzuhören, seine persönlichen Bedürfnisse zu verstehen und die gesamte Kommunikation entsprechend auszurichten.

Damit Personalisierung gut funktioniert, ist es ratsam, jedem Kunden einen persönlichen Verkaufsberater zuzuweisen. Mit den heutigen technischen Möglichkeiten stärkt das Prinzip des ‚konsistenten Ansprechpartners für den Kunden' die Beziehung zwischen dem Kunden und der Marke. CRM und Clienteling Tools machen dies möglich. Durch häufige Begegnungen mit der gleichen Person finden wir sie zunehmend sympathisch und vertrauenswürdig. In der Psychologie ist dieser Effekt auch als Expositionseffekt bekannt.[61] Wir alle lesen lieber Nachrichten von Freunden und Bekannten als Handlungsaufforderungen von Fremden. Wir schätzen es, wenn Menschen sich an uns erinnern, da wir es nicht mögen, ihnen unsere Interessen immer wieder zu erzählen, wie es im Film *Und täglich grüßt das Murmeltier* passiert.

Chanels ‚Inside Chanel' Mikroseite und deren YouTube Kanal stillen den Wissensdurst der Markenfans nach Coco Chanel.[62] Die poetisch gestaltete Mikroseite drängt sich nicht auf, sondern wird von all jenen gefunden, die sich mit der Marke verbunden fühlen wollen – jenen, die über jedes neue Kurzvideo informiert werden wollen und sich für den Newsletter anmelden. Die Initiative trägt direkt zum Markenmythos bei. Wenn Kommunikation als inspirierend und relevant wahrgenommen wird, abonnieren Menschen gerne regelmäßige Nachrichten von einer Marke über einen Newsletter, einen Verkaufsberater oder Social Media Benachrichtigungen, solange der Empfänger die Kontrolle über Art und Häufigkeit der Kommunikation behält.

[61] Spreer P (2018) PsyConversion: 101 Verhaltensmuster für eine bessere User Experience und höhere Conversion-Rate im E-Commerce. Springer, Wiesbaden, S. 255.

[62] Inside Chanel (2020) Unternehmenswebsite. https://inside.chanel.com. Zugriff am 31. Dezember 2020.

Im vorherigen Kapitel haben wir bereits erwähnt, dass erweiterte Dienstleistungen – eine weitere Idee jenseits des Kommunikations- und Dienstleistungs-Abonnement – die Produktvielfalt für den Kunden zugänglich machen. Das neue Kundenverhalten macht das Produkt-Abonnement-Geschäftsmodell zunehmend interessant. Der Schmuck-Abonnement-Service Opulent Box liefert vierteljährlich authentische Luxuskreationen von renommierten Marken wie Chopard und anderen.[63] Zertifikate für Echtheit und zusätzliche Goodies sind im Preis von 25.000 US-Dollar pro Lieferung enthalten. Alle Schmuckkreationen werden von einem persönlichen Concierge auf den individuellen Geschmack des Kunden abgestimmt.

Als weiteres Beispiel können wir die Hermès AppleSmartwatch nennen. Mit einem Preis von rund 1000 US-Dollar erscheint diese Uhr erschwinglicher als ein Zeitmesser von IWC oder Omega. Allerdings neigen Apple-Junkies dazu, das neueste Modell zu kaufen, sobald es verfügbar ist – jedes Jahr – und innerhalb von nur wenigen Jahren haben sie möglicherweise mehr ausgegeben als die einmalige Investition in eine Luxus uhr. Welche Marke glauben Sie hatte mehr Kontaktpunkte mit ihren Kunden im gleichen Zeitraum – Apple oder Omega?

5.5.3 Online-Bewertungen und Empfehlungen als virales Marketing

Immer wenn eine Erfahrung die Menschen umhaut, sind sie viel eher geneigt, ihre Emotionen, sowohl positive als auch zunehmend negative (Bashing), mit ihren Freunden und Familien, online und offline, zu teilen. Es ist entscheidend für Menschen, ihre Erfahrungen zu teilen, weil Mundpropaganda zu einer Grundlage des E-Commerce geworden ist. Das bedeutet, dass potenzielle Kunden das Web, mit all seinen Foren und Social Media Plattformen, vor dem Kauf durchsuchen. Mit Amazon ist es sogar zur Normalität geworden, Kundenbewertungen direkt auf den Produkt-Detailseiten zu finden, und das personalisierte Empfehlungssystem beeinflusst 35 % von Amazons Umsatz.[64] Offensichtlich hören Menschen auf

[63] Opulent (2020) Unternehmenswebsite. https://www.opulentjewelers.com/opulent-box. Zugriff am 29. Dezember 2020.

[64] Morgan B (2019) Der Kunde der Zukunft: 10 Leitprinzipien für den Gewinn des Geschäfts von morgen. Harper Collins, New York, S. 27.

Abb. 5.17 Der Net Promoter Score erfasst die Empfehlungswahrscheinlichkeit der Kunden auf einer Skala von 1 bis 10 (Bild: Olivier Le Moal – stock.adobe.com)

andere Menschen eines der Schlüsselprinzipien im Marketing. Laut einer europäischen Studie von Nielsen sind persönliche Empfehlungen mit 78 % der Befragten am meisten vertrauenswürdig, gefolgt von Online-Empfehlungen mit 60 % und Marken-Websites mit 54 %.[65] Daher sollte es für Marken normal sein, in eine Social Listening Strategie zu investieren, um Wachstumschancen zu identifizieren. Dabei zielen sie auch auf treue Kunden ab, um sie in Markenbotschafter zu verwandeln.

Zusammenfassend sollten Marken ihre Kunden proaktiv dazu ermutigen, ihre Gedanken zu teilen. Die Möglichkeiten sind vielfältig: angefangen bei einer Social Media Kampagne und endend mit einer personalisierten After-SalesE-Mail, die zusätzlich zum Net Promoter Score (NPS) die individuelle Markenerfahrung abfragt (Abb. 5.17). Der NPS des Luxusuhrenherstellers Vacheron Constantin bittet den Kunden zu bewerten, wie wahrscheinlich es ist, dass sie die Marke einem Freund auf liner Skala von 1 bis 10 weiterempfehlen.

[65] Kreutzer R (2018), Ganzheitliche Markenführung im digitalen Zeitalter – Voraussetzung zur Erreichung einer Omnichannel-Exzellenz. In: Böckenholt I, Mehn A (Hrsg.) Konzepte und Strategien für Omnichannel-Exzellenz: Innovatives Einzelhandelsmarketing mit mehrdimensionalen Vertriebs- und Kommunikationskanälen. Springer, Wiesbaden, Standorte 2366–3140.

In jeder Customer Journey finden wir drei Schlüsselmomente:

- *Der Null-Moment der Wahrheit:* Wenn eine Person sich ein erstes Bild von einer Marke auf Basis der Bewertungen anderer macht.
- *Der erste Moment der Wahrheit:* Wenn ein potenzieller Kunde ein Produkt zum ersten Mal physisch sieht.
- *Der zweite Moment der Wahrheit:* Wenn der Kunde ein Produkt aktiv nutzt. Dies schließt den Zyklus ab.

5.5.4 Mobile Apps sind ein Werkzeug, um eine gemeinsame Geschichte zu erzählen

Mobile Anwendungen eröffnen neue Kontakt- und Service-Möglichkeiten, wann und wo immer der Benutzer sie wünscht. Einmal installiert, stellt die Anwendung entlang der Customer Journey zahlreiche Funktionen digital zur Verfügung und fungiert somit als kontinuierliche Verbindung zwischen Marke und Kunde.

Awareness und Engagement

Digitale Lernanwendungen sind ein guter Ausgangspunkt, um frühzeitig mit einem potenziellen Kunden in Kontakt zu treten. Die ‚Watch Essentials' Mobile App der Fondation de la Haute Horlogerie (FHH) ist eine ansprechende Schulungs-App für Uhrenliebhaber, die an einem 360-Grad-Blick auf die Uhrenindustrie interessiert sind.

Auf Markenebene ist es sinnvoll, Markeneinblicke und den Produktkatalog zu integrieren, um Produktdetails anzuzeigen und die Erstellung einer Wunschliste zu ermöglichen. Darüber hinaus können spielerische Anprobe-Erfahrungen und personalisierte Produkt- und Veranstaltungsempfehlungen, einschließlich einer Buchungsfunktion, genutzt werden.

Omni-Channel kann durch das Angebot von standortbasierten Diensten und Belohnungen gestärkt werden, wenn der potenzielle Kunde sich in der Nähe eine r Boutique befindet oder diese betritt. Push-Benachrichtigungen sind das Mittel der Wahl, um die Aufmerksamkeit des Kunden auf Sonderaktionen oder eine Boutique in unmittelbarer Nähe zu lenken (siehe Abschn. 5.2.1). Natürlich sollte immer ein Grund angegeben werden, warum der Besuch lohnenswert ist: um die Referenz auf der Wunschliste in Realität zu sehen, um überrascht zu werden oder um etwas Einzigartiges zu erleben. Besucher können motiviert werden, Referenz-QR-Codes im Geschäft zu scannen. Die begleitende Nutzung der Mobilen App in der Boutique führt im Durchschnitt dazu, dass der Kunde sieben Minuten länger bleibt.[66]

Digitales Lernen im Geschäft erleichtert auch die Arbeit und das Leben der Verkaufsmitarbeiter, indem es mobile Lösungen für die Kundenbetreuung und potenzielle Fragen bietet. Das Engagement im Wissensaustausch, verpackt in spielerischen Erfahrungen, motiviert zum kundenorientierten Denken. Zum Beispiel vermitteln Marken spezifisches Produktwissen in einem Quiz oder vergeben Abzeichen und Belohnungen an Heavy-User, die kontinuierlich mit der Marke und ihren Produkten interagieren.

Conversion und Fulfillment

In einer mobilen Anwendung erwarten Kunden Check-out-Funktionen oder Online-Reservierungen, wie sie für ein Click-and-Collect-Szenario benötigt werden. Darüber hinaus spielt die Authentizität der Artikel eine große Rolle im Luxusbereich. Das Start-up Entrupy nimmt sich der Herausforderung an, sicherzustellen, dass der auf einem Online-Marktplatz angebotene Artikel das Originalprodukt und keine Fälschung ist.[67] Entrupy bietet eine skalierbare künstliche Intelligenz-Mobilanwendung, die unzählige Produktbilder in kürzester Zeit vergleicht, um die Authentizität von Luxuskreationen zu kontrollieren und Fälschungen sofort zum Zeitpunkt des Kaufs zu identifizieren. Das Unternehmen berechnet etwa 10 US-Dollar pro Authentifizierungsprozess, und es wird in erster Linie von Wiederverkaufsmarktplätzen genutzt, um von einer Authentifizierungsgenauigkeit von 96 % zu profitieren. Die Lösung wird hauptsächlich für Handtaschenkontrollen angewendet, ist aber offensichtlich auf die Welt des Schmucks und der Uhren übertragbar.

Watch CSA bietet einen Hard-Luxury-Authentifizierungsdienst auf Basis von Deep Learning und künstlicher Intelligenz. Als Nutzer laden Sie ein Bild des Zeitmessers hoch. Der Algorithmus vergleicht automatisch seine Serien- oder Referenznummer mit Bildern von verifizierten Zeitmessern. Auf diese Weise können Sie Fälschungen in Echtzeit identifizieren. Erfolgreich verifizierte Stücke erhalten ein Zertifikat.

Es gibt einen klaren Vorteil dieser digitalen Selbstbedienungs-Authentizitäts-Checks: Sie vermeiden den ‚Gang der Schande' in eine

---

[66] Heinemann G (Hrsg.) (2019) Der neue Online Handel. Springer, Wiesbaden, S. 482.

[67] Entrupy (2020) Unternehmenswebsite. https://www.entrupy.com. Zugriff am 31. Dezember 2020.

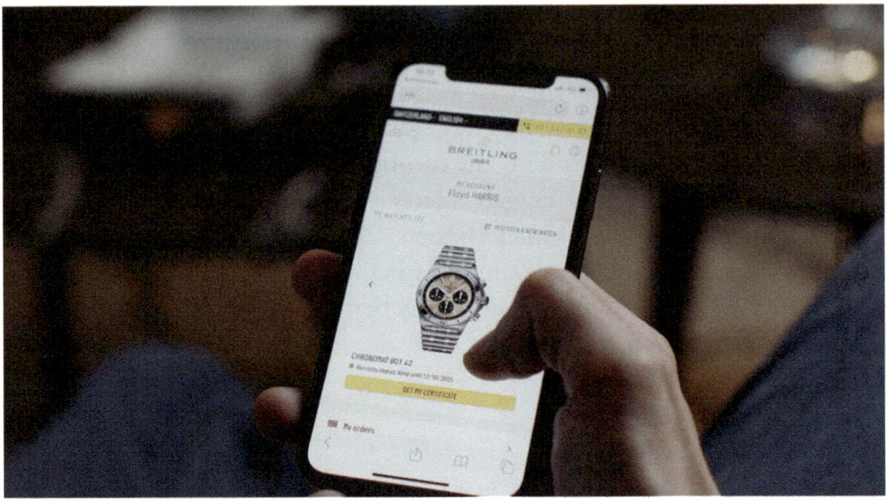

Abb. 5.18 Digitaler Uhrenpass, Breitling, 2021. (Mit Erlaubnis von Breitling gedruckt)

physische Boutique, wo ein Verkaufsmitarbeiter Ihnen möglicherweise sagt, dass Ihr Zeitmesser eine Fälschung ist. Diese negativen Emotionen außerhalb Ihres Markentempels zu halten, ist ein Erfolg für den Kunden und die Marke.

After Sales und Loyalität

Stellen Sie sich vor, Sie erhalten eine Cartier Tank-Uhr zum Geburtstag. Der Verkaufsmitarbeiter empfiehlt, die Mobile App der Marke auf Ihrem Telefon herunterzuladen. Sie registrieren sich mit Ihren Kontaktdaten und geben die Marketing Einwilligung. Sie scannen das Echtheits Zertifikat oder den digitalen Uhrenpass, wie bereits von Breitling oder von Vacheron Constantin auf Basis des Arianee Protokolls für die ‚Les Collectionneurs' Zeitmesser eingeführt (Abb. 5.18).[68] Die Seriennummer und somit das Zeitmessgerät werden Ihrer digitalen Sammlung hinzugefügt. Diese digitale Sammlung ist der Ort, an dem Sie alle Ihre Schätze – Uhren und Schmuck – von einer bestimmten Marke sowie auch anderen Marken sammeln und verwalten. Es ist Ihre digitale Schmuckkiste, bestehend aus allen Kreationen, die Sie besitzen und von denen Sie träumen (Wunschliste). Darüber hinaus

[68] Breitling (2020) Unternehmenswebsite. https://www.breitling.com/de-de/service/blockchain/. Zugriff am 31. Dezember 2020; Vacheron Constantin (2020) Unternehmenswebsite. https://www.vacheron-constantin.com/en2/services/impeccable-service/authenticity-certificate.html. Zugriff am 31. Dezember 2020.

stellt die mobile Anwendung eine intelligente Möglichkeit dar, sich mit anderen gleichgesinnten Markenenthusiasten in einer Art Elitegemeinschaft zu verbinden. Der Erfolg von Expertengesprächen auf Plattformen wie Clubhouse veranschaulicht diese Idee.

Verschiedene Erweiterungen sind denkbar. Die mobile Anwendung von Chrono24 zeigt die Wertentwicklung von Zeitmessern über die Zeit. Stellen Sie sich vor, die mobile Anwendung sendet Push-Benachrichtigungen für besondere Ereignisse und Erinnerungen an den Batterieservice oder ermöglicht es Ihnen, den Status von angeforderten Reparaturen zu verfolgen. Die Mobile App gibt Ratschläge zur nächstgelegenen Boutique physisch oder virtuell und ermöglicht es dem Kunden, einen Termin mit dem persönlichen Verkaufsmitarbeiter zu vereinbaren. Blockchain Technologie hilft, Eigentum zu belegen und zu autorisieren und die Referenzeigentümerschaft von einer Generation zur nächsten zu übertragen.

Diese Ideen liefern Inspiration dafür, wie mobile Anwendungen als bester Freund und Unterstützer eines Kunden agieren können. Es gibt fünf verschiedene Arten von mobilen Anwendungen:

- *Native Anwendung:* Diese ist für eine spezifische Plattform, wie iOS oder Android, entwickelt und wird über einen App-Store heruntergeladen. Eine native App läuft auf dem Gerät selbst und integriert APIs, um ein breites Spektrum an Funktionen zu bieten. Die Anwendung muss für jedes Betriebssystem separat entwickelt werden: für Android in Java und für iOS in Swift oder Objective-C.
- *Webanwendung:* Diese wird über den Internetbrowser aufgerufen und passt sich dem Gerät an. Eine Webanwendung muss nicht heruntergeladen und installiert werden, da sie nicht nativ zu einem definierten System gehört. Das Spektrum der Funktionen ist begrenzt und die Benutzerfreundlichkeit wird durch die Datenübertragungsfähigkeiten beeinflusst. Webanwendungen werden in JavaScript, CSS und HTML5 erstellt.
- *Hybridanwendung:* Dies ist eine Kombination aus einer Web- und einer nativen Anwendung, die über native App-Stores verteilt wird. Ihre Benutzerfreundlichkeit liegt nahe an der Erfahrung mit einer nativen Anwendung, da die Hardware-APIs des Smartphones über die Geolokalisierungskamera und zugänglich sind, ohne dass sie nativ zu einem bestimmten System gehören. Die Nachteile sind, dass sie nicht offline funktioniert und je komplexer die Anwendung ist, desto langsamer sind die Ladezeiten, da die App mit der Zwischenschicht des Webbrowsers agiert. Hybridanwendungen werden in JavaScript, CSS und HTML5 entwickelt.

- *Progressive (Web) Anwendung:* Dies ist eine webbasierte Anwendung, die von Google entwickelt wurde und im Browser läuft, ohne dass eine Installation erforderlich ist. Sie lädt schnell und funktioniert offline dank der Anwendungscachefunktion in modernen Browsern. Wie eine Webanwendung werden progressive Anwendungen in JavaScript, CSS und HTML5 codiert.
- *Cross-Plattform-Anwendung:* Dies ähnelt einer Hybridanwendung, da sie auf einer Codebasis aufbaut und auf jeder Plattform ein natives Aussehen und Gefühl bietet. Dies liegt daran, dass Hybridanwendungen die APIs des Betriebssystems nutzen, wodurch ein erheblicher Teil des Quellcodes zwischen den verschiedenen Plattformen geteilt werden kann, ohne dass die Leistung beeinträchtigt wird.

Mobile Anwendungen erleichtern personalisierte Kommunikation, ermöglichen gezielte Push-Benachrichtigungen und verbessern das Markenerlebnis. Ebenso ist eine intensive App-Nutzung mit höheren Verkäufen verbunden. Allerdings ist etwa das gleiche Budget für die Bekanntmachung einer App wie für deren Entwicklung erforderlich, da sich die Investition erst auszahlt, wenn die Anwendung installiert und genutzt wird. Wir haben in diesem Kapitel verschiedene Anwendungsbeispiele bereitgestellt. Gleichzeitig sollte dem Kunden der Sinn und Nutzen der Lösung klar sein. Die Benutzerfreundlichkeit sollte nicht für Funktionskomplexität geopfert werden.

5.6 KPI-Tracking als Grundlage für Optimierung

Wenn du es nicht messen kannst, kannst du es nicht verbessern.
–Lord Kelvin, britischer Physiker

Es geht nicht darum, so viele Daten wie möglich zu haben (Big Data), sondern genug intelligente Daten, um wertvolle Erkenntnisse ableiten zu können. Je genauer Sie Verhaltensinformationen mit Analysetools erfassen und verfolgen, desto angemessener können Sie auf die Bedürfnisse Ihres Kunden reagieren und die persönliche Relevanz in Ihrer Beziehung sicherstellen. Je mehr Sie dem Kunden zuhören, desto mehr Details können Sie sich später merken, um Ihre Einzelbeziehungen in einem iterativen Prozess zu vertiefen. Oder mit den Worten von François-Henry Bennahmias, CEO bei Audemars Piguet: ‚Daten sind wichtig, aber die Analyse ist noch wichtiger'.

Es ist wichtig, in Echtzeit eine Person, die an einer Marke und ihren Produkten interessiert ist, über Kontaktpunkte und Kanäle – offline und online – zu analysieren und daraus zu lernen. Das bildet die Datenbasis für eine 360-Grad-Sicht auf den Kunden. Auf der Grundlage dieser Daten werden Kundensignale interpretiert und Annahmen und Entscheidungen über das richtige Erlebnis für den Blueprint getroffen. Das Erlebnis wird entworfen und getestet. Dank der Analytik generieren die Testergebnisse Erkenntnisse darüber, wie das Erlebnis verbessert und skaliert werden kann, um es für den Kunden relevanter zu machen. Dies ist der Hauptzweck der Analytik, nämlich das tatsächliche Geschehen zu verstehen und die Entwicklung in einer wiederkehrenden Schleife auf das Ziel hin zu steuern (Abb. 5.19).

Die erste Bedingung, um Daten in einer Omni-Channel Welt vergleichbar zu machen, besteht darin, KPIs über Online und Offline-Kanäle entlang der Customer Journey zu harmonisieren. Zum Beispiel entsprechen die erfassten Online-Sichtungen Ihrer digitalen Markenwerbung den erfassten

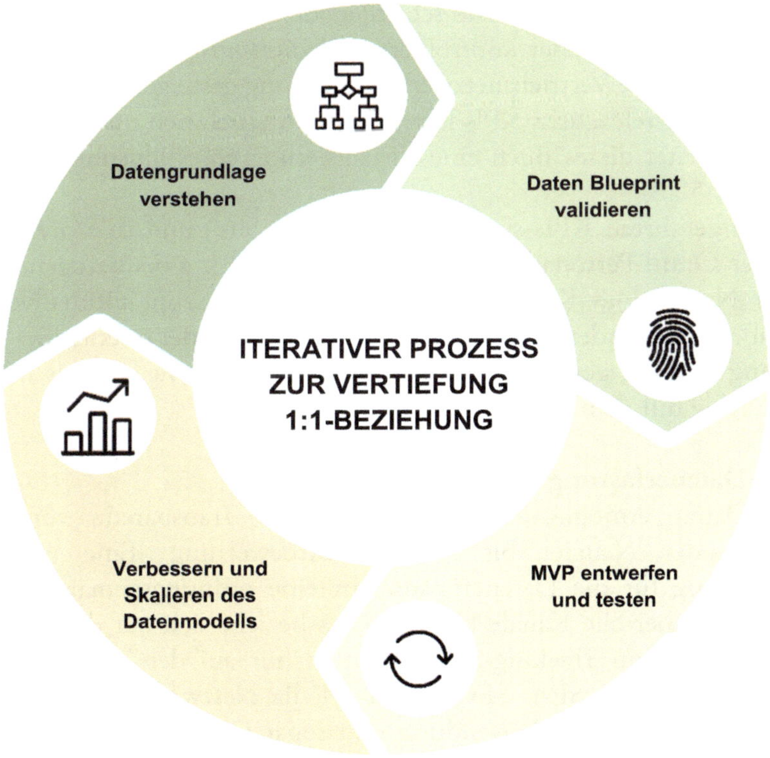

Abb. 5.19 Iterativer Prozess zur Vertiefung von Einzelbeziehungen

Schaufensterblicken von Passanten, die an einem physischen Geschäft vorbeigehen. Die tatsächlich generierten Besuche für Ihre Online- oder Offline-Markenpräsenz ermöglichen es Ihnen, die Anziehungskraft der Marke abzuleiten. Um dies zu erreichen, setzen Sie Sichtungen und Besuche in ein prozentuales Verhältnis. Diese Rate zeigt Ihnen, wie ansprechend und vielversprechend das Publikum Ihre Markenpräsenz wahrnimmt. Es ist eine einfache Logik, dass der geographische Standort eines physischen Geschäfts und das am besten geeignete Attributionsmodell für Ihre digitale Werbung einen direkten Einfluss auf die Markenwahrnehmung haben. Mit anderen Worten, Sie werden kaum einen Bulgari Laden in der gleichen Straße wie einen Discount-Laden finden; es ist angebracht, die Ausrichtung der Online-Werbung kontinuierlich zu optimieren. Kein Juwelier möchte neben einer Bildungsseite über Blut-Diamanten gelistet sein, obwohl beide Seiten sich mit Diamanten beschäftigen.

Zweitens ermöglichen die harmonisierten KPIs eine ganzheitliche Sicht, die der Schlüssel zur Erzielung von handlungsrelevanten Erkenntnissen in einer Omni-Channel Welt ist. Einerseits profitiert das Kundenerlebnis davon, dass Geschäftspotenziale schneller identifiziert werden. Andererseits werden die Kosten besser kontrolliert und die Umsätze durch daten- und leistungsgetriebene Vertriebsnetzwerkoptimierung gesteigert.

Der Satz der relevanten KPIs hängt vom Unternehmen und seinen Zielen ab. Daher bietet dieses Buch eine Visualisierung eines illustrativen Set von KPIs (Abb. 5.20).

Die aufgeführten KPIs sind relevant im On-Site- und In-Store-Kontext. Aus einer Omni-Personal Sicht führen CRM und kundenbezogene Daten, wie der Name eines Kunden und seine Vorlieben, zum ultimativen Ziel, mehr über den Kunden zu erfahren. Das beginnt mit der essentiellen Kontoerstellung und der gewünschten Marketing Zustimmung, um als Marke in einen Dialog mit dem Kunden treten zu dürfen.

Online Datenerfassung

Online-Daten ermöglichen eine vollständige Transparenz vom ersten Augenblick der Neugier bis zur Produktbewertung. Eine wesentliche Voraussetzung für die Datenerfassung ist eine ordnungsgemäße Tracking-Einrichtung über alle Kanäle hinweg. Dies bezieht sich auf die konsistente Positionierung von Tracking-Snippets nicht nur auf der Website, sondern auch außerhalb von SEA, SEO, Social Media Netzwerken und Verweisen auf E-Mail, die mobile Anwendung und sogar QR Codes, die von einem klassischen Magazin gescannt werden können. Im Falle des Marktführers, GoogleAnalytics, basieren die Tracking-Snippets auf den sogenannten

AWARENESS	ENGAGEMENT	PURCHASE	FULFILLMENT	LOYALITÄT
On-/Offline-Ansichten	Wiederkehrende Besuche	Leads	Net Promoter Score (NPS)	Bewertungen/ Empfehlungen
On-/Offline-Besuche	(Produkt-)Such-/Interaktionsrate	Conversion Rate	Grad der Kundenzufriedenhit	Rückkaufsrate
Dauer der Sitzung	(Produkt-) Ansichten pro Besucher	Auftragswert und verkaufte Artikel	Kundenbetreuung Anfragen an	Kaufhäufigkeit
Kosten pro Besuch	Kosten pro Interaktion	Kosten pro Lead/ Konversion	Kosten pro Fulfillment	Kosten pro Loyalität
Kosten pro Name	Kosten pro Name	Kosten pro Name	Kosten pro Dienstleistung	Kunden-Lebensdauer-Wert (CLV)
Kosten pro Kundenpräferenz	Kosten pro Kundenpräferenz	Kosten pro Kundenpräferenz	Kosten pro Kundenpräferenz	Kosten pro Kunde
Abonnementpreis	Rate der Wunschlistenerstellung	Kauf Stornoquote	Rücklaufquote	Öffnungsrate des Newsletters

Abb. 5.20 Illustratives Set von gängigen On-Site- und In-Store-KPIs entlang der Customer Journey

Urchin Tracking Module (UTM) Parametern. Leider führt eine schlechte oder unvollständige Tracking-Einrichtung zu falschen Schlussfolgerungen und Entscheidungen in der Produktentwicklung sowie im Marketing. Deshalb ist die korrekte Tracking-Einrichtung zur Freischaltung des Echtzeit-Datenaustauschs und zur Unterstützung der geräteübergreifenden Nachverfolgbarkeit die Grundlage für Online Analysen.

Tools wie GoogleAnalytics, Adobe Online SiteCatalyst und die Open-Source-Plattform Matomo bieten Web-Tracking-Lösungen, die benutzerfreundliche Dashboards enthalten, die KPIs auf einen Blick visualisieren. Jenseits der Analyse von Roh- und aggregierten Daten klärt die Analyse von Klickströmen und Konversionspfaden die Ein- und Ausstiegspunkte in der Customer Journey und hilft, Ziele zu definieren und jedem erreichten Ziel einen monetären Wert zuzuordnen.

Sobald wesentliche Schlüsselmomente im Konversionspfad identifiziert wurden, sollten Unternehmen die Optimierung nutzen, um den Nutzer auf der Website zu halten. Der A/B-Test ist ein besonders nützliches Tool, um den Einfluss eines neuen Calls-to-Action mit der Absprungrate, der Sitzungsdauer und der Konversionsrate zu messen und zu vergleichen. Dennoch ist der A/B-Test eine quantitative Optimierungsmethode. Es werden signifikante Traffic-Raten benötigt, um zuverlässige Ergebnisse zu erzeugen. Dies ist oft der Engpass und impliziert, dass A/B-Tests hauptsächlich für häufig besuchte Seiten mit einem klaren und vergleichbaren KPI-Setup empfohlen werden. Darüber hinaus ist die Einbeziehung von Nutzern und Kunden in A/B-Tests oder regelmäßige Walk-the-Store-Sitzungen noch keine gängige Praxis im Luxusbereich – diese sollten eine gleichwertige Position zum Mystery Shopping haben, das in der Regel von Mitarbeitern oder Beratern durchgeführt wird. Der Vorteil von echtem Kundenfeedback besteht darin, dass Kunden eine erfrischende Perspektive auf eine Marke bringen, die langjährige Mitarbeiter im Laufe der Zeit durch Erfahrung und Wissen ersetzen. Als Marke möchten Sie jedoch aus vielfältigen Wahrnehmungen lernen, einschließlich A/B-Tests.

Im Allgemeinen ermöglicht die Leistungsüberwachung mit einem Omni-Channel Tracking-Tool die kontinuierliche Feinabstimmung des Marketing Attribution-Modells einer Marke. Basierend auf Tracking-Snippets, definierten Zielen und der aktiven Integration mit einer Werbe-Plattform, wie der Google Marketing Platform, können Sie den Marketing-ROI verschiedener Attributionskanäle steuern und die beste Budgetzuweisung für Ihr Geschäft ableiten.

In-Store Daten Erfassung

Die Erfassung von Daten im Geschäft begann mit der manuellen Zählung von Personen, die ein Geschäft betreten. Diese Methode ist kostengünstig und vom Ladenpersonal anwendbar, liefert jedoch nur eine sehr begrenzte Informationspalette, wie die Anzahl der Personen, ihr geschätztes Alter und ihr Geschlecht. Die Genauigkeit der Daten hängt von menschlichen Augen ab. Die Präzision und Vollständigkeit der Informationen riskieren in Stoßzeiten Ungenauigkeit, und die durch Beobachtung gewonnenen Daten erfordern eine manuelle Zuordnung zur Verkaufsdeklaration und CRM Datenbank. Diese Zuordnung ist nur in Fällen möglich, in denen der wesentliche eindeutige Identifikator bekannt ist. Ohne die Zuordnung zwischen dem Traffic in der Boutique und den Kundendaten sind die Daten immer noch wertvoll für das Verständnis der Leistung der Boutique. Das Verständnis beschränkt sich jedoch auf Daten zu Geschäftseingang und Kasse. Die Marken- und Produktinteraktionen dazwischen bleiben blinde Flecken (Abb. 5.21). Die Daten bringen dem Kunden in einem omnipersonal Sinne keinen Mehrwert.

Deshalb sehen wir die Automatisierung der Erfassung des Boutique-Traffics als Investition in den Beziehungsaufbau. Der Zusammenhang ist auf den ersten Blick nicht offensichtlich und erfordert eine weitere Erklärung. Denken Sie an Abschn. 5.2.1, in dem wir iBeacons als Positionierungstechnologie für Geräte im Geschäft oder in dessen Nähe diskutiert haben.

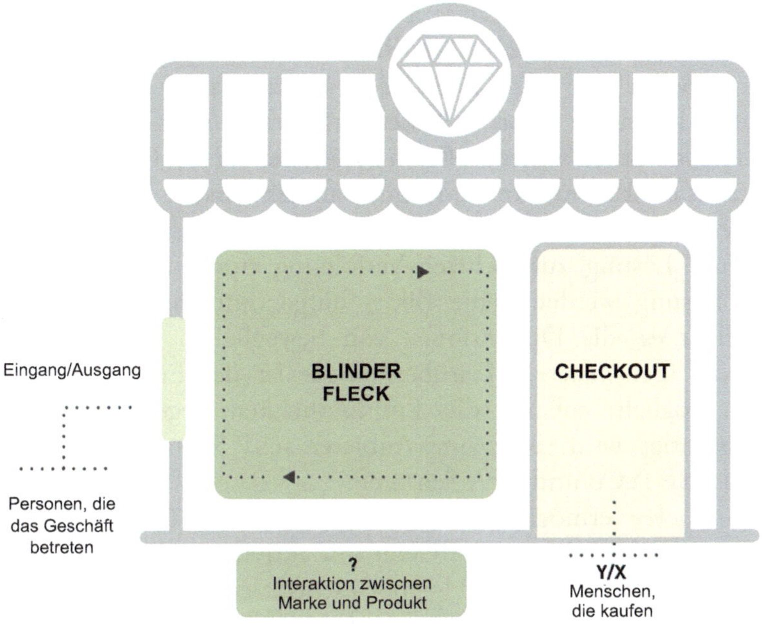

Abb. 5.21 Das Potenzial der In-Store-Kundenüberwachung freisetzen

Jetzt gehen wir davon aus, dass der treue Kunde die mobile Anwendung der Marke installiert hat. Wenn er oder sie sich der Boutique nähert, werden Signale an das Gerät des Benutzers gesendet und die Produktinteraktion in der Boutique wird in Echtzeit auf individueller Ebene verfolgt. Diese einzigartige Erkennung des Kunden ist ein Wert, der eine entscheidende Rolle beim Aufbau persönlicher Beziehungen zwischen dem Verkaufsmitarbeiter und dem Kunden spielt. Die Marken- und Produktinteraktion wird sichtbar und die blinden Flecken können addressiert werden.

Offensichtlich funktioniert dieser Ansatz nicht für potenzielle Kunden, die ihre persönlichen Daten und Zustimmungen noch nicht über eine mobile App Installation oder eine traditionelle Kunden Treuekarte mit einem Geschäft oder einer Marke geteilt haben. Es gibt Alternativen auf dem Markt, wie zum Beispiel die folgenden:

- *Videokameras* können im Geschäft installiert werden, um das Kundenverhalten zu überwachen. Angereichert durch KI und über reine Bewegungsverfolgung hinaus, können der Kleidungsstil, das Alter und das Geschlecht eines Besuchers identifiziert werden. Aufgrund von Datenschutzbestimmungen ist es wichtig, rechtlichen Rat bezüglich dieser

Lösung einzuholen. In Ländern wie China ist die Gesichtserkennung bereits gängige Praxis, aber im Rest der Welt wird diese Technologie kritisch betrachtet und es werden anonymisierte Daten gefordert. Dennoch bietet die sofortige Erkennung des Kunden beim Betreten des Geschäfts natürlich einen größeren Spielraum für die Personalisierung des Service als die Erkennung des Kunden an der Kasse.

- *Funkfrequenz- oder Lasersensoren* bieten eine drahtlose und DSGVO-konforme Lösung zur Echtzeit-Verfolgung des Kundenverhaltens. Bei dieser Lösung werden keine Bilder aufgenommen. Diese Technologie ermöglicht es, die Dimensionen von beweglichen Objekten in einem Raum zu identifizieren. Darüber hinaus ist der Einsatz der Laser im Freien möglich, solange die Empfindlichkeit gegenüber Sonnenlicht berücksichtigt wird. Relevante Anbieter sind Sensalytics, Hitachi 3D-Lidar, LASE PeCo und BEA Sensoren.
- *Wi-Fi Tracker* ermöglichen die Datenerfassung über in-store Wi-Fi Zugangspunkte. Jedes mobile Gerät mit aktiviertem Wi-Fi ist durch sein Suchsignal für einen Wi-Fi Hotspot identifizierbar. Dieses Signal enthält die eindeutige Media Access Control (MAC) Adresse des mobilen Geräts. Interessante Anbieter sind Purple, Blix, Walkbase und Bloom Intelligence.

In einem End-to-End In-Store Monitoring Ansatz ist es möglich, die Informationen über das Kundenverhalten im Geschäft mit Produkt- und Verkaufsdaten in Echtzeit zu verknüpfen, insbesondere wenn Sie die Zählung des In-Store Verkehrs mit RFID-basierter Produktverfolgung kombinieren. Dies ermöglicht Rückschlüsse auf die Wirksamkeit des Ladenkonzepts, die Leistung des Personals, Marketing Kampagnen, Produktsortiment und Produktpräsentation, wie zum Beispiel die beste Produktplatzierung. In ihrem Buch *Luxury Retail and Digital Management* verweisen Chevalier und Gutsatz auf eine aufschlussreiche Studie, die folgendes skizziert:

> *Ein Produkt, das am Ende des Ganges ausgestellt ist, verkauft sich vier bis fünf Mal mehr als wenn es in einem Regal steht. Diese Präsentationen sind daher effektiver für schnell verkaufende Regalprodukte als für andere. Langsam verkaufende Produkte hingegen ziehen mehr neue Kunden an als wenn sie in den Regalen stehen und helfen so, ihren Marktanteil zu erhöhen.*[69]

[69] Chevalier M, Gutsatz M (Hrsg.) (2019) Luxury retail and digital management. Wiley, New Jersey, Standort 3636.

Mit Ihrer eigenen In-Store Tracking Fähigkeit können Sie neue Annahmen ableiten und definieren und diese in Ihrem täglichen Geschäft beweisen. End-to-End Überwachung ist skalierbar und versorgt Ihre Datenbanken mit den benötigten Daten, um die beschreibende Analytik von heute auf vorhersagende Analytik auszuweiten. Dies beinhaltet die Verwendung von Strategien wie maschinellem Lernen oder künstlicher Intelligenz zur Vorhersage zukünftiger Ergebnisse und ihrer Wahrscheinlichkeit.

Die Basis von Omni-Personal

Datenanalytik allein bietet genug Material, um Bücher zu schreiben, und wir haben nur ein Kapitel, um einen ersten Überblick zu geben. Offline und online sind Verkaufskanäle, aber darüber hinaus sehen wir sie zunehmend als Daten-Sammelzentren, um den Verkauf effizienter zu verwalten. Beide gehören zur Kategorie der internen Daten. Es macht jedoch Sinn, diese interne Sicht durch die Integration externer Datenquellen zu erweitern. Schließlich ist es wichtig, ein klares und SMARTes Ziel im Kopf zu behalten und jederzeit zu wissen, welche Daten benötigt werden und warum. Für Unternehmen ist das nicht einfach, da es ein klares Verständnis der auf dem Markt verfügbaren Technologien, der Datenaggregationsmethodik und der Visualisierung von Daten auf eine intuitive und leicht verständliche Weise erfordert.

Wenn Sie auf der Suche nach einem wirklich kundenorientierten Omni-Channel Daten-Hub sind, um mit einer komplexen Datenlandschaft umzugehen, hilft Ihnen eine Customer Data Platform (CDP) dabei, Daten zu strukturieren und zu aggregieren und die benötigten Erkenntnisse abzuleiten. Ein CDP ist eine von Marketing oder Vertrieb kontrollierte Plattform, die auf einer integrierten Kundendatenbank aufbaut, um Kundendaten aus Online und Offline-Kanälen in Echtzeit zu sammeln, zu vereinheitlichen und verarbeitenden Systemen wie Marketing- oder OMS Tools zur Verfügung zu stellen. Adobe, Google, Microsoft, Oracle und Salesforce – um nur die großen Unternehmensanbieter zu nennen – bieten CDP-Lösungen neben vielen kleineren Anbietern auf dem stark fragmentierten Markt der CDPs an.

Bestimmte CDPs orchestrieren Customer Journeys und prädiktive Datenmodellierung bringt zusätzliche Intelligenz in verbundene Systeme, zum Beispiel ein OMS. Prädiktive Algorithmen stehen im Mittelpunkt der Verwaltung der Distribution und Lieferkette auf intelligentere und effizientere Weise, um das Inventar genau dann und dort zu haben, wo der

Kunde es verlangt – bislang sogar bevor der Kunde sich dessen bewusst ist. Im Marketing-Kontext ermöglicht ein CDP die Kommunikation von personalisierten Nachrichten an ein Individuum, unter Berücksichtigung der gesamten Customer Journey.

Offensichtlich sind einige CDP Funktionen bekannt aus Data Lakes, Master Data Management (MDM), Data Management Plattformen (DMPs) und CRM Systemen. Ein CDP stellt jedoch den nächsten logischen Schritt in dieser Evolution dar, indem es verschiedene Tools wie einen Data Lake, DMP oder CRM in einer konsolidierten Plattform zusammenführt.

Im Unterschied zu CDPs sind Data Lakes und MDM in der Regel unternehmensweite Plattformen, die sich an IT- und Analyseexperten richten und nicht an Marketing und kundenorientierte Teams. Darüber hinaus bieten Data Lakes und MDM nur Zugriff auf Rohdatenformate, ohne Echtzeit-Updates oder die Möglichkeit, eine übergreifende Kundenansicht zu nutzen, wie sie für den ‚Golden Record' benötigt wird. Abschließend lässt sich sagen, dass Sie mit einem Data Lake oder MDM keine Kunden-Omni-Channel Daten in Echtzeit beherrschen können.

Vergleichbar mit einem DMP wird eine CDP hauptsächlich von Marketing oder Vertrieb moderiert und ermöglicht den Zugriff auf Echtzeitdaten. Dennoch konzentriert sich ein CDP auf bekannte Kunden mit einer eindeutigen Kennung und individuellen Informationen, während sich ein DMP auf anonyme Benutzerprofile, hauptsächlich Online Daten, konzentriert. Über Browser-Cookies werden potenzielle Online-Kunden bestimmten Attributen, wie bestimmten Interessen oder einer Demografie, zugeordnet. Über diese Cookies kann die Online-Verteilung und Anzeige von Werbung gesteuert werden, ohne dass eine individuelle Identifizierung des Benutzers erforderlich ist.

Schließlich könnten Sie fragen, wie sich CRM und CDP voneinander unterscheiden. CRM-Systeme werden hauptsächlich verwendet, um Daten während der direkten Kundeninteraktion zu erfassen. Die Datenzuordnung und -zusammenführung basieren auf einem eindeutigen Identifikator. Im Gegensatz dazu zielen CDP-Systeme darauf ab, eine ganzheitliche 360-Grad-Sicht auf einen bestimmten Kunden zu geben, indem sie alle Daten, die eine Organisation über den Kunden hat, in einem einheitlichen Profil, dem ‚Golden Record', zusammenführen. CDPs sind dafür ausgelegt, mit Big Data aus verschiedenen Quellen und Systemen in Echtzeit zu agieren. Darüber hinaus ermöglichen CDPs die Zusammenführung von Daten durch das Abgleichen mehrerer Identifikatoren.

In einer Omni-Channel und Omni-PersonalStrategie ist Datenanalyse wie der Sauerstoff in Ihren Lungen. Alle Ihre Entscheidungen basieren auf

Daten. Alle messbaren Ergebnisse haben einen Grund und einen Ursprung. Omni-Personal hat seine Wurzeln in bewusster Entscheidungsfindung. Wie Edward Deming treffend bemerkte: ‚Ohne Daten sind Sie nur eine weitere Person mit einer Meinung'.

6

Wie man Omni-personal wird

Schlüsselaspekte

- Die omni-personal Strategie muss in die Geschäftseinheitsstrategie eingebettet werden.
- Der Eigentümer der omni-personalenStrategie sollte aus dem Kreis der Chief Marketing, Sales, Digital, Technologie und Chief Information Officer gewählt werden.
- Eine Organisation muss die technische, kulturelle und menschliche Kapazität haben, die in der omni-personalenStrategie gesetzten Ziele umzusetzen. Dies erfordert eine klare Ausrichtung und impliziert unter Umständen eine grundlegende Transformation.
- Derzeit stehen drei aufkommende Ansätze zur Verfügung, um die omni-personaleTransformation zu starten: der vertikal integrierte Ansatz, modulare Marktplätze und E-Handelsplattformen, sowie das eigenständige Ökosystem.
- Der Ansatz wird auf Markenebene definiert, basierend auf der beabsichtigten Markenreichweite und -kontrolle.

Das Fehlen von Empathie in der Customer Journey ist heute die größte Schwäche von Omni-Channel Implementierungen. Während Omni-Channel als erster Schritt zum Kunden dient, ist Omni-personal die Zukunft. Personalisierung darf weder aufdringlich noch unheimlich erscheinen. Das omni-personal Modell handelt von Empathie, Respekt, Dialog und Beziehungen. Es geht um das richtige Wort zum richtigen Zeitpunkt und Empathie in einer zunehmend anonymen Welt.

R. Schmitt et al., *Omni-personal Luxus*, https://doi.org/10.1007/978-3-031-44579-8_6

Um omni-personal zu werden, ist eine grundlegende Transformation des Betriebsmodells eines Unternehmens erforderlich. Für viele Luxusunternehmen stellt das heute sowohl eine große Herausforderung als auch eine große Chance dar. Neben einem kulturellen Wandel hin zu datengetriebenem Management erfordert es eine enge Zusammenarbeit zwischen den verschiedenen Geschäftsfunktionen – Betrieb, Finanzen, Personal, IT, Vertrieb und Marketing.

Die magische Frage ist, wie man diesen Traum verwirklichen kann. Die omni-personaleTransformation beginnt mit der Strategie. Dieses Kapitel konzentriert sich auf die Geschäftseinheitsstrategie für Marken und nicht auf die Unternehmensstrategie auf der darüber liegenden Ebene.

6.1 Die Omni-Personal Transformation basiert auf Strategie

Wie dargestellt, benötigt die Geschäftseinheit-Strategie vier Schlüsselelemente (Abb. 6.1):

- *Ziele:* Ziele müssen spezifisch, messbar, erreichbar, realistisch und zeitlich definiert (SMART) sein. Sie beziehen sich auf numerische Werte und Prozentsätze und definieren, was erreicht werden soll.

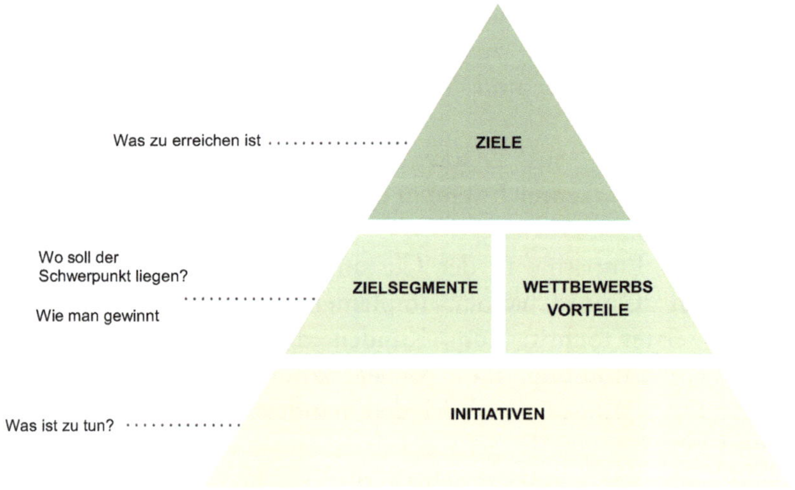

Abb. 6.1 Die Schlüsselelemente einer Geschäftseinheitsstrategie

- *Zielgruppen:* Zielgruppen definieren, wo ein Unternehmen aktiv sein muss und wo nicht. Das beinhaltet den Marktfokus sowohl geographisch als auch kategorisch, zum Beispiel einen Fokus auf Schmuck.
- *Wettbewerbsvorteile:* Wettbewerbsvorteile beantworten die Frage, wie man gegen den Wettbewerb gewinnen kann. Diese beziehen sich auf die Marktpositionierung innerhalb der Wertschöpfungskette und setzen Prioritäten für vertikale oder horizontale Integration. Darüber hinaus schafft die Distributions-Strategie, die den Verteilungsmix über Kanäle definiert, Differenzierung.
- *Initiativen:* Initiativen sind die Liste der erforderlichen Projekte und Maßnahmen, die benötigt werden, um vom aktuellen zum Zielzustand zu gelangen. Sie betreffen die zu erledigenden Aufgaben, die zum Beispiel die Portfoliooptimierung zur Identifizierung profitabler Fusionen und Übernahmeziele oder Verkaufschancen für unterdurchschnittlich performende Markengeschäftsbereiche sind.

Die Markenführung stellt sicher, dass die Zielgruppen, Wettbewerbsvorteile und Initiativen mit den Unternehmenszielen übereinstimmen.

6.2 Omni-Personal eingebettet in die Geschäftseinheitsstrategie

Die omni-personal Strategie muss in die Geschäftseinheitsstrategie eingebettet werden. Dort wird sie in vier Bausteine unterteilt, die aus einer omni-personal Sicht in der Geschäftseinheitsstrategie definiert sind (Abb. 6.2). Der Verantwortliche für die omni-personal Strategie sollte aus dem Kreis der Chief Marketing, Sales, Digital, Technologie und Chief Information Officer gewählt werden. Es ist wichtig, dass die omni-personal Strategie von einem klar definiertem Vorstandsmitglied verantwortet wird, obwohl eine Reihe von Vorstandsmitgliedern Input geben oder zustimmen müssen.

Von Natur aus sollte eine Geschäftseinheits Strategie standardmäßig mehrjährig sein. Während die Stärkung von omni-personal ein Schlüsselaspekt der Geschäftseinheitsstrategie sein kann, könnten die Details der omni-personal Strategie aufgrund sich ändernder Kundenerwartungen, Wettbewerberbewegungen und neu verfügbarer Technologien Anpassungen erfordern.

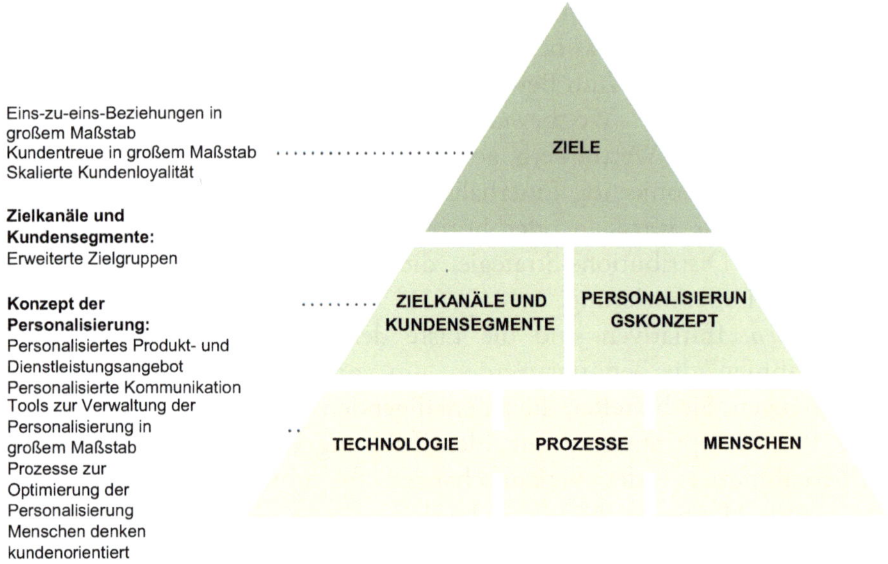

Abb. 6.2 Die omni-personal Strategie

Die omni-personal Strategie und Geschäftseinheitenstrategie beeinflussen und aktualisieren sich gegenseitig in einem iterativen Zyklus (Abb. 6.3). Dies betrifft hauptsächlich die zweite Ebene, die die Zielkanäle und Kundensegmente sowie das Personalisierungskonzept enthält. Diese strahlen jedoch wiederum auf die erste und dritte Ebene aus und können dazu führen, dass objektive Korrekturen oder Anpassungen an den Initiativen erforderlich sind.

Ziele

Die Ziele der omni-personal Strategie müssen dem SMART-Prinzip folgen. Im Allgemeinen erhöht ein skalierbares One-to-One-Beziehungsmanagement nachhaltig die Loyalität der Kunden. Dies führt wiederum zu einem steigenden Umsatz und einem sinkenden Prozentsatz der Akquisitionskosten. Kurz gesagt, es steht für: mehr Relevanz, mehr Beziehung, mehr Umsatz.

Zielkanäle und Kundensegmente

Die omni-personal Strategie ermöglicht skalierte Personalisierung, die in der Vergangenheit ausschließlich VIP-Kunden vorbehalten war. Die Interpretation von Luxus unterliegt einem fortlaufenden Transformationsprozess, der von individuellen Träumen und Ideen geleitet wird. Das

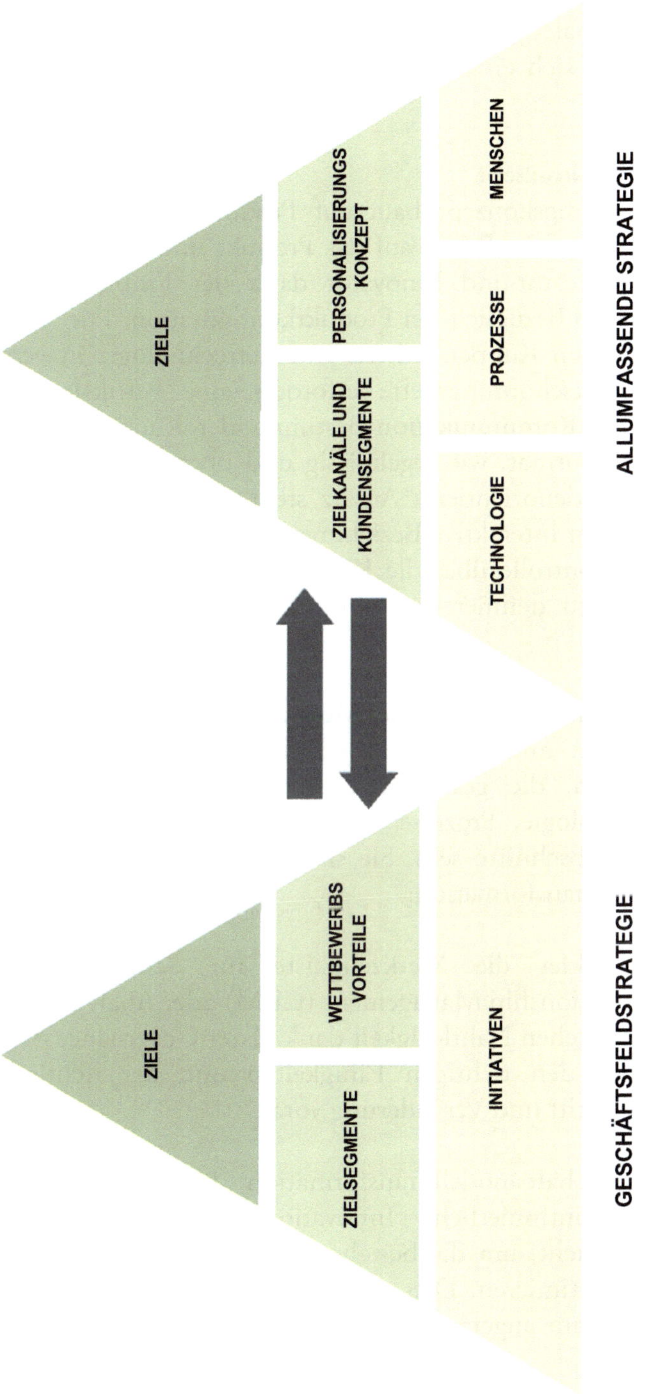

Abb. 6.3 Die omni-personal und Geschäftseinheitenstrategien beeinflussen sich gegenseitig

neue omni-personal Potenzial ermöglicht es Marken, ihre Zielgruppe auf jüngere und globale und digital orientierte Generationen auszuweiten. Gleichzeitig zahlt sich eine größere Reichweite positiv für das Umsatzziel einer Marke aus.

Personalisierungskonzept

Das Personalisierungskonzept baut auf Produkten, Dienstleistungen und Kommunikation auf. In Bezug auf das Produkt und den Service agiert der Kunde als Co-Creator und Innovator dank der Einbindung von Social Media und ebenso bezüglich der Produktkonfiguration. Die Anpassung des Produkts durch den Kunden mittels Internettechnologie in verschiedenen Stadien der Wertschöpfungskette erfordert eine vertikale Infrastruktur. In Bezug auf die Kommunikation bestimmt der Kunde, wann er welches Kommunikationsformat, wie regelmäßig und über welchen Kanal erhalten möchte. Der kundenorientierte Ansatz stellt den Kunden auf Augenhöhe mit der Marke, um interaktive Beziehungen zu erleichtern. Natürlich behält die Marke die Kontrolle über die Kundensegmentierung, um das Maß an Personalisierung zu definieren, das für bestimmte Kundensegmente freigeschaltet wird.

Initiativen: Technologie, Prozesse, Menschen

Eine Organisation muss die technischen, kulturellen und menschlichen Ressourcen haben, die gesetzten Ziele umzusetzen. Initiativen in den Bereichen Technologie, Prozesse und Menschen werden Gegenstand der folgenden Unterabschnitte sein. Sie sind entscheidend für den Erfolg der Geschäftsmodell transformation:

- *Technologie* bildet die Werkzeugkiste für Schlüsselaktivitäten wie Customer Relationship Management (CRM) oder Analytik.
- *Prozesse* ermöglichen Nahtlosigkeit dank klarer Governance-Strukturen.
- *Menschen* mit den richtigen Fähigkeiten und der richtigen Expertise treiben Fortschritt und Veränderung voran.

Jenseits der GeschäftsmodellTransformation, haben diese drei Bereiche gemein, dass kontinuierliche Innovation einen festen Platz in der Organisation braucht, um die bestehenden Strategien regelmäßig zu überprüfen und zu optimieren. Dies ermöglicht ein gewisses Maß an Flexibilität und Agilität, um angemessen und prompt auf Marktveränderungen zu reagieren. Es macht Sinn, dass ein spezieller Innovationsbeauftragter oder ein eigenes Team diese Verantwortung übernimmt. Innovation ist tatsächlich der einzige Weg, um Kunden positiv zu überraschen und ihre Erwartungen zu übertreffen.

6.2.1 Technologie stellt die Werkzeuge für Omni-Personal-Erlebnisse bereit

Luxusmarken müssen keine frühen Anwender von Technologie sein, aber Luxusmarken sind frühe Anwender von Kultur.
—Ian Rogers, ehemaliger Chief Digital Officer bei LVMH

In Kap. 5, haben wir verschiedene Aspekte der Personalisierung auf Produkt-, Service- und Kommunikationsebene diskutiert, wie zum Beispiel personalisierte Marketing anzeigen und personalisierte E-Mail Kommunikation; individuelle Storefronts und Wunschlisten; personalisierte Inhalte und Erlebnisse; Co-Browsing, Co-Design und Co-Kreation von Produkten; Produkte mit einer einzigartigen Geschichte und transparenter Herkunft; individuelle Terminbuchung; Lieferung nach Wunsch; der Wert persönlicher Empfehlungen und personalisierter Kundendienstleistungen. Verschiedene Werkzeuge wurden in diesem Kapitel beschrieben. Omni-Channel fungiert weiterhin als Basis für Omni-Personal. Die besondere Herausforderung hierbei ist die nahtlose und nachhaltige Transformation der bestehenden IT- und Logistiksysteme. Die Anzahl der erforderlichen Prozesse und Kanäle beeinflusst die Komplexität dieser Aufgabe. Die zentrale Integration von Enterprise Resource Planning (ERP), CRM, CMS, Analytik und anderen Werkzeugen wird zu einem Schlüsselfaktor für den Erfolg. Das Omni-Personal-Erlebnis baut auf dieser Grundlage auf.

Not ist die Mutter der Erfindung, daher entwickelt sich die Technologie ständig weiter, um bessere Werkzeuge für bessere Erlebnisse zu bieten. Omni-personal ist keine Ausnahme dieser Regel, sobald die Geschäfts- und Betriebsmodelle definiert sind, das Marktpotenzial geschätzt ist, das richtige Talent eingestellt ist und die Technologie ausgewählt ist, um die Investition zu amortisieren.

Die Anforderungserhebung findet in der Regel innerhalb eines eigenen Bewertungsrahmen mit Beteiligung von Stakeholdern aus geschäftlicher und technischer Perspektive statt. Darüber hinaus können bestehende Alttechnologien weitere Komplexität verursachen, die berücksichtigt und geschätzt werden muss. Die Technologieauswahl hängt von den geschäftlichen und technischen Anforderungen an die Zielarchitektur ab.

Aspekte wie der Umfang der Out-of-the-Box-Funktionalitäten, Skalierbarkeit, Erweiterbarkeit, Flexibilität, Schnittstellen, Erfahrung und Budget spielen in dieser Hinsicht eine besondere Rolle. Darüber hinaus ist die Einbeziehung von Dritten, wie Hosting- oder Wartungsunterstützung, wie sie typischerweise in einem Service-Level-Agreement festgelegt ist, ein wichtiges Element, das in einem Vertrag definiert werden muss.

Cloud Lösungen zur Echtzeit-Interaktion mit dem Kunden

Der Vertrag sollte auch das Lizenzmodell beinhalten, das zwischen folgenden unterscheidet:

- *On-premises* bedeutet, dass ein Unternehmen Software besitzt und auf seinen eigenen Servern hostet. Von der Implementierung bis zur Wartung besitzt und kontrolliert das Unternehmen die Lösung vollumfänglich. Alle Aktivitäten werden intern durchgeführt, solange keine Dritten für bestimmte Aspekte erforderlich sind.
- *Cloud* Lösungen sind Abonnement-basierte On-Demand-Computersystemressourcen für größere Unternehmen. Ein Cloud Service Provider oder Dritter verwaltet das Hosting der Software, und Daten sind in der Cloud flexibel und jederzeit zugänglich. Während der private Cloud-Setup volle Kontrolle und Anpassung (Betriebssystem, Software, Daten, Verwaltung, Benutzerkonten und Einstellungen) ermöglicht, speichert ein Shared-Cloud-Setup Daten von verschiedenen Abonnenten auf demselben Server und gewährt jedem von ihnen vollständige Privatsphäre. Entsprechend den Bedürfnissen des Unternehmens definieren Sie den Standort der Remote-Server und weisen diese weltweit entsprechend zu. Somit vereinfachen Sie die IT-Infrastruktur und das erforderliche interne IT-Know-how.
- *Software as a Service (SaaS) und Platform as a Service (PaaS)* sind Unterarten des Cloud Computing, maßgeschneidert als kostengünstige Abonnement Lösungen für ausgewählte Operationen. Eine bereits entwickelte Cloud-basierte Lösung ist online zugänglich. Die Kontrollmöglichkeiten für ein Unternehmen beschränken sich jedoch auf Benutzerkonten und Einstellungen.

In einer omni-personal Welt sind Echtzeit-Datensynchronisation und -zugriff wichtig für die Fähigkeit, Kundeninteraktionen und -transaktionen nahtlos über Kanäle hinweg zu überwachen. Dies ist notwendig, um einem Unternehmen zu ermöglichen, in Echtzeit und auf kundenrelevante Weise zu reagieren. Daher ist ein Cloud-basierter Ansatz immer dann von entscheidender Bedeutung, da er Flexibilität ermöglicht und zu kurzen Markteinführungszeiten führt.

CMS, DAM und PIM zur konsistenten Kommunikation mit dem Kunden

- *CMS* steht für Content-Management-System; ein solches System unterstützt die kollaborative Erstellung von Inhalten sowie das Bearbeiten, Veröffentlichen und Löschen von Websites. Ein CMS baut auf Vorlagen und umfassenden Editoren auf, um Bausteine einfach anzupassen.
- *DAM* ist die Abkürzung für Digital Asset Management, das eine zentrale, einheitliche Bibliothek von Medienelementen von Bildern bis zu 3D Objekten und von Audiodateien bis zu Videos bietet. Ein Katalog von Funktionen zum Vergrößern, Bearbeiten, Suchen und Speichern ist verfügbar.
- *PIM* steht für Produktinformationsmanagement und zentralisiert die Registrierung und Wartung von produktbezogenen Daten vom Produkttitel bis zur Beschreibung, Lieferanteninformationen und sogar Produktbildern. Es ist auch möglich, mehrsprachige Übersetzungen zu verwalten.

Aus einer omni-personal Perspektive stellt die Kombination von CMS, DAM und PIM sicher, dass immer die richtige Produktbildgröße und -auflösung im richtigen Kanal und mit der Produktbeschreibung in der entsprechenden Sprache angezeigt werden. Auf einer Produktdetailseite ist es von entscheidender Bedeutung, die korrekten Produktdaten anzuzeigen und eine konsistente Kommunikation zu gewährleisten. Dies ist besonders wichtig für vollständig personalisierte Marketing kampagnen oder Landing Pages: Nach dem Login werden individuelle Empfehlungen auf Basis der persönlichen Wunschliste und Farb- und Stilpräferenzen zusammengestellt. Die Verknüpfung von Visuals mit bestimmten Kundensegmenten und Kampagnen erfordert eine klare und skalierbare Kategorisierungs- und Tagging-Logik. Darüber hinaus sind Prozessabläufe unerlässlich, um Qualitätskontrollen zu garantieren.

Analytics zum Verständnis des Kunden

Wie in Abschn. 5.6 in Kap. 5 dargelegt, ist Analytics unerlässlich, um das Kundenverhalten zu überwachen und zu verstehen, um eine bessere Entscheidungsfindung auf der Grundlage von Signalen zu ermöglichen, die entlang der Customer Journey verfolgt werden.

- *Interne Daten* sind verfügbar aus verschiedenen Kanälen, wie Websites, E-Commerce, Einzel- und Großhandel, Social Media, In-Store-Traffic-Tracking und Marketing Tools wie Google AdWords oder Newsletter Reporten.
- *Externe Daten* bereichern die internen Daten mit Marktdaten, Vertriebskanal-Einblicken, soziodemografischen Informationen und Social Listening. Die beste Mischung hängt von der Geschäftsfrage, der Datenverfügbarkeit und geographischen Verfügbarkeiten ab. In datenreichen Ländern ist es einfach, Daten über Verbraucherpanels, POS-Daten, die von Zahlungsdienstleistern überwacht werden, oder Branchenstudien, die von Syndikaten durchgeführt werden, abzurufen. In datenarmen Ländern werden in der Regel Panels eingerichtet, um Kunden einmal oder wiederholt zu befragen. Neue Datenquellen, wie Clickstream-Analyse und Social Media, können gute Einblicke in das Kundenverhalten eröffnen, wie z.B. wichtige Keywords, Gerätepräferenzen und Such- oder Kaufmuster.

Für die Interpretation müssen die Daten aus verschiedenen Quellen aggregiert und von Big Data in Smart Data übersetzt werden, um ein vollständiges Bild des aktuellen Status und potenzieller Wachstumsbereiche zu erhalten. Es ist besonders wichtig, die Kunden-Segmentierung mit diesen Erkenntnissen zu optimieren. Hier empfiehlt sich eine Kunden-Datenplattform (CDP), da sie Master-Plattform-Datenströme aus verschiedenen Kanälen und Tools konsolidiert, einschließlich Order-Management-System (OMS) und CRM. CDP ist eine natürliche Erweiterung von CRM-Tools.

CRM zur Verwaltung der Kundenbeziehung

Ein zentrales CRM oder CDP mit einem 360-Grad-Blick auf den Kunden steht im Mittelpunkt von omni-personal Erfahrungen. Es verhindert organisatorische Amnesie und ermöglicht empathischen Beziehungsaufbau, unabhängig vom Standort, der Sprache oder Kultur des Kunden. Jenseits klassischer CRM-Tools und Funktionen wie Kundenanlage, -bearbeitung und -löschung über Kanäle hinweg, ist eine CDP-Plattform dazu gemacht, einen vollständigen Blick auf die Kunden eines Unternehmens über Kanäle hinweg zu gewinnen(siehe auch Abschn. 5.6 in Kap. 5).

Ob CRM oder CDP, mindestens ein eindeutiger Identifikator muss jedem Kunden zugewiesen werden, um den ‚Golden Record" zu erstellen. Dieser Identifikator ist notwendig, um persönliche und Transaktionsdaten, die über verschiedene Kanäle erfasst wurden, in einen Master-Kundendatensatz zusammenzuführen. Dies ist typischerweise die chronologisch aktuellste

Kundendatenaggregation mit dem höchsten Vollständigkeitsgrad. Sobald ein neuer Kundendatensatz registriert wird, prüft das System in Echtzeit die automatisch die doppelten oder neu eingegebenen Informationen. Es identifiziert auch Daten, die Tippfehler enthalten oder an einem bestehenden Dateneintrag sehr ähnlich sind. Stellen Sie sich vor, ein Straßenname kann beispielsweise einmal mit Leerzeichen und einmal ohne geschrieben werden. Solche Felder werden dedupliziert und vereinheitlicht.

Stellen Sie sich nun den neuen Dateneintrag für einen Kunden vor, der eine neue Uhr gekauft hat. Sie könnten daran interessiert sein, die Verkaufsaktion im Verhältnis zur Kaufhäufigkeit des Kunden und dem durchschnittlichen Kaufbetrag zu sehen. Ein spezielles Scoring-Modell kann verschiedene Faktoren berücksichtigen. Sie können Datenfelder auf Basis von Formeln, Aggregation oder Scoring-Regeln zusammenführen. Alternativ können Sie Feldwerte über ‚select' definieren. Das gilt beispielsweise, wenn Sie an die rechtliche Konformität mit der Allgemeinen Datenschutzverordnung (DSGVO) denken. Sie sind gesetzlich verpflichtet sicherzustellen, dass Sie die aktuellste Marketing-Zustimmung des Kunden erfassen und kanalübergreifend berücksichtigen. Standardmäßig sollte das System den aktuellsten Dateneintrag berücksichtigen.

Alle individuellen Dateneinträge und ihre Quellen bleiben zugänglich und mit dem ‚Golden Record' verknüpft. Folglich bietet die CRM oder CDP Plattform eine klare Sicht auf die Verkaufs- und Transaktionshistorie eines Kunden über Kanäle hinweg und unterstützt die Kunden-Segmentierung, die für personalisiertes Marketing und Kommunikation über diverse Kontaktpunkte hinweg notwendig ist.

6.2.2 Prozesse gewährleisten nahtlose Omni-Personal-Erlebnisse

Sie können die beste Strategie der Welt haben, der Unterschied zwischen dem Ausgezeichneten und dem Inkompetenten ist die Ausführung, Ausführung, Ausführung.

—Domenico De Sole, ehemaliger CEO der Gucci Gruppe

Betrachtet man die omni-personal Prozesse als Teil des Geschäfts modells, ermöglichen strukturierte Prozesse und transparente Kommunikation nahtlose Abläufe. Die Gleichung ist einfach: Die beste Technologie ist nutzlos, ohne den richtigen Prozess. Diese Prozesse können in drei Phasen strukturiert werden: Zieldefinition, Change Management und Governance, um die Prozesse nachhaltig und erfolgreich zu etablieren.

Zunächst müssen die Zielprozesse definiert und dokumentiert werden, um die Technologien im Zielbild zu verankern. Gleichzeitig müssen die Rollen und Verantwortlichkeiten sowie der Prozessverantwortliche geklärt werden.

Neue omni-personal Prozesse müssen eine nahtlose Zusammenarbeit über Unternehmensabteilungen hinweg gewährleisten, wie Marketing, Content, Kommunikation, Vertrieb, Kundenbeziehungsmanagement, Kundenservice und Analytik, die möglicherweise in der Vergangenheit unabhängig gehandelt haben. Dies ist eine der größten Herausforderungen im Luxusbereich. Silodenken und -handeln macht in einer omni-personalen Organisation keinen Sinn. Cross-funktionale Teams schaffen die notwendige Effizienz im Interesse des Kunden und vereinfachen die Anwendung eines Test-and-Learn-Ansatzes. Sofortiges Teilen von Erkenntnissen ist eine Voraussetzung für Personalisierung im großen Maßstab. Dies bedeutet eine erhebliche kulturelle Veränderung für traditionell organisierte Unternehmen und erfordert Change Management und ausreichende Schulung.

Zusammenarbeit erfordert Kommunikation, um die Governance klar und transparent zu halten. Jeder Stakeholder ist in regelmäßige Meetings und Abstimmungsroutinen eingebunden, um kontinuierliche Reflexion, Fortschritt und Erfolg der Transformation zu bewerten. Um die hohe Dynamik im Kontext der omni-personalen Transformation zu adressieren, wird eine prozessorientierte Perspektive und ein agiler Liefer- und Risikominderungsansatz dringend empfohlen. Die Kundenorientierung muss dynamisch sein, da das Kundenverhalten selbst keine statische Konstante ist. Der gleiche Kunde, der zweimal A und B gesagt hat, sagt plötzlich C beim dritten Kontakt. Die Methodik sollte eine gewisse Flexibilität zulassen. Dank technologischer Entwicklung und vielfältiger Leistungsmessungsmöglichkeiten ist Agilität ein wichtiger Erfolgsfaktor für kontinuierliche Verbesserungsprozesse. Dies bedeutet nicht nur, dass in jedem Sprint neue Software-Releases bereitgestellt werden, sondern dass die jeweiligen Teams im Rahmen ihrer Verantwortlichkeiten selbstbestimmt handeln dürfen.

Kurz gesagt, omni-personal Prozesse müssen wie eine Schweizer Uhr funktionieren. Der Prozess der Implementierung von Omni-Personal muss jedoch Freiheitsgrade lassen, um auf neue technologische Entwicklungen und neue Erkenntnisse reagieren zu können, die in iterativen Feedbackschleifen mit Kunden gewonnen werden. Letztendlich muss das Team, das die Organisation in Richtung Omni-Personal führt, eine gewisse Agilität und Innovation mitbringen.

6.2.3 Menschen mit den richtigen Fähigkeiten und Erfahrungen treiben den Wandel voran

Einige Menschen lieben es, die Vergangenheit zu wiederholen. Aber man erschafft nichts Neues, wenn man wiederholt.

—Jean-Claude Biver, ehemaliger Vorsitzender von Hublot

Change Management erfordert reibungslose Prozesse, das richtige Talent, kundenorientiertes Denken und die Fähigkeit, andere in der neuen Kultur, den Prozessen und Werkzeugen zu schulen. Eine Organisation muss sicherstellen, dass Menschen mit den richtigen Fähigkeiten, Erfahrungen und Expertise an Bord sind. Es versteht sich von selbst, dass ein Unternehmen seine bestehenden Mitarbeiter bei der Entwicklung neuer Fähigkeiten unterstützen sollte, aber möglicherweise haben sie noch keine Erfahrung im omni-personalen Transformationsmanagement. Um diese Erfahrung zu internalisieren, werden externe Talente als interne Mitarbeiter angeworben oder als externe Experten konsultiert.

Das omni-personale Team benötigt Fähigkeiten, die an die Situation angepasst sind. Das erfordert digital Natives: Marketer, Datenwissenschaftler und Menschen, die in der Cloud leben. Neue Fähigkeiten erfordern auch eine neue Umgebung, die Innovation und Denken außerhalb eingeübter Routinen fördert. Das bezieht sich auf eine Art Studio Start-up-Setup, in dem neue Ideen Boden und eine Zukunft finden.

Anreize und Gamification sind kluge Wege, um Engagement und Begeisterung für neue Konzepte zu schaffen. Sie denken, dass ein zufriedener Kunde überzeugend genug als positive Belohnung sein sollte. Vielleicht haben Sie recht. Warum aber nicht alle Hebel nutzen?

Provisionsmodelle und Anreize in Form von Boni und Provisionen sind oft an den Erfolg eines einzelnen Kanals geknüpft. Dies begünstigt den Kannibalisierungseffekt, der weder in einem omni-channel noch in einem omni-personal Kontext eine gute Praxis ist. Daher müssen Rahmenbedingungen geschaffen werden, in denen die Marke und nicht der Kanal im Mittelpunkt steht. Wie bereits in Bezug auf Prozesse erwähnt, erfordert Omni-Channel-Exzellenz einen kulturellen Wandel innerhalb einer Organisation. Flache Hierarchien und eine Kultur des Wissensaustauschs sind ebenfalls unerlässlich.

Gamification ist wichtig zu beachten, denn jede Kundenerfahrung wird von Menschen gestaltet. Was glauben Sie? Ein Mitarbeiter mit eingeschränkter Sicht hat es schwer, neue Horizonte für Kunden zu eröffnen. Ein Mitarbeiter, der keine Freude an der Arbeit hat, steht vor einer unlösbaren Aufgabe, wenn er dazu aufgefordert wird, Begeisterung bei Kunden auszulösen. Hier fördert Gamification internes Lernen und Teilen. Es ist so einfach wie das Sammeln von Abzeichen für besonderes Engagement, Leistungen, Fähigkeiten und Expertise. Visualisiertes Lob gibt die Energie, die für die nächste Extra-Meile benötigt wird. Das Stichwort ist ‚Dopamin', das freigesetzt wird, wenn eine Person sich selbst herausfordert und das gewünschte Ziel erreicht. Das ist die Formel des Vergnügens und ruft zur Wiederholung auf.[1] Eine spielerische Umgebung unterstützt Effizienz und individuelle Freude an der Arbeit und am kontinuierlichen Lernen. Natürlich kompensiert sie nicht einen Mangel an Technologie oder Prozessen.

Schließlich strahlt die Begeisterung der Mitarbeiter in die Außenwelt aus. Diese Aussage wird deutlich, wenn wir uns bewusst machen, dass Mitarbeiter mit 32 Prozent den wichtigsten Berührungspunkt mit Kunden darstellen, gefolgt von Produkttests, Suchmaschinen und Werbung.[2]

6.3 Drei aufkommende Modelle um Omni-personal umzusetzen

In mehreren Fällen in diesem Buch haben wir Omni-Channel als Grundlage für Omni-Personal beschrieben. Im nächsten Kapitel werden wir uns auf eine E-Commerce Perspektive konzentrieren. Grundsätzlich führen drei Wege nach Rom. Die Ansätze sind:

- Vertikal integriert
- Modularer Marktplatz oder E-Retail
- Eigenständiges Ökosystem

[1] Zichermann G, Linder J (2013) Die Gamification-Revolution: Wie Führungskräfte Spielmechaniken nutzen, um die Konkurrenz zu zerschlagen. McGraw-Hill Education, New York, S. 218.

[2] Goldhausen K (2018) Customer Experience Management—wie man Kunden begeistern kann. In: Rusnjak A, Schallmo R (Hrsg.) Customer Experience im Zeitalter des Kunden: Best Practices, Lessons Learned und Forschungsergebnisse. Springer, Wiesbaden, S. 193–241.

6.3.1 Ein vertikal integrierter Ansatz ermöglicht volle Kontrolle

Hermès und Gucci machen es, ebenso wie Bulgari. Kennen Sie das Sprichwort ‚Wenn du es gut machen willst, mach es selbst'? Das ist, im übertragenen Sinne, die Logik hinter dem vertikal integrierten Ansatz. Einfach ausgedrückt, erstellen Sie die E-Commerce Lösung selbst und erlangen dadurch maximale Kontrolle. Wenn eine Marke diesen Ansatz wählt, übernimmt sie eine Mono-Marken Omni-Personal Architektur. Um den Anforderungen dieser Architektur gerecht zu werden, stellt Breitling, zum Beispiel, die digitale Transformation in den Mittelpunkt seines Geschäfts modells.[3] Dementsprechend konzentriert es sich nicht auf einzelne Initiativen, sondern auf ganzheitliches Denken und Handeln in einem digitalen Ökosystem.

Die Mono-Marken Architektur wird hauptsächlich von großen Marken mit hohen Umsatzvolumen verfolgt. Der Grund ist einfach: Der Aufbau eines eigenen Online Shops und dessen Wartung sind teuer. Im Gegenzug bieten große Player, wie SAP Hybris, Intershop und Magento, Omni-Channel Strukturen und Out-of-the-Box-Funktionen, die sonst intern teuer entwickelt werden müssten.

Sicherlich ist die vollständige Kontrolle über Ihr eigenes E-Commerce System verlockend, insbesondere in Bezug auf den Kundenzugang. Diejenigen, die keinen eigenen Online Shop betreiben, können auf lange Sicht die Beziehung zu einem wachsenden Kundensegment verlieren. Natürlich bleibt eine Marke auf YNAP oder Farfetch im Besitz ihrer Kundendaten, aber der eigentliche Gewinner ist die Plattform, die über die Einkaufsmuster der Kunden über verschiedene Marken hinweg lernt. Diese Daten sind das neue Gold.

Darüber hinaus zahlen Sie in Ihrem eigenen Online Shop keine Provision auf Ihre Verkäufe. Sie zahlen jedoch für Softwarelizenzen und Wartung. Der Trick besteht darin, die richtige E-Commerce Plattform für Ihre Bedürfnisse und Anforderungen zu finden, um eine Über- oder Unterinvestition in ein über- oder unterdimensioniertes System – kurz gesagt, das falsche System – zu vermeiden. Deshalb ist die ordnungsgemäße Anforderungserhebung so wichtig.

[3] Batat W (2019) The new luxury experience: creating the ultimate customer experience. Springer, Wiesbaden, Location 3251.

Nun, Sie denken vielleicht, der Weg von Hermès ist nicht Ihr Weg, und Sie suchen nach einem flexibleren Weg, um E-Commerce zu aktivieren und zu skalieren.

6.3.2 Das modulare Marktplatz- oder E-Retail-Konzept bietet teilweise Kontrolle

Wer klein anfangen will, zu dem könnte das modulare Marktplatz- oder E-Retail-Konzept besser passen. In diesem Fall führt nichts um den führenden Drittanbieter-Marktplatz Farfetch oder den E-Retailer YNAP herum. Darüber hinaus repräsentieren 24S (früher 24 Sèvres, benannt nach der Adresse von ‚Le Bon Marché'), Mytheresa und Luisa Via Roma erfolgreiche Multi-Marken Online Einzelhändler. In den letzten Jahren sind sie schnell gewachsen. Die meisten Plattformen konzentrieren sich jedoch auf Fashion. Heute listet Net-a-Porter Schmuck- und Uhrenmarken und Farfetch arbeitet mit ausgewählten Luxusmarken wie Boucheron zusammen.

Dies impliziert, dass ein guter Teil des Schmuck- und Uhrengeschäfts dem Einzel- und Großhandelskanal mit Partnern à la Bucherer, Wempe, Timevallée und ähnlichen gehört. Rolex ist beispielsweise bis heute als wichtigster Markenpartner von Bucherer bekannt. Der Online-Kanal fungiert hier eindeutig als erster Kontaktpunkt mit der Marke, aber die Verkaufszeremonie bleibt ein Privileg zwischen Menschen.

Als kleine oder weniger bekannte Marke könnten Sie mehr Nutzen aus den Effekten des modularen Marktplatzes oder der E-Retail-Plattform ziehen. Mit anderen Worten, die Marke und ihre Produkte werden Seite an Seite mit anderen Marken und Produkten im Katalog angezeigt. Dies ermöglicht den Vergleich, aber auch eine größere Reichweite. Im Gegenzug profitieren alle Marken vom Kunden Traffic und haben ihre faire Chance zu überzeugen. Der Plattformanbieter ist dafür verantwortlich, Traffic und qualifizierte Leads zu generieren, um von der Verkaufsmarge oder Provision zu profitieren.

Im Marktplatzfall von Farfetch listen traditionelle unabhängige Einzelhändler ihre Produkte online via API. Sobald ein Produkt online verkauft wird, verdient Farfetch eine Provision. Der Einzelhändler bereitet das Paket vor, fügt das von Farfetch bereitgestellte Versandetikett hinzu und sendet das Produkt über Dropshipping an den Kunden. Same-Day-Delivery und Click and Collect werden unterstützt. Farfetch bleibt der erste Ansprechpartner für den Kunden im 24/7-Kundenservice. Im Falle einer Rücksendung kann der Kunde zwischen der Online-Rücksendung und der Rückgabe in der Boutique wählen.

Im Gegensatz dazu ist YNAP ein klassischer E-Retailer, der die gesamte Wertschöpfungskette von der Beschaffung des Inventars über die Marke und die 3D Produktpräsentation bis hin zum Fulfilment, schneller Lieferung und das Kundenbeziehungsmanagement kontrolliert. Ursprünglich bediente die Plattform ihre Kunden über Dropshipping, hat sich seitdem jedoch eigene internationale Lagerhäuser aufgebaut.

Ein besonderer Fall: Multi-Marken Flash-Sale Plattformen wie Vente-Privée sind nicht relevant für den reinen Schmuck- und Uhrenmarkenkontext, sondern fungieren als interessante Option für interne Mitarbeitersales innerhalb von Marken und Konglomeraten. Aufgrund der begrenzten verfügbaren Menge und der zeitlichen Beschränkungen fällt dieses Konzept unter die Marktplatzoption mit partieller Kontrolle. Social Live-Commerce-Plattformen wie TmallLuxury Pavilion sind eine Art neue Interpretation von Flash-Sale-Plattformen. Sie erweitern das Prinzip erfolgreich, um die Markenbekanntheit unter jungen Generationen zu erhöhen.

Drittanbieter-Multi-Marken-Einzelhändler, Flash-Sale Plattformen und soziale Handelsplattformen bieten Marken Online-Verkaufskanäle, aber keine vollständige Kontrolle über die Marken- und Produktdarstellung sowie die Verpackung und das Liefererlebnis. Die Vertragsbedingungen beinhalten feste Laufzeiten und Exklusivitätsklauseln, die von einer Marke beachtet werden sollten. Wenn Sie das nicht abschreckt, kann diese Option eine gute Alternative darstellen.

6.3.3 Ein Ökosystem schafft Lock-In-Effekte

Der Full-Stack-Ökosystem-Ansatz im Luxussegment wird über Drittanbieter oder Plattformaktionäre realisiert. Es steht für den Luxusweg im Luxusgeschäft.

YNAP betreibt 41 und Farfetch Black & White Platform Solutions 8 Luxus-Einzelmarkengeschäfte.[4] Wir verstehen den Einzelhandel von

[4] Woodworth S (2019) Warum Luxusmarken ihren Online-Einzelhandel mit Einzelmarkenplattformen aufbauen. https://luxe.digital/business/digital-luxury-reports/luxury-brands-use-third-party-platforms-build-online-monobrand-stores/. Zugriff am 6. September 2020.

Drittanbietern mit Einzelmarken als Erweiterung von Marktplätzen mit mehreren Marken oder E-Händlern, die Luxusmarken exklusive White-Label-Lösungen anbieten. Farfetch und YNAP nutzen ihr Ökosystem, um Synergien zu schaffen und die Markteinführungszeit für Marken zu beschleunigen. Marken profitieren von der digitalen Toolbox und der Omni-Channel-Expertise von digital-first Plattformen, ohne die Technologie und Infrastruktur selbst aufbauen zu müssen. Dies ist weniger kostspielig, da ein Plattformanbieter neue Funktionen effizienter bündelt und entwickelt, als jede Marke es selbst tun könnte.

Fragen Sie sich nach dem Deal? Die Marke zahlt für Wartungsunterstützung und den Aufbau der Website und des Online-Shops, die auf einem klassischen CMS basieren, einschließlich der Integration einer mobilen App. Die Designphase gibt der Marke die Freiheit, ein markenkonsistentes Layout vorzuschlagen und die Produktreihenfolge innerhalb des Katalogs festzulegen. Technisch gesehen basiert die Lösung auf API, was der Marke ermöglicht, die Inventardaten des Online-Shops mit Daten aus Geschäften und Lagern im gesamten Netzwerk zu synchronisieren.

Wir möchten nicht die vollständige Liste der verfügbaren Plattformfunktionen wiederholen, die auf die Bedürfnisse der Marken in modularer Weise anpassbar sind. Dennoch möchten wir auf die internationale Zahlungsabwicklung, die internationale Lieferung per Click and Collect oder In-Store-Rückgaben, RFID-Technologie, mehrsprachige Storefronts und die Integration von WeChat-Mini-Programmen hinweisen. Marken haben sogar die Möglichkeit, Dienstleistungen wie Content-Produktion oder ein markengeschultes Kundenserviceteam auszulagern. Analytische Dashboards werden in Tools wie Tableau konfiguriert, um die Leistung zu kontrollieren und zu visualisieren, und dienen als Grundlage für regelmäßige Geschäftsüberprüfungen zwischen Plattformanbieter und Marke.

Jenseits von Omni-Channel E-Commerce investieren YNAP und Farfetch in kontinuierliche Innovation, einschließlich der Akquisition von Nischenspezialisten, um neue Phygital Fähigkeiten zu entwickeln. Farfetchs innovativer Ansatz ermöglicht es Marken und Einzelhändlern, Drittanbieter-Technologien über ihre Plattform zu nutzen.[5]CuriosityChina, zum Beispiel, gehört zu Farfetch und hilft Luxusmarken, mit WeChat in China erfolgreich zu sein. Ein weiteres Beispiel ist Certona, ein Anbieter von auf KI basierenden Personalisierung Fähigkeiten. Die strategische Partnerschaft

[5] Farfetch (2021) Unternehmenshomepage. https://aboutfarfetch.com/about/farfetch-platform-solutions/ &https://aboutfarfetch.com/about/store-of-the-future/. Zugriff am 8. Januar 2021.

mit Farfetch ermöglicht personalisierte Inhalte, Suche und Produktvorschläge in Echtzeit über Touchpoints für alle Black & White Kunden. Dies verbessert die Kundenkonversion, das Engagement und schließlich einen verbesserten Kundenlebenszeitwert.[6]

Im Jahr 2017 schloss sich YNAP zusammen, um ein KI-gestütztes Omni-Channel ‚Next Era' Geschäftsmodell zu entwickeln, das die Transparenz des Bestands über Fulfillment Zentren und Boutiquen ermöglicht.[7] Darüber hinaus ermöglicht das Modell erweiterte In-Store-Services, wie Click and Collect, Rückgabe im Geschäft, Live-Chat Unterstützung und vor Ort Personalisierung.

Farfetch zauberte einen weiteren Hasen aus dem Hut und startete den ‚Store of the Future'. Dieses Augmented Reality Projekt zielt darauf ab, die Interaktion zwischen dem Kunden und dem Verkaufsmitarbeiter über die Kanäle zu optimieren. Thomas Browne begann 2018, die Technologie in seinen Boutiquen zu testen. Im selben Jahr schloss sich Chanel mit Farfetch zusammen, um an innovativen Cross-Channel-Initiativen für luxuriöse Kundenerlebnisse zu arbeiten. Dies führt uns zum Konzept der Plattformbeteiligung.

Chanel ist tatsächlich mehr als ein Innovationspartner. Die ikonische Marke hält eine Minderheitsbeteiligung an Farfetch. Diese strategische Investition soll den Kundenservice von Chanel verbessern. Angesichts der Übernahme von YNAP durch den Luxuskonzern Richemont liegt auf der Hand, dass dies von einer viel umfassenderen Strategie und Vision motiviert war, zum führenden Omni-Channel-Player in Luxus und Mode zu werden und den vom Konzern kontrollierten Marken Exklusivität zu gewähren. M&As, Joint Ventures und strategische Partnerschaften mit digitalen Plattformen oder Nischenexperten sind interessante Optionen, um die omnipersonaleTransformation in einem Ökosystemumfeld zu beschleunigen.

Schließlich wollen wir sicherstellen, dass wir ein gemeinsames Verständnis von einem Ökosystem haben: Ein Ökosystem basiert auf einer kollaborativen Kundenbeziehung. Kunde und Anbieter tauschen kontinuier-

---

[6] Strzalek A (2017) Certona & Farfetch in Online-Personalisierungsdeal. https://www.retail-systems.com/rs/Certona_Farfetch_Personalisation_Deal.php. Zugriff am 23. August 2020.

[7] Yoox-Net-A-Porter Group (2017) Valentino und Yoox-Net-A-Porter schließen sich zusammen, um einen innovativen Leitfaden für die nächste Ära des Luxuseinzelhandels zu schaffen. https://www.ynap.com/news/valentino-and-yoox-net-a-porter-group-join-forces-to-create-an-innovative-blueprint-for-the-next-era-of-luxury-retail/. Zugriff am 7. April 2020.

lich Daten aus, um den maximalen Nutzen zu erzielen. Wie in einem gemeinsamen Haus wird die Plattform zum unverzichtbaren Bindeglied, das das Zusammenleben und den Austausch ermöglicht.

Das Dienstleistungsspektrum eines Ökosystems kann und sollte vielfältig sein, um den Benutzer glücklich und zufrieden an die Dienstleistung zu binder. Ein bekanntes Beispiel ist Amazon, das alles vom *Das große Kochbuch* bis hin zu Musikabonnements, Amazon Pay oder Speicherplatz in der Cloud anbietet. Ein gehacktes Amazon-Konto kann daher den gleichen Schmerz verursachen wie ein Einbruch in Ihr Haus.

Der Umzug zu einer anderen Plattform ist kostspielig und zeitaufwendig – und Sie müssen von Ihrer Entscheidung überzeugt sein. Einerseits erhöht ein Ökosystem die Markteintrittsbarrieren und schützt Sie so vor Wettbewerbern. Andererseits bindet ein leistungsstarkes Ökosystem seine Kunden langfristig. Dies ist auf den Netzwerkeffekt zurückzuführen: Je mehr Benutzer in eine Plattform investieren, desto mehr kann eine Plattform in neue Funktionen reinvestieren. Diese positive Resonanz ist der berühmte Win-Win, den wir oft anstreben. Warum wollen wir dann etwas Neues und Anderes? Die Konsequenz daraus ist, dass es sich lohnt, schnell zu sein. Sobald Sie Ihr Haus eingerichtet, den Einbauschrank moosgrün gestrichen und dank verschiedener Anzeigen die wöchentliche Haushaltshilfe gefunden haben, erleben Sie den Lock-in-Effekt. Sie werden den Mehrwert und die Vorteile eines potenziellen zweiten Zuhauses zweimal überdenken, und das Verlassen Ihres Zuhauses wird nur dann eine Option, wenn das führende Ökosystem versagt.

Als nächstes: Wie wissen Sie, welcher Ansatz für Ihr Unternehmen der richtige ist?

6.4 Der Ansatz hängt von der Reichweite und Kontrolle ab

Digitale Luxuskunden suchen zunehmend nach einem Multi-Marken-Erlebnis.[8] Die Gewinner scheinen jene Marken zu sein, die skalierbare Modelle aufbauen, um sich zu Ökosystemen zu entwickeln, ihre Kreationen direkt an den Kunden (D2C) und über Drittplattformen zu liefern. Allerdings

---

[8] McKinsey & Company (2018) Das Zeitalter des digitalen Darwinismus. https://www.mckinsey.com/~/media/McKinsey/Industries/Retail/Our%20Insights/Luxury%20in%20the%20age%20of%20digital%20Darwinism/The-age-of-digital-Darwinism.pdf, S. 9. Zugriff am 3. April 2021.

erfordert jede Markengröße und jeder Reifegrad einen eigenen Ansatz, und wieder gibt es mehr als eine Methode (Abb. 6.4).

Wenn Sie eine kleinere Marke mit geringerer Reichweite sind, können Sie den perfekten Ausgangspunkt mit einem modularen Marktplatz oder E-Retail finden, um den E-Commerce Kanal für Ihr Geschäft zu testen. Die minimale Markenkontrolle über die Flash-Sale- und Social-Commerce-Initiativen macht beide geeignet für Markenbewusstseinskampagnen, um neue junge Zielgruppen zu erreichen, insbesondere in Asien. Daher sollte ein Drittanbieter-Multi-Marken-Marktplatz oder E-Retail die erste Anlaufstelle für Marken sein, die eine gewisse Kontrolle in Kombination mit zusätzlicher Reichweite dank des Plattformeffekts suchen. Diese Konfiguration ermöglicht es den Marken, das Geschäft zusammen mit der Plattform zu skalieren, bis zu dem Punkt, an dem eine Mono-Marken-Architektur relevant wird. Das mögliche Maß an Personalisierung ist in dieser ersten Phase eingeschränkt.

Im weiteren Verlauf wird die Mono-Marken-Architektur, die den direkten Kundenansatz (D2C) ermöglicht, in der Regel als Ergänzung oder eigenständige Lösung realisiert. Als Marke müssen Sie zwischen vertikaler Inhouse-Integration und dem White-Label-Mono-Marken-Angebot eines Drittanbieter-Ökosystems wählen. Natürlich würde eine Marke mit hoher Reichweite direkt zur Entscheidung springen, Inhouse-Omni-Channel

APPROACH	DISTINCTION	WICHTIGSTE VORTEILE/NACHTEILE	
		Kontrolle	Reichweite
Vertikal integriert	Mono-Brand Architektur	++	0
Modularer Marktplatz oder e-retail	Multi-Brand Flash Sale	-	+
	Multi-Brand Social Commerce	-	++
	Mehrmarken-Drittanbieter marktplatz/e-einzelhandel		++
Vollumfängliches Ökosystem	Monomarken-Einzelhandel für Dritte	+	0
	Plattform Aktionär	++	+

0 neutral; + Vorteil; - Nachteil

Abb. 6.4 Die beabsichtigte Marktreichweite und Kontrolle definieren den Ansatz

Fähigkeiten aufzubauen, anstatt an Drittanbieter-Plattformen auszulagern. In dieser Phase wird die Omni-Personalisierung in der Regel über die Integration von Drittanbieter-Software angegangen.

Sie sind eine große Marke oder ein Konglomerat mit erheblicher Reichweite und Einnahmequellen, daher ziehen Sie in Betracht, in den Aufbau Ihres eigenen Ökosystems zu investieren, um die maximale Kontrolle zu erreichen. Das Full-Stack-Ökosystem reduziert Ihre externen Abhängigkeiten, da Sie Synergien entlang der Wertschöpfungskette optimieren und skalieren, basierend auf einer kundenorientierten Logik.

Zusammenfassend haben alle Ansätze ihre Berechtigung und ihren Anwendungsfall. Der Anwendungsfall unterscheidet sich von Marke zu Marke und kann daher nur individuell analysiert und bewertet werden. Es gibt keine Einheitslösung. Was für Buccellati richtig ist, ist nicht unbedingt richtig für Van Cleef & Arpels, obwohl beide Juweliere sind und zum selben Konglomerat gehören. Das Gleiche gilt für LVMH: Das Konglomerat zentralisiert Technologie, CRM, Kundenbindung und Analytik auf Gruppenebene, während die E-Commerce Reife zwischen den Marken variiert.[9]

Es ist entscheidend, die Funktion und Struktur eines Geschäftsmodells einer Marke konzeptionell zu hinterfragen und es auf zukunftssichere Weise neu zu konfigurieren. Eine Voraussetzung ist natürlich ein klarer Blick auf das Wachstumspotenzial, das mit der Omni-Personalisierung verbunden ist.

---

[9] Guiltbault L (2020) LVMH und Kering's neues Schlachtfeld ist online. https://www.voguebusiness.com/companies/lvmh-and-kerings-new-battlefield-is-online-covid-19. Zugriff am 12. Juni 2020.

7

Konklusion: Beginnen Sie Ihre Omni-personal Reise

Können Sie sich an alle Geburtstage Ihrer wichtigen Kunden erinnern? Monsieur Cartier oder Mademoiselle Chanel könnten es wahrscheinlich. Können Sie sich an alle Geburtstage Ihrer Freunde erinnern? Wie sieht es mit den Geburtstagen Ihrer Kollegen aus? Wir sagen, „Danke, LinkedIn und Facebook, da ihr uns jeden Tag an die Geburtstage, Erfolge und neuesten Nachrichten erinnert". Diese Platformen haben viele handschriftliche Geburtstagsplaner ersetzt und uns zugleich ermöglicht, persönliche Glückwünsche zu senden. Privat haben wir begonnen, unsere persönlichen Kontakte mit System zu verwalten, ohne große Mühe und mit mehr oder weniger Strategie. Auf organisatorischer Ebene erleben wir die gleichen psychologischen Effekte. Omni-Personalisierung führt zu erhöhter Loyalität.

Wer freut sich nicht, wenn jemand an seinem Geburtstag an ihn denkt? Es gibt uns positive Emotionen, noch mehr, wenn wir eine gemeinsame Geschichte, Gegenwart oder Pläne für die Zukunft teilen. Große Veränderungen sind herausfordernd, aber manchmal erscheinen sie natürlich, wie unser Wunsch, unseren Freunden und Kollegen einen schönen Ehrentag zu wünschen. Für ein Unternehmen übersetzt sich diese positive Emotion in Loyalität und führt zu Wachstum und Rentabilität. Luxus hat viele Male bewiesen, dass die Branche in der Lage ist, sich neu zu erfinden. Heute hat sie eine weitere Chance, diese Flexibilität zu beweisen. Wir kommen zum Ende dieses Buches und zum Beginn Ihrer Aktion.

Es spielt keine Rolle, ob Sie ein Konglomerat oder eine kleine oder mittelgroße Marke sind. Alles, was in diesem Buch beschrieben wird, ist gültig und unabhängig von der aktuellen Reife und Reichweite Ihrer Marke

R. Schmitt et al., *Omni-personal Luxus*, https://doi.org/10.1007/978-3-031-44579-8_7

anwendbar. Daher ermutigen wir Sie, den ersten Schritt zu machen. Bitte warten Sie nicht, bis Ihr Unternehmen groß wird oder bis die Welt sich verändert hat. Wir erleben eine kontinuierliche Veränderung, und der einzige Weg, sie zu bewältigen, besteht darin, niemals aufzuhören zu beginnen und niemals anzufangen aufzuhören. Omni-Personal ist eine Reise und ein Weg, dank vertrauensvoller und relevanter Beziehungen zwischen Ihrer Marke und Ihren Kunden zu wachsen.

Die Reise beginnt mit der Bewertung der Omni-Personal Reife Ihrer Organisation. Eine solche Bewertung ermöglicht es Ihnen, Potenziale zu identifizieren und zu priorisieren, um Ihre Marke für die Zukunft bereit zu machen. Dies beinhaltet fünf Schritte:

1. Verstehen Sie Ihre aktuelle Situation in Bezug auf die Customer Journey, Prozesse, Tools und Menschen.
2. Definieren Sie Ihre Zielsetzung in Bezug auf die Customer Journey, Prozesse, Tools und Menschen.
3. Identifizieren und priorisieren Sie Lücken, die geschlossen werden müssen, und leiten Sie Maßnahmen ab, die ergriffen werden müssen.
4. Entwickeln Sie Ihre Omni-Personal Transformation Roadmap.
5. Starten Sie Ihre Reise in Richtung Omni-Personal.

In Anbetracht dessen, dass viele Unternehmen noch an der Omni-Channel Herausforderung arbeiten, stellt dieses Buch die Omni-Personal Zukunft für eine Branche vor, die tief in Personalisierung verwurzelt ist. Dies kann auf back to the roots und die Integration der neue Einzelhandels Prinzipien und Technologien heruntergebrochen werden. Monsieur Cartier oder Mademoiselle Chanel würden lächeln.

Lieber Leser, wir hoffen, dass wir Sie inspiriert haben und Ihre wesentlichen Fragen darüber beantwortet haben, wer, warum, wie, was und wann der omni-personal Ansatz in der Luxusbranche am wichtigsten ist. Sie haben vielfältige Möglichkeiten gesehen, Personalisierung entlang der Customer Journey zu realisieren, einschließlich der Personalisierung des Produkts, des Services, der Kommunikation und des Erlebnisses. Wir sind uns jedoch bewusst, dass noch viel zu tun ist, um die omni-personal Vision zur Realität zu machen. Zusätzliche Fragen werden während dieser Transformation aufkommen. Weitere Kundenerwartungen werden sich entwickeln und neue Technologien werden sie adressieren, was zu Innovation führt, um den Erwartungen gerecht zu werden.

Nehmen Sie es kompetitiv.

Nehmen Sie es omni-personal.

Ihr Kunde wird Ihnen danken.

Bibliographie

Abtan O, Barton C (2016) Digital oder sterben: die Wahl für Luxusmarken. www.bcg.com/publications/2016/digital-or-die-choice-luxury-brands.aspx. Zugriff am 20. Oktober 2020.

Accenture (2020) Accenture und Microsoft arbeiten zusammen, um eine digitale Plattform zur Unterstützung der Mailänder digitalen Modewoche der Camera Nazionale Della Moda Italiana bereitzustellen. https://newsroom.accenture.com/news/accenture-and-microsoft-collaborate-to-provide-digital-platform-to-support-camera-nazionale-della-moda-italianas-milan-digital-fashion-week.htm. Zugriff am 14. Juli 2020.

Accenture (2021) Virtuelle Präsentation von Accenture. https://www.youtube.com/watch?v=JZPcSg-9Swc. Zugriff am 18. März 2021.

Achille A (2019) McKinsey und Altagamma – gewinnen Sie groß im Digitalen. Altagamma. https://altagamma.it/media/source/turtl-story-nAcnMU_1.pdf. Zugriff am 10. Dezember 2020.

Achille A, Zipser D (2020) Eine Perspektive für die Luxusgüterindustrie während und nach dem Coronavirus. https://www.mckinsey.com/industries/retail/our-insights/a-perspective-for-the-luxury-goods-industry-during-and-after-coronavirus. Zugriff am 1. April 2020.

Adresta (2020) Firmenwebsite. https://adresta.ch/en. Zugriff am 31. Dezember 2020.

Altiant (2019) Neue Modelle des Luxusbesitzes: Wiederverkauf, Vermietungen & Abonnements. https://altiant.com/new-models-of-luxury-ownership, S. 9. Zugriff am 30. November 2020.

Aminoff J (2016) Social Selling Luxury: Umsatzsteigerung durch Engagement in der digitalen Welt. Luxury Sales Academy.

Arianee (2021) Firmenwebsite. https://www.arianee.org. Zugriff am 28. Februar 2021.

R. Schmitt et al., *Omni-personal Luxus*, https://doi.org/10.1007/978-3-031-44579-8

Bain & Company (2020) Bain-Altagamma 2020 weltweiter Luxusmarktmonitor. In: The Diamond Loupe. https://www.thediamondloupe.com/sites/awdcnewswall/files/attachments/Bain-Altagamma%20Luxury%20Study%2019th%20Edition.pdf. Zugriff am 18. November 2020.

Bairamian H (2018) Die Marken der Luxusprodukte im Angesicht der sozialen Medien. https://nanopdf.com/download/les-marques-des-produits-de-luxe-face-aux-medias-sociaux_pdf, S. 4. Zugriff am 26. Januar 2021.

Batat W (2019a) Digitaler Luxus. Sage Publications, Los Angeles.

Batat W (2019b) Das neue Luxuserlebnis: Schaffung des ultimativen Kundenerlebnisses. Springer, Wiesbaden, Standort 3188.

Baxter N (2019) 7 Wege, wie Mode-Marken die Hologramm-Technologie nutzen. https://thecurrentdaily.com/2019/10/01/7-ways-fashion-brands-are-harnessing-hologram-technology/. Zugriff am 1. Oktober.

Beauloye F (2017) SHINE: Digitale Handwerkskunst für moderne Luxusmarken. Michael Hanrahan, Singapur.

Bezamat B (2018) Hermès startet mobiles Spiel als Teil der ganzjährigen Feier des Spiels. https://thecurrentdaily.com/2018/03/28/hermes-mobile-game-play/. Zugriff am 28. März 2020.

Binkley C (2021) Private Übertragungen sind die neue Geheimwaffe der Luxusmarken. https://www.voguebusiness.com/companies/private-broadcasts-are-luxury-brands-new-secret-weapon. Zugriff am 17. März 2021.

Böckenholt I, Mehn A (Hrsg.) (2018) Konzepte und Strategien für Omnichannel-Exzellenz: Innovatives Einzelhandelsmarketing mit mehrdimensionalen Vertriebs- und Kommunikationskanälen. Springer, Wiesbaden.

Bourdieu P (1985) Eine soziale Kritik des Geschmacksurteils. Harvard University Press, Cambridge.

Breitling (2020) Unternehmenswebsite. https://www.breitling.com/de-de/service/blockchain/. Zugriff am 31. Dezember 2020.

Brighton, Reichheld F (1996) Der Loyalitätseffekt: Die verborgene Kraft hinter Wachstum, Gewinn und dauerhaftem Wert. Harvard Business School Press, Brighton.

British Museum (2020) Wie man das British Museum von zu Hause aus erkundet. https://blog.britishmuseum.org/how-to-explore-the-british-museum-from-home/. Zugriff am 27. März 2020.

Canaves S (2020) Luxusgüter erhalten die Livestreaming-Behandlung. https://jingdaily.com/hard-luxury-gets-the-livestreaming-treatment. Zugriff am 30. April 2020.

Cartier Brickell F (2019) Die Cartiers: Die unerzählte Geschichte der Familie hinter dem Schmuckimperium. Random House, New York.

Caula R (2013) Ross Lovegrove druckt 3D-Goldringe für die Louisa Guinness Galerie. https://www.designboom.com/design/ross-lovegrove-3d-prints-18k-gold-rings-for-louisa-guinness-gallery-11-30-2013/. Zugriff am 30. November 2020.

Chadha R, Husband P (2006) Der Kult der Luxusmarke: Asiens Liebesaffäre mit Luxus. Nicholas Brealey International, London.

Chang A, Mauron P (2020) JingDigital und Digital Luxury Group – WeChat Luxusindex 2020. JingDigital. https://www.jingdigital.com/en/articles/8255/, S. 2, 50. Zugriff am 3. April 2021.

Changsha IFS (2020) Changsha IFS erstellt iGO, den ersten MR-Shopping-Navigator in China, um intelligentes Einkaufen mit einem Klick zu ermöglichen. In: Cision PR Newswire. https://www.prnewswire.com/news-releases/changsha-ifs-entwickelt-igo-den-ersten-mr-einkaufsnavigator-in-china-der-intelligentes-einkaufen-mit-einem-klick-ermoglicht-819629444.html. Zugriff am 16. Dezember 2020.

Chaumet (2021) Unternehmenshomepage. https://inimitablejosephine.chaumet.com/en/. Zugriff am 28. März 2021.

Chevalier M, Gutsatz M (Hrsg.) (2019) Luxus-Einzelhandel und digitales Management. Wiley, New Jersey.

Chopard (2020) Firmenwebsite. https://www.chopard.com/intl/green-carpet-collection. Zugriff am 2. August 2020.

ConsenSys (2019) LVMH, ConsenSys und Microsoft kündigen Konsortium für Luxusindustrie an. https://consensys.net/blog/press-release/lvmh-microsoft-consensys-announce-aura-to-power-luxury-industry/. Zugriff am 16. Mai 2020.

Corbellini E, Saviolo S (2014) Management von Mode- und Luxusunternehmen. Rizzoli Etas, Mailand.

Corder R (2018) Schweizer Uhrenhersteller verfolgt Zeitmesser fürs Leben mit Blockchain-Technologie. https://www.watchpro.com/swiss-watchmaker-tracks-timepieces-for-life-using-blockchain-technology/. Zugriff am 24. September 2020.

Corzine M (2020) Philips Watches Leiter der digitalen Strategie: ‚Sammler waren schnell dabei, digitale Verkäufe zu akzeptieren'. https://www.luxurysociety.com/en/articles/2020/06/phillips-watches-head-digital-strategy-collectors-were-quick-accept-digital-sales/. Zugriff am 25. Juni 2020.

Cumenal F (2017) Wie ich es gemacht habe: Der CEO von Tiffany über die Schaffung einer nachhaltigen Lieferkette. Harvard Business Review. März–April:41–46.

Danziger P (2019) Treffen Sie die HENRYS: die Millennials, die für Luxus am wichtigsten sind. Paramount Market Publishing, Ithaca.

Daugherty P, Wilson H (2018) Mensch + Maschine: Arbeit im Zeitalter der KI neu denken. Harvard Business Review, Boston.

Doerr E (2016) Jaeger-LeCoultre schließt sich mit Schuhdesigner Christian Louboutin für Atelier Reverso Linie zusammen. https://www.forbes.com/sites/elizabethdoerr/2016/01/26/jaeger-lecoultre-joins-forces-with-shoe-designer-christian-louboutin-on-atelier-reverso-line/#607bcfa7fdc2. Zugriff am 26. Januar 2021.

Doran S (2011) 11 feine Schmuckdesigner, China & Taiwan. https://www.luxurysociety.com/en/articles/2011/11/11-fine-jewellery-designers-china-taiwan/. Zugriff am 25. November 2020.

Dudarenok AG, Zakkour M (2019) Neuer Einzelhandel, geboren in China, geht global: Wie chinesische Technologiegiganten den globalen Handel verändern. Unabhängig veröffentlicht.

Entrupy (2020) Firmenwebsite. https://www.entrupy.com. Zugriff am 31. Dezember 2020.

EOS (2012) Glänzende Aussichten mit additiver Fertigung von Gold. https://www.eos.info/01_parts-and-applications/case_studies_applications_parts/_case_studies_pdf/de_cases/cs_m_cookson_gold_cpm.pdf. Zugriff am 1. November 2021.

Estève C (2016) Verständnis von Luxus durch Maslows Bedürfnishierarchie. https://www.agora.universite-paris-saclay.fr/understanding-luxury-through-maslows-hierarchy-of-needs/. Zugriff am 21. November 2020.

Everledger (2020) Firmenwebsite. https://www.everledger.io/case-study/everledger-with-gia-and-chow-tai-fook/. Zugriff am 27. Dezember 2020.

Facebook (2020) Einführung von Facebook Shops: Unterstützung kleiner Unternehmen beim Online-Verkauf. https://about.fb.com/news/2020/05/introducing-facebook-shops/. Zugriff am 19. Mai 2020.

Farfetch (2021) Firmenhomepage. https://aboutfarfetch.com/about/farfetch-platform-solutions/ & https://aboutfarfetch.com/about/store-of-the-future/. Zugriff am 8. Januar 2021.

Gardetti MÁ, Coste-Manière I (Hrsg) (2020) Nachhaltiger Luxus und Handwerkskunst: Umweltbilanzen und Öko-Design von Produkten und Prozessen. Springer Nature Singapore Pte Ltd, Singapur.

Gartner (2019) Lektionen aus dem Luxuseinzelhandel – die jüngere Generation führt den Weg. https://www.gartner.com/en/documents/3905168/lessons-from-luxury-retail-younger-generations-lead-the-. Zugriff am 20. März.

GMA MarketingToChina (2020) Goldene Regeln für Social Media Marketing in China (aktualisiert 2020). https://www.marketingtochina.com/golden-rules-to-social-media-marketing-in-china-updated-2019/. Zugriff am 4. Februar 2021.

Goldhausen K (2018) Customer Experience Management – wie man Kunden begeistern kann. In: Rusnjak A, Schallmo R (Hrsg) Customer Experience im Zeitalter des Kunden: Best Practices, Lessons Learned und Forschungsergebnisse. Springer, Wiesbaden.

Google Trends (2021) ‚Verlobungsring' versus ‚Cartier Ring' in den letzten 12 Monaten. https://trends.google.de/trends/explore?q=engagement%20ring,cartier%20ring. Zugriff am 14. März 2021.

GQ (2020) Rolex der Zukunft? Technischer Durchbruch könnte Luxusuhren zu einer Smartwatch machen. https://www.gq-magazin.de/mode/artikel/rolex-der-zukunft-technischer-durchbruch-macht-luxusuhren-zu-smartwatch. Zugriff am 5. August 2020.

Guiltbault L (2020a) Die Ausgaben für Schmuck sind gesunken. Es ist immer noch eine gute Wette. https://www.voguebusiness.com/companies/jewellery-spending-is-down-its-still-a-good-bet. Zugriff am 3. Juli 2020.

Guiltbault L (2020b) LVMH und Kering's neues Schlachtfeld ist online. https://www.voguebusiness.com/companies/lvmh-and-kerings-new-battlefield-is-online-covid-19. Zugriff am 12. Juni 2020.

Hall C (2020) Weibo betritt das E-Commerce-Rennen. Sollten Marken begeistert oder vorsichtig sein? https://www.businessoffashion.com/articles/professional/weibo-enters-e-commerce-race-should-brands-be-excited-or-cautious. Zugriff am 4. Mai 2020.

Hapticmedia (2020) Konfigurieren Sie Ihre Uhr in 3D. https://hapticmedia.fr/en/clients-projects/3d-configurator-watch-baume/. Zugriff am 21. Dezember 2020.

Harari Y (2013) Eine kurze Geschichte der Menschheit. Deutsche Verlags-Anstalt, München.

Häusel H (Hrsg.) (2016) Brain View: Warum Kunden kaufen. Haufe, Freiburg.

Heinemann G (Hrsg.) (2019) Der neue Online Handel. Springer, Wiesbaden.

Hubbard L (2019) Tiffany & Co. hat gerade ihren ersten Herren-Pop-up-Shop in NYC eröffnet. 6. Dezember. https://www.townandcountrymag.com/style/jewelry-and-watches/a30153239/tiffany-mens-pop-up-shop-2019/.

Husemann-Kopetzky M (2018) Handbuch zur Psychologie der Preisgestaltung: Über 100 Effekte zur Überzeugung und Beeinflussung, die jeder Unternehmer, Marketer und Preismanager kennen muss. Pricing School Press.

Inside Chanel (2020) Unternehmenswebsite. https://inside.chanel.com. Zugriff am 31. Dezember 2020.

Jahn M (2017) Industrie 4.0 konkret: Ein Wegweiser in die Praxis. Springer, Wiesbaden, Standort 370.

Jiang Y (2020) Secoos 24-Stunden-Livestreams auf Kuaishou sind ein großer Erfolg. https://jingdaily.com/secoo-24-hour-livestreams-on-kuaishou-are-a-big-win/. Zugriff am 11. Juni 2020.

Jiayun K (2020) Holographische Installation rückt Schmuck ins Bild. https://www.shine.cn/biz/event/2011079313/. Zugriff am 7. November 2020.

Jing Daily (2020) Livestreaming auf dem nächsten Level: Wie Luxusmarken von Chinas Top-E-Commerce-Trend profitieren können. https://jingdaily.com/wp-content/uploads/2020/08/Next-Level-Luxury-Livestreaming-2020-Jing-Daily-CCI.pdf. Zugriff am 30. April 2020.

Journal Du Luxe (2020) Louis Vuitton: ein mobiler Laden in einem Wohnwagen. https://journalduluxe.fr/louis-vuitton-mobile-store-us/. Zugriff am 30. November.

Kapferer, J (2015) Kapferer über Luxus: Wie Luxusmarken wachsen können und dennoch selten bleiben. Kogan Page, London.

Kapferer J, Bastien V (Hrsg.) (2012) Die Luxusstrategie: Brechen Sie die Regeln des Marketings, um Luxusmarken aufzubauen. Kogan Page, London.

Kern S (2014) Wie viel ist genug? https://www.rnz.de/panorama/magazin_artikel,-Magazin-Wie-viel-ist-genug-_arid,20959.html. Zugriff am 26. April 2020.

Kowalsky M (2005) Johann Rupert: «Ich bin der Fluglotse der Egos». https://www.handelszeitung.ch/geld/johann-rupert-ich-bin-der-fluglotse-der-egos. Zugriff am 12. April 2021.

Kramer L (2010) Der Globus: Wie französische Innovatoren das „Soziale" in sozialen Netzwerken zurückbringen. Harvard Business Review. Oktober:1–3.

Kunde J (2000) Corporate Religion. Financial Times Prentice Hall, London.

Langer D (2020) Wie Luxusmarken in einer Krise gewinnen können. https://jingdaily.com/how-luxury-brands-can-win-during-a-crisis. Zugriff am 22. April 2020.

Langer D, Heil O (2015) Luxus Essentials: Wesentliche Einblicke und Strategien zur Verwaltung von Luxusprodukten. Center for Research on Luxury, Mainz.

LoveExploring (2018) Wie sich das Fliegen in den letzten 100 Jahren verändert hat. https://www.loveexploring.com/gallerylist/71818/how-air-travel-has-changed-in-the-last-100-years. Zugriff am 28. Februar 2021.

Luo J (2020) Die Bedeutung von Chinas Gen Z Männern mit Perlenohrringen. https://jingdaily.com/the-importance-of-chinas-gen-z-men-in-pearl-earrings/. Zugriff am 26. Juli 2020.

Lux T (2020) Wie in Karlsruhe mit Chrono24 der weltweit größte Marktplatz für Luxusuhren entstanden ist. https://omr.com/de/chrono24-tim-stracke-podcast/. Zugriff am 15. April 2020.

Luxury Daily (2018) Tiffany startet Paper Flowers in China über Tmall Pop-up. https://www.luxurydaily.com/tiffany-launches-paper-flowers-in-china-via-tmall-pop-up/. Zugriff am 16. August 2020.

Mackevision (2019) Unternehmenswebsite. https://www.mackevision.com/de/referenzen/oris/. Zugriff am 31. Dezember 2020.

Maslow A (1943) Eine Theorie der menschlichen Motivation. Psychological Review 50:370–396.

McKinsey & Company (2018) Das Zeitalter des digitalen Darwinismus. https://www.mckinsey.com/~/media/McKinsey/Industries/Retail/Our%20Insights/Luxury%20in%20the%20age%20of%20digital%20Darwinism/The-age-of-digital-Darwinism.pdf. Zugriff am 3. April 2021.

Monteiro, F Die TAG Heuer Carrera Connected Watch (A): Schweizer Avantgarde für das digitale Zeitalter, S. 11–14.

Morgan B (2019) Der Kunde der Zukunft: 10 Leitprinzipien für den Gewinn des Geschäfts von morgen. Harper Collins, New York.

Nanda MC (2021) Gucci verkauft $12 (virtuelle) Sneakers. https://www.businessoffashion.com/articles/technology/gucci-is-selling-12-virtual-sneakers. Zugriff am 16. März.

Nason S, Salvacruz J (2017) Fallstudie: Konkurrenz gegen Bling. Harvard Business Review. Mai–Juni:155–159.

Okonkwo U (2010) Luxus online: Stile, Systeme, Strategien. Palgrave Macmillan, Hampshire.

Opulent (2020) Firmenwebsite. https://www.opulentjewelers.com/opulent-box. Zugriff am 29. Dezember 2020.

Phelps N (2021) Die erste Laufstegshow des Metaverse ist hier – Sehen Sie Collina Strada, Bruce Glen, My Mum Made It und Mowalola's IMVU Debüt. https://www.vogue.com/article/imvu-virtual-fashion-show-announcement. Zugriff am 5. Juni 2021.

Pietzcker D (Hrsg.) (2018) Luxus als Distinktionsstrategie: Kommunikation in der internationalen Luxus- und Modeindustrie. Springer, Wiesbaden.

Rambourg E (2020) Future Luxe: Was steht der Luxusbranche bevor. Figure 1 Publishing, Berkeley.

Reichheld F (2006) Die ultimative Frage: gute Gewinne und echtes Wachstum. Harvard Business School Press.

Reuters (2020) Neue chinesische Milliardäre überholen die USA im Verhältnis 3 zu 1: Hurun. https://www.reuters.com/article/us-china-economy-wealth/new-chinese-billionaires-outpace-u-s-by-3-to-1-hurun-idUSKCN20K0YB. Zugriff am 26. Februar 2021.

Richemont (2021) Konsolidierte Finanzberichte von Richemont. https://www.richemont.com/en/home/investors/results-reports-presentations/, S. 84. Zugriff am 5. Juni 2021.

Riley D (2018) Gucci setzt CR und AR Erfahrungen für Frühjahrskampagne ein. https://thecurrentdaily.com/2018/03/01/gucci-spring2018-vr-ar-campaign/. Zugriff am 1. März.

Rolex (2020) Unternehmenswebsite. https://www.rolex.org/en/rolex-awards. Zugriff am 2. August 2020.

Rusnjak A, Schallmo R (Hrsg.) (2018) Kundenerfahrung im Zeitalter des Kunden: Best Practices, Lessons Learned und Forschungsergebnisse. Springer, Wiesbaden.

Santhiram S (2020) Wie Luxusmarken E-Commerce nutzen können, um nach COVID-19 zurückzuschlagen. https://www.luxurysociety.com/en/articles/2020/04/how-can-luxury-brands-their-e-commerce-game-post-covid19/. Zugriff am 27. April 2020.

Scheier C, Held D (Hrsg.) (2012) Wie Werbung wirkt: Erkenntnisse des Neuromarketings. Haufe, Freiburg.

Sherman L (2020) Die nächste Welle des Luxus-E-Commerce. In: The Business of Fashion. https://www.businessoffashion.com/education/courses/case-study-luxury-ecommerce-online-retail. Zugriff am 30. April 2020.

Slogans.de (2020) Slogans.de. https://www.slogans.de/slogans.php?GInput=cartier. Zugriff am 19. Juli 2020.

Spreer P (2018) PsyConversion: 101 Verhaltensmuster für eine bessere Nutzererfahrung und höhere Konversionsrate im E-Commerce. Springer, Wiesbaden.

Srun F (2017) Luxusverkauf: Lektionen aus der Welt des Luxus beim Verkauf von hochwertigen Gütern und Dienstleistungen an hochwertige Kunden. Palgrave Macmillan, Hampshire.

Statista (2020a) Anzahl der Flüge, die von der globalen Fluggesellschaft von 2004 bis 2021 durchgeführt wurden. https://www.statista.com/statistics/564769/airline-industry-number-of-flights/. Zugriff am 10. Juni 2020.

Statista (2020b) Anzahl der monatlich aktiven Smart-Geräte-Nutzer von Tencent QQ in China von 2014 bis 2019. https://www.statista.com/statistics/227352/number-of-active-tencent-im-user-accounts-in-china/. Zugriff am 30. April 2020.

Statista (2020c) Ranking der größten Social Networks und Messenger nach der Anzahl der Nutzer im Januar 2020. https://de.statista.com/statistik/daten/studie/181086/umfrage/die-weltweit-groessten-social-networks-nach-anzahl-der-user/. Zugriff am 20. Januar 2021.

Strzalek A (2017) Certona & Farfetch in Online-Personalisierungs-Deal. https://www.retail-systems.com/rs/Certona_Farfetch_Personalisation_Deal.php. Zugriff am 23. August 2020.

Swarovski (2020) Unternehmenswebsite. https://www.swarovski.com/en-DE/c-0311/Categories/Accessories/Cases-compatible-with-Apple-Watch-/. Zugriff am 2. August 2020.

Tracr (2020) Firmenwebsite. https://www.tracr.com. Zugriff am 31. Dezember 2020.

Vachaudez C (2021) Musy – Prächtige und historische Naturperlen- und Diamant-diadem. https://www.sothebys.com/en/buy/auction/2021/magnificent-jewels-and-noble-jewels-part-i/magnificent-and-historic-natural-pearl-and-diamond-2. Zugriff am 5. Juni 2021.

Vacheron Constantin (2020) Firmenwebsite. https://www.vacheron-constantin.com/en2/services/impeccable-service/authenticity-certificate.html. Zugriff am 31. Dezember 2020.

Veblen T (1899) Theorie der feinen Leute. Oxford University Press, New York.

Whiddington R (2021) Zeig mir das Monet: MFA Boston debütiert Livestreaming auf Kuaishou. https://jingculturecommerce.com/mfa-boston-kuaishou-international-museum-day-livestream/. Zugriff am 6. Juni 2021.

Wiesing L (Hrsg.) (2015) Luxus. Suhrkamp, Berlin.

Williams Gemma A. (2021) Wird Guccis Digitaltasche den Luxusmarkt stören? https://jingdaily.com/gucci-roblox-dionysus-digital-fashion/. Zugriff am 31. Mai 2021.

WIseKey (2020) Firmenwebsite. https://www.wisekey.com/solutions/brand-protection/authentic-customer-engagement/. Zugriff am 27. Dezember 2020.

Woodworth S (2019) Warum Luxusmarken ihren Online-Handel mit Monobrand-Plattformen aufbauen. https://luxe.digital/business/digital-luxury-reports/luxury-brands-use-third-party-platforms-build-online-monobrand-stores/. Zugriff am 6. September 2020.

Yoox-Net-A-Porter Group (2017) Valentino und Yoox-Net-A-Porter schließen sich zusammen, um einen innovativen Leitfaden für die nächste Ära des Luxuseinzelhandels zu erstellen. https://www.ynap.com/news/valentino-and-yoox-net-a-porter-group-join-forces-to-create-an-innovative-blueprint-for-the-next-era-of-luxury-retail/. Zugriff am 7. April 2020.

Zhang W, Chen J (2020) Auf der Suche nach Gold mit Datenanalyse bei Chow Tai Fook. https://store.hbr.org/product/digging-for-gold-with-data-analytics-at-chow-tai-fook/HK1211. Zugriff am 3. April 2021.

Zhiwei F, Caixiong Z (2021) Das digitale Kunstmuseum der Changsha U-Bahn wird zum neuen Top-Ziel. http://www.chinadaily.com.cn/a/202104/30/WS608b75f8a31024ad0babb87e.html. Zugriff am 6. Juni 2021.

Zichermann G, Linder J (2013) Die Gamification-Revolution: Wie Führungskräfte Spielmechaniken nutzen, um die Konkurrenz zu zerschlagen. McGraw-Hill Education, New York.

GPSR Compliance

The European Union's (EU) General Product Safety Regulation (GPSR) is a set of rules that requires consumer products to be safe and our obligations to ensure this.

If you have any concerns about our products, you can contact us on ProductSafety@springernature.com

In case Publisher is established outside the EU, the EU authorized representative is:

Springer Nature Customer Service Center GmbH
Europaplatz 3
69115 Heidelberg, Germany

Batch number: 10105668

Printed by Printforce, the Netherlands